看世界·强国教育

法国高等教育

马燕生　张力玮　主编

中国科学技术出版社
·北京·

图书在版编目（CIP）数据

法国高等教育 / 马燕生，张力玮主编 . -- 北京：中国科学技术出版社，2022.11

（看世界·强国教育）

ISBN 978-7-5046-9835-3

Ⅰ.①法… Ⅱ.①马… ②张… Ⅲ.①高等教育–研究–法国 Ⅳ.① G649.565

中国版本图书馆 CIP 数据核字（2022）第 202211 号

总 策 划	秦德继
策划编辑	王晓义　赵　晖
责任编辑	曾繁荣
装帧设计	中文天地
封面设计	锋尚设计
责任校对	张晓莉
责任印制	徐　飞

出　　版	中国科学技术出版社
发　　行	中国科学技术出版社有限公司发行部
地　　址	北京市海淀区中关村南大街 16 号
邮　　编	100081
发行电话	010-62173865
传　　真	010-62173081
网　　址	http://www.cspbooks.com.cn

开　　本	710mm×1000mm　1/16
字　　数	236 千字
印　　张	15
版　　次	2022 年 11 月第 1 版
印　　次	2022 年 11 月第 1 次印刷
印　　刷	北京荣泰印刷有限公司
书　　号	ISBN 978-7-5046-9835-3 / G·987
定　　价	66.00 元

（凡购买本社图书，如有缺页、倒页、脱页者，本社发行部负责调换）

丛书编委会

主　编：马燕生　张力玮

编　委：魏礼庆　车伟民　宗　瓦　宋晓枫　成协设
　　　　张地珂　陈　正　阚　阅　陈晓清　朱安新

本书编委会

主　编：马燕生　张力玮

编　委：刘　敏　高迎爽　张　惠　董丽丽　常　晨
　　　　王丽媛　吉祥希　方　华　姚时雨

总　　序

欣悉马燕生老友——中国驻法国大使馆原公使衔教育参赞，近年来牵头主编了《法国高等教育》，将其纳入《看世界·强国教育》系列丛书，并诚邀笔者为本系列丛书作序。其实，笔者并非比较教育研究界专家，若给这一领域的学术专著作序肯定是很难的。不过，比较吸引笔者的是该系列丛书以"观察"为主旨，采用"通览"或"透视"的方式认识国外高等教育。由于专职从事宏观教育政策研究30余年，我一直十分关注世界各国及其国际组织的教育政策走势，经常通过不同渠道了解教育动态信息，现在对非学术性的该系列丛书也发表些点评，还是可以尽些微薄之力的。

现代意义上的高等教育，在不同国家中的制度形态分化十分明显。暂不细议高等教育的法律定义和学界的主要共识，仅从联合国教科文组织2011年修订的《国际教育标准分类》来看，高等教育是建立在中等教育之上、为专业化教育学科领域提供的学习活动，以高度复杂和专业化的学习为目标，包括学术教育、高级职业或专业教育。实际上，这一集各成员国"最大公约数"的定位，还不是高等教育的全部功能，仅在19世纪至今的两百多年间，在高层次知识技能传授的基础上，就有很多显著的拓展，在许多领域发生了重大变革。因此，各国制定的高等教育政策，既在学制设置等方面参照了《国际教育标准分类》，又不仅限于上述定位。

综观全球范围内的高等教育，从20世纪八九十年代到21世纪前20年，普遍呈现规模显著增长的态势，至少在新型冠状病毒疫情暴发前，毛入学率超过50%、进入所谓的"普及化"阶段的国家和地区已经超过60个，几乎是20世纪90年代初的10多倍。在学龄人口及其他公民对高等教育的量与质的要求不断提高的形势下，许多国家，尤其是发达国家的高等教育，都在寻求适应本国乃至国际上多元多样需求的发展路径。其中，部分发达国家的高等教育，在布局结构、办学特色、育人模式、科研开发、社会服务以及国际交流合作等方面，进行了许多政策调整和实践探索，收到不同的成效，形成各具特色的经验，也为其他发展水平国家的高等教育提供了参考。

该系列丛书的各卷，分国别谋篇布局，沿着多方位视角，述介高等教育改革发展现状和经验，但因所涉国情不同，"通览"或"透视"维度不同，各卷的板块章节设置亦各异。该系列丛书遵循"兼收并蓄""海纳百川"的精神，既选取了长期关注某一国家或相关领域的学者的研究成果，又汇集了曾在外交一线工作过的专家的专题分析结论；部分文章系从直接观察和亲身经历概括而成，从而形成了有别于学术专著的特色与风格。特别在网络日益发达、信息早已过载的当下，在传统媒体、网络媒体、新媒体、自媒体纵横交错的生态中，该系列丛书各卷展示了理性分析和感性认识融洽交织的鲜明特点，相信会使读者朋友们感到开卷有益。

奋斗长征路、铸就新辉煌。中国特色社会主义进入新时代以来，教育事业在全面建设社会主义现代化国家中的基础性、先导性、全局性的作用更为突出，取得了新的历史性成就，发生了新的历史性变革，教育对外交流合作也迈上了新台阶。党中央、国务院发布的《中国教育现代化2035》的战略规划，围绕"开创教育对外开放新格局"提出了总体要求，党的二十大报告对新时代新征程高等教育的使命任务作出了新的战略部署。总之，站在"两个一百年"奋斗目标的历史交汇点上，我国高等教育的现代化，对标的是中国式现代化，高等教育的改革发展，正在融入加快建设教育强国、科技强国、人才强国的洪流之中，奔向中华民族伟大复兴中国梦的宏伟目标。笔者希望，该系列丛书能够为专家学者从事国别教育研究提供参考，同时为社会各界人士了解有关国家和地区高等教育的基本面提供帮助。

国家教育咨询委员会秘书长

张　力

教育部原教育发展研究中心原主任

2022年12月

前　言

　　法国是世界文化大国，也是教育和科技强国。法国国民教育体系完备，高等教育历史悠久，特色鲜明，影响广泛，是当今世界主要留学目的地国家之一。

　　21世纪前20年，法国高等教育历经数次重大改革与调整，目的是打破僵化体制，冲破校际藩篱，突破学科界限，整合资源优化配置，创新人才培养理念和模式，提高教育质量和办学水平，增强国家科研创新能力，提升法国高等教育的国际竞争力和吸引力，保持住法国作为世界文化大国、教育和科技强国的地位。

　　21世纪法国高等教育改革与调整，既有经验，也有教训，总结归纳起来，呈现出以下主要特点。

　　一是"卓越大学计划"的推行虽步履蹒跚，但达成大部分预期目标。萨科齐政府顺应时代发展开启新一轮高教体制改革，2010年"卓越大学计划"应运而生，主要目标是打造具有全球吸引力和竞争力的世界一流法国高校。为此，萨科齐政府和奥朗德政府先后两次推动高等教育机构重组合并计划，改革目标宏大、雄心勃勃。但很难想象的是，在法国这样一个高度中央集权的西方发达国家，部门所有制造成的条块分割竟然使高校重组计划的实施面临重重困难和阻力，可谓举步维艰，一波三折。马克龙政府延续了前两届政府的高等教育改革政策，并且加大改革力度，同意给予大学更多自主权，允许各类高校和科研机构自愿合并或组合，保持大学各自办学特色，以推动改革政策目标落到实处。到2019年年底，全法成立了20个大学共同体和7个协会型大学，4所高校获得"卓越大学"资格，6所高校获得准资格。总体上看，"卓越大学计划"有效推动了法国高等教育的深层次改革，提高了创新力和国际竞争力，其经验和教训值得深入研究和借鉴。

二是高等精英教育在保持传统特色的同时注重创新发展。 精英教育是法国高等教育的传统特色和亮点，集中体现在以"大学校"为形式的人才培养模式，主要涉及高等工程技术人才（工程师）培养以及工商业管理人才培养，具有选拔和训练严格、培养周期较短（一般为5年）、培养质量高等特点。学生毕业时即可获得国家承认的工程师文凭和硕士学位，成为社会相关行业的抢手英才。然而，以工程师培养著称的精英教育也有一些短板，例如"大学校"的规模比较小、学科专业相对单一、人才未来发展的适应性和竞争力不足等。针对这些问题，近十多年来许多法国工程师"大学校"不断探索改革与创新之路。一方面，越来越多的优秀"大学校"自愿加入大学共同体或协会，以学科交叉方式培养更多高层次创新型人才；另一方面，在工程技术专业之外增加管理专业选项，适当延长学制，培养跨专业复合应用型人才。此举无疑增强了法国高等精英教育的国际竞争力。

三是以提高职业教育的适应性为目标，持续推动高等职业教育改革。 在欧洲，提起高等职业教育，人们可能首先想到的是德国，其完备的培养体制、灵活的培养模式令人羡慕不已。其实，在西方大国里，法国的高等职业教育也颇有特色和竞争力。例如，享有办学自主权的法国公立大学技术学院采取选拔式招生办法，录取门槛比普通公立大学更高，而且教育教学质量较高，学生升学和就业选择渠道较宽，深受国内和国际学生青睐。近年来，法国公立大学技术学院招生规模稳步扩大，与大学学科专业融合式培养不断深化，成为法国高等职业教育发展的主要亮点。尤其值得一提的是，学徒制作为法国职业教育的重要组成部分，为支撑法国经济社会发展发挥了至关重要的作用。作为完善学徒制的重大举措，2019年年初，马克龙政府成立了隶属于劳动、就业、职业教育和社会对话部的法国能力署，统筹协调学徒制与职业教育的相关事务，以确保人才培养政策与措施落到实处。

当然，法国高等教育体系庞大，也是当今世界上最复杂的高等教育体系之一，本书限于时间跨度和篇幅，仅选择一些有代表性的重点领域做介绍和评析，希望对关心法国高等教育的学者和研究者有所帮助，如有欠妥之处，敬请批评指正。

马燕生

2022年3月6日

目 录
CONTENTS

政策篇

法国"卓越大学计划"：回顾与展望 2
法国公立大学重组模式研究 18
法国人工智能战略报告《AI造福人类》中的教育举措 32
法国"重振计划"中的教育政策 40

科教体制篇

法国高等教育与研究体制概览 54
法国国家资格框架：国家职业证书目录 67
法国构建现代职业教育体系的经验与启示 83

育人模式篇

法国高级应用技术人才培养及质量保障 94
学徒制：产教协同育人的法国模式 113
法国研究生培养模式及启示——以巴黎高等师范学校为例 129

特 色 篇

法国索邦大学创建世界一流大学的实践 ·· 144
法国公立大学技术学院办学模式及特色 ·· 162
跨学科研究平台建设——以法国索邦大学协会巴黎等离子体
　物理实验室为例 ··· 182
法国工程教育的传统特色与创新发展 ·· 191
法国高等艺术教育 ··· 205

参考文献 ··· 224
后记 ··· 228

政策篇

法国"卓越大学计划"：回顾与展望

法国高等教育具有自身独特的传统和优势，但凸显的体系复杂、教学与科研机构相对分离等弱点，使得法国高校在国际上整体知名度一般，不利于参与国际竞争。进入 21 世纪以来，全球新一轮科技革命的蓬勃兴起和高等教育国际化发展的浪潮，将法国高等教育推上了国际竞争的舞台。如何在兼具本国传统和特色的同时提升法国高校在国际上的影响力，是 21 世纪三任法国总统都致力解决的重大问题。十多年来，法国高校和研究机构之纷繁复杂的合作和联盟关系持续经历着整合与重组。这一变革深刻影响着法国高等教育和科研的版图。在此背景下，提出并不断推进"卓越大学计划"的目标就是打造具有全球竞争力的一流高校。

一、法国公立高等教育体系和管理体制：历史与现状

法国高等教育历史悠久、体系复杂。作为巴黎左岸的各学院的联盟，巴黎大学最早出现于 12 世纪，主要教授神学、医学、法律和艺术。1793 年，巴黎大学停止办学。为向社会各领域建设发展输送人才，拿破仑开始重建法国大学体系，于 1794 年创办了法国第一所高等工程师学院，即巴黎综合理工学院（École Polytechnique）。随后高等农业学院、高等商学院等各领域的高等专业院校纷纷建立，成为法国高等教育领域独具特色的部分。

目前，法国高校类型繁多，治理模式复杂。公立高校隶属于高等教育和科研部、工业部、农业部、国防部、文化部等不同的政府部门；私立高校则通常由行业协会管理。公立高校分为两种不同的属性：行政类公共机构（EPA）和科学文化专业类公共机构（EPSCP）。EPSCP的高校又可以分为综合性大学（Université）、不隶属于综合性大学的学院（Instituts et les écoles ne faisant pas partie des universités）、海外学院（Ecoles françaises à l'étranger）、高等师范学院和以经国家行政法院审核的特殊政令为运行依据的机构（Grand etablissement）。① 综合性大学内设大学技术学院、工程师学院、预科班和高级技术员班。私立高校覆盖师范、商学、建筑学、文化艺术等领域，有教会学校、高等专业学院及其预科班、高级技术员班等。② 为扩大法国大学的国际影响力，提高公立大学综合实力，十多年来，法国公立大学以地区为基础进行整合或重组，形成公立大学联合体，如斯特拉斯堡大学（2009年）、埃克斯－马赛大学（2011年）、波尔多大学（2014年）、格勒诺布尔大学（2016年）等。公立大学数量由2005年的81所减少至2019年的68所③。

二、改革背景：高等教育传统、国际地位和挑战

法国以其高等专业学院（Grandes Ecoles，又称"大学校"）和精英人才培养而闻名。高等专业学院提供的精英教育与综合性大学提供的普通高等教育并存，但二者的经费投入差异大，招生政策、学费政策、治理模式不同。公立综合性大学学生学业失败问题多年来备受争议，在各大国际排名中也只有极少数高校取得不错的成绩。高等专业学院则强调"精英"式的专业教育，有一批在专业领域内具有国际影响力的小规模学校。《泰晤士高等教育》（*Times Higher*

---

① EPSCP［EB/OL］. https://www.sigles.net/sigle/epscp-etablissement-public-a-caractere-scientifique-culturel-et-professionnel, 2019-01-03.

② 张力玮. 协同创新促进知识转移——以法国法兰西岛高校的联盟为例［J］. 世界教育信息, 2017, 30（04）：23-28.

③ Ministère de l'Enseignement supérieur, de la Recherche et de l'Innovation. Repères et références statistiques sur les enseignements, la formation et la recherche-2019［R/OL］.［2021-02-14］. https://www.enseignementsup-recherche.gouv.fr/pid24831-cid144369/reperes-et-references-statistiques-edition-aout-2019.html: 62.

Education）公布的 2020 年世界顶尖小规模大学排行榜中，来自 15 个国家的高校入选小规模大学排行榜前 20 名，其中有 4 所法国高校入围：巴黎综合理工学院位列第二，巴黎高等电信学院（Télécom Paris）位列第六，里昂高等师范学院（Ecole Normale Supérieure de Lyon）位列第九，巴黎高科路桥学院（Ecole des Ponts ParisTech）位列第十一。入选小规模大学排行榜的高校必须首先入选《泰晤士高等教育》大学排行榜（以保证其具有一定综合实力），每所学校必须有 4 门以上的学科，且学生总数少于 5000 人。2020 年入选世界最佳小规模大学的高校的平均在校生人数为 2603 人[①]。

在高等教育国际化方面，法国曾是引领者。19 世纪末至 20 世纪中叶，法国高校就设立赴海外留学奖学金，开设暑期课程，提供法语课程和文化课程以吸引国际学生，同时还在海外设立分校。2010 年，法国通过了《国家对外行动法》（Action Éxtérieure de l'État），合并法国教育服务中心（Campus France）、外国学生与国际交流接待管理中心（EGIDE）为法国高等教育署（沿用 Campus France 的名称），面向全球推广法国高等教育，开展留学生接待管理工作。法国高等教育署由外交部和高教部共同监管。根据法国高等教育署 2021 年公布的数据，2019—2020 年，法国共招收 37 万余名国际学生，比上一年度增加了 3%，比过去 5 年增加了 23%。近十年来，法国招收的国际学生增加了 32%。这些足见其在教育国际化，特别是国际学生招收方面的领先地位。然而，在全球化和信息化发展的浪潮下，具有自身优良传统的法国高等教育面临新的挑战：以培养精英人才为特色、分割式的高等教育体系导致法国高校教学和研究实力分散，在国际大学排名中表现欠佳，使得高等院校在新的政治经济和国际环境中丧失了活力。2017 年上海交通大学世界一流大学研究中心发布的全球大学学术排名中，法国仅有 3 所高校（巴黎第十一大学、巴黎第六大学以及巴黎高师）入围世界前 100 名。

进入 21 世纪，全球化有力推动了科技革命和教育国际化进程，法国高

---

① The world's best small universities 2020 ［EB/OL］. https://www.timeshighereducation.com/student/best-universities/worlds-best-small-universities，2021-02-22.

等教育面临严峻挑战。法国高等教育体系复杂，公立大学和高等专业院校科研力量分散、合作不畅，严重影响了法国的创新力和竞争力。2004年，法国启动"竞争力集群"计划（Pôles de Compétitivité）。各"竞争力集群"由企业、研究机构和教育机构组成，在某一领域进行合作，目的是支持有发展潜力的创新科研和项目，支持企业研发新的产品和服务，促进经济发展和就业。2006年，法国颁布《研究计划导向法》（*Loi d'orientation de programme pour la recherche*）。在时任总统希拉克的支持下，法国政府着手对高等教育机构和科研机构进行重组。即在同一区域内整合高等教育与科研资源，把拥有不同学科优势的综合性大学、高等专业学院、研究机构等进行组合，建立"高等教育与科研集群"（Pôle de recherche et d'enseignement supérieur，PRES）。这一举措的主要目的是开展科研合作，通过合作提升法国高校与研究机构的竞争力。这也成为法国公立高校大规模重组的开端。之后，法国于2010年启动"卓越大学计划"。

法国各时期政党的政治主张和改革理念差别较大，教育改革重点与教育政策也不尽相同。尽管法国政府经历了"右派—左派—中间派"的更迭，右派萨科齐总统、左派奥朗德总统及中间派马克龙总统所持政治立场不同，但都将教育作为政府改革的重要抓手，且保持了"卓越大学计划"的传承性。在萨科齐、奥朗德和马克龙三任总统的支持下，"卓越大学计划"成为法国高等教育领域近50年来规模最大、财政投入最多、涉及范围最广的一次改革。

三、萨科齐改革（2007—2012）："卓越大学计划"的雄心与挑战

2007年，法国总统萨科齐上台执政。2008年国际金融危机爆发，各种社会问题随之迸发，法国政府希冀高等教育成为科技振兴和经济重振的引擎。此时，法国高等教育与科研力量分散再次成为其发挥引擎作用的阻碍。针对这一现象，萨科齐政府于2007年推出《大学自由与责任法》（*Loi Relative aux Libertés et Responsabilités des Universités*），倡导推进大学改革和重组。该法赋

予大学在经费预算、人事管理、固定资产所有权等方面更大的自主权，进一步鼓励高等教育和研究机构间进行联合与重组，提升大学科研水平及其在国际上的影响力和知名度。2012年年底，全法83所公立大学全部实现自治。

2008年，萨科齐提出欧洲最大的科学与技术大学校园兴建计划"萨克雷计划"，又称为"法国剑桥计划"（Cambridge à la française），目标是在具有科研传统、高校不断迁入的萨克雷高地[①]建成世界一流的科学与技术大学园区。按照最初的设想，"巴黎萨克雷大学"将由3所综合大学、9所高等专业学院和7个研究机构合并而成。该计划推出后，遇到重重阻力，进展非常缓慢。

2009年，法国经历了第二次世界大战以来最严重的经济衰退。为刺激法国经济发展，萨科齐于当年年底启动初始资金为350亿欧元的"大投资"计划（Grand emprunt），即"未来投资计划"（Programme Investissement d'avenir，PIA），重点对高等教育与培训、科学研究、工业现代化等战略领域进行投资。225亿欧元重点扶持被视为"未来核心竞争力"的高等教育和科研领域，其中80亿欧元用于建设5~10个高等教育和科研集群，在教学、科研、基础设施建设等方面给予入选高校和机构资助。该计划支持法国高校和科研机构跃身世界顶级大学行列，扭转法国在世界大学排名中不理想的局面，即2010年提出的"卓越大学计划"（Initiative d'excellence，IDEX）。

2010年9月23日，法国政府正式委托法国国家研究署牵头负责"卓越大学计划"的实施工作。法国国家研究署是独立的公共机构，其经费直接来源于法国政府，主要对国家重点大型科研和创新项目进行投资。"卓越大学计划"的目标是加快法国创新和技术转化的步伐，促进法国经济增长；打破高校规模小、专业单一、科教相对分离的局面；吸引国外的教师、研究者和学生到法国工作和学习。

2011年，斯特拉斯堡大学、波尔多大学、巴黎文理研究大学从17家提交申请的高校中脱颖而出，入选"卓越大学计划"，成为第一批"卓越大学计划"

---

① 萨克雷高地（Plateau de Saclay）位于巴黎市以南20千米，在埃索纳省（Essonne）北部和伊夫利纳省（Yvelines）的东南部。

高校。2012年2月，艾克斯－马赛大学、巴黎萨克雷大学、图卢兹大学、巴黎索邦－西岱大学、索邦大学5所高校入选第二批"卓越大学计划"高校。

"卓越大学计划"在获得进展的同时，也面临各方面的困难：由于各学校和科研机构隶属不同部门，主导公立大学重组改革的高教部与相关高校主管部门（国防部、文化部）、行业协会之间常常存在意见分歧，阻碍计划的实施和实际工作的开展；各高校和研究机构实力存在较大差距，在合作中成员院校之间的角力常会阻碍计划的实施；法国高等教育与研究体制中，综合性大学和高等专业学院两个系统形成了两种截然不同的运作模式，融合相当困难。

萨科齐政府推行"卓越大学计划"和高等教育与科研集群（PRES）的主要目的之一是提高法国大学的国际知名度及其在全球各大学排行榜上的名次，但由于法国高校数量多且种类繁杂，知名高校依然各自为政，独立参与大学排名，导致法国高校在世界的总体排名仍无起色。

四、奥朗德改革（2012—2017年）：公立大学重组的多样化与科教融合

奥朗德总统执政期间，法国总体延续了萨科齐政府对于高等教育领域的改革。具有突破性的是，2013年7月22日起实施的《高等教育与研究法》（*Loi Relative à l'Enseignemen Supérieur et à la Recherche*）首次同时涉及高等教育与研究，强调两者的密切关系。该法允许高校以不同的方法进行改革，或进行合并，或组成"大学与机构共同体"（Communauté d'universités et établissements，ComUE），或组成协会。从此，ComUE替代了PRES，成为该法确定的一种新类型的科学文化专业类公共机构，拥有董事会和独立预算，具有颁发文凭的权力。

法国政府认为，推行不同类别的公立大学重组，有助于加强高等教育机构的跨学科性。由于历史原因，法国公立大学学科专业越分越细，过度专业化导致大学跨学科性不足；而注重专业人才培养质量的工程师院校则学科专业面较窄，科研能力有限，这些因素都严重影响法国高校的科研创新。《高等教育

与研究法》要求在尊重高校各自的历史传统并保持独立地位的前提下，加强跨学科科研创新合作，以期助力提高国家整体科研创新能力。之后发布的《高等教育国家战略》（StraNES）与国家科研战略中有一些共同措施，这也充分体现了法国政府协同发展教育和科研的理念和决心。

ComUE 的主要目标包括：一是实现不同机构间教学和科研资源共享；二是协调科研发展战略，促进学科交叉和跨学科研究与创新；三是协调国际合作与交流发展战略；四是提高法国高校的国际知名度和在国际大学排行榜中的名次。2014 年，法国发布的《高等教育国家战略》，再次强调 ComUE 是推进高等教育公平、提升国际影响力和创新能力的重要途径。ComUE 建立后，各类型的高校在其中优势互补，通过在课程、学位和科研方面的跨学科合作，逐渐打破了原来发展的局限。特别是对于很多专业单一、可授予学位单一的法国高校，ComUE 是提升其吸引力和竞争力的良好途径。

ComUE 既是 PRES 的延续，又有新的特征。PRES 聚焦科研和博士生培养，较少涉及本科生、硕士研究生培养。ComUE 则更全面深入地将教学和科研结合起来，加强高校、研究机构、企业的协同，强调基于研究的各层次的教学。为应对之前改革中高校联合面临的挑战，ComUE 这种新的战略合作关系在一定程度上得到了制度保障。ComUE 各成员高校仍是独立法人，但实施共同的发展战略。原由各高校与国家签订的协议（Contrat de site）将由 ComUE 统一签署。鉴于高校隶属于不同的部门和机构，要实施该战略，需要协调合作机制。因此，法国建立了跨部门委员会，由总理直接领导，高等教育和科研部部长任秘书长。借鉴高等专业学院的做法，ComUE 在内部治理机构中给予企业代表一定的名额，使其能在一定程度上影响院校的人才培养、科研和创新，从而拉近高校人才培养与产业界需求的距离。

以巴黎国立高等装饰艺术学院为例，通过与其所属的巴黎文理研究大学（PSL）成员机构在课程资源和研究方面的合作，该校不仅能为其学生提供更多跨学科的、基于研究的课程，而且提升了学位授予的层次。在 2011 年加入巴黎文理研究大学之前，巴黎国立高等装饰艺术学院的学制只有 5 年，毕业生只能获得室内建筑、艺术空间等10个专业领域的硕士学位。通过与其他成员院校——国家高等戏剧艺术学院、巴黎国家高等音乐和舞蹈学院、国家高等美术学院、巴黎高等师范学院等的合作，巴黎国立高等装饰艺术学院现在能够颁发"科学－艺术－创造－研究博士学位"（Sciences, Arts, Création, Recherche, SACRe）。①

跨学科研究在巴黎文理研究大学也得到了很好的发展。目前，该校共有181个实验室，受到欧洲研究理事会的100多项资助；该校启动了跨学科和战略研究计划（Interdisciplinary and Strategic Research Initiative, IRIS），集合成员院校的资源，重点在创作、认知和社会（CCS）、治理分析（GA）、全球研究（EG）、书面语的历史和实践（Scripta）6个领域开展研究。

奥朗德政府给予高校选择改革模式的自由。结合自身情况以不同形式开展合作，是法国公立大学重组改革历程中的一大进步。从收效来看，有的重组取得了良好的效果，如巴黎文理研究大学（2016年开始颁发巴黎文理研究大学学位证书）、索邦大学（2018年1月由巴黎第六大学与巴黎第四大学合并而来）；另一些则情况堪忧，如原巴黎萨克雷大学。

原巴黎萨克雷大学由2所综合性大学、9所"大学校"（包括工程师学校、高等师范学院和商学院）和7家研究机构组成；本科生6.5万人，硕士生8000人，博士生5000人，堪称法国"航母级"的共同体。但这个由政府主导的雄心勃勃的"萨克雷计划"在推行中却遭遇重重阻力，巴黎综合理工学院、国立高等先进技术学院、巴黎高等商学院等高校以种种理由先后退出，使得该计划进退维谷。其他一些高校在合并和重组中也遇到重重困难，不和谐的"联姻"不断引起抱怨和质疑，改革的进程和结果均与政府和公众的期待相去甚远。但奥朗德政府对始料不及的困难局面未能及时做出果断明确的政策调整。

令人遗憾的是，奥朗德执政的这五年，法国高校在一些大学排行榜上的名次不仅没有进步，反而出现下滑。2016—2017年度QS（Quacquarelli

---

① Ecole Nationale Supérieure des Arts Décoratifs. Doctorat d'art et de Création SACRe–PSL［EB/OL］. http://www.ensad.fr/admissions/sacre–psl, 2018-12-01.

Symonds，缩写QS，中文名夸夸雷利·西蒙兹公司）世界大学排行榜上，法国高校的总体表现不佳，进入榜单前400位的大学数量从2015—2016年度的20所跌至17所。其中，进入百强的巴黎高等师范学院与巴黎综合理工学院由2015年的第23位和第40位分别倒退至第33位和第53位。根据QS世界大学排行榜的指标，法国高校在学术影响力、论文引用数和师生比3项指标中都处于劣势。

五、马克龙改革（2017年起）：创新与传统的博弈

2017年5月，年仅39岁的马克龙就任法国总统。马克龙在重组政府结构时，将原有的"国民、高等教育与研究部"拆分为负责基础教育、职业教育的国民教育部，以及高等教育和科研部。这一机构变革体现出其对高等教育与创新的重视。

2017年10月25日，马克龙总统宣布原巴黎萨克雷大学分成两个集群，宣告了"法国剑桥计划"的失败，即将近20所高校与科研机构合并为单一世界级科技中心的计划失败。从萨科齐总统任内一直到奥朗德整个任期，"萨克雷计划"虽然都是法国优先发展的项目，但是经过10年磨合，依然未能最终融合成功。为了走出困境，马克龙宣布"以两个集群为主轴，组建一个全球卓越的学术与科技中心"。第一个集群是由南巴黎大学（巴黎第十一大学）、凡尔赛－圣康丁大学和埃夫里大学3所综合大学与巴黎萨克雷高等师范学院、中央理工－高等电力学院以及光学研究院研究生院等院校组成的"巴黎萨克雷大学"。第二个集群是以巴黎综合理工学院为首的由国立高等先进技术学院、国立统计与经济行政管理学院、巴黎高科电信学院、南巴黎电信学院、国立核科学与技术研究院等组成的高等专业学院集群。由此可以看出，综合性大学与高等专业学院的全方面融合仍任重道远。同时，马克龙对"萨克雷计划"依然充满信心，认为萨克雷这一"生态系统"有能力在未来几年内孵化出全球性独一无二的"独角兽"。马克龙的举措也表明，在大学重组的过程中，政府应给予高校更大的自主权，允许大学保持自己的办学与科研模式和特色。

政 策 篇

  2018 年 12 月 12 日，第 2018-1131 号法令《关于高等教育和研究机构合并、重组、融合的新实验》（Relative à l'expérimentation de nouvelles formes de rapprochement, de regroupement ou de fusion des établissements d'enseignement supérieur et de recherche）颁布，旨在明确高等教育和研究机构在政治、科学、创新、文凭签署、预算等方面的战略发展目标和水平，以维护其自治地位、管辖权及法律地位。①

  2020 年 7 月，法国公布获得"IDEX 和 I-SITE 的整合与发展"项目（IDéES）和"通过研究构建教育培训"项目（SFRI）的大学名单，共投资约 5 亿欧元。一方面旨在支持获得 IDEX 或 ISITE 标签的大学努力转型，促进大学紧密融合，并积极发展与学术伙伴和社会经济伙伴的关系；另一方面加强大学的科学技术研究，提高其教育培训的国际吸引力和影响力。②

  在投资方面，在前 3 次未来投资计划（PIA1，PIA2，PIA3）的资助下，法国进一步构建了高等教育和研究生态系统。第四次未来投资计划（PIA4）将采用两种互补的干预模式。一方面，国家长期资助高等教育、研究和创新机构，总额达 75 亿欧元，旨在提高机构的知名度，培养创新精神；另一方面，国家将对未来的部门或技术进行投资。③

  2021 年，政府拨付 8 亿欧元实施"一切形式的卓越项目"（Excellence sous toutes ses formes），其中一半的预算应用于 IDEX 和 I-SITE 目标学校，另外一半预算分配给"卓越大学计划"之外的其他项目，目前共 15 所大学获资助。在培训方面，该项目旨在鼓励开发一系列优秀的学士课程（bac+2,

---

① Légifrance.relative à l'expérimentation de nouvelles formes de rapprochement, de regroupement ou de fusion des établissements d'enseignement supérieur et de recherche ［EB/OL］（2018-12-12）［2022-04-07］https://www.legifrance.gouv.fr/jorf/id/JORFTEXT000037800966?init=true&page=1&query=regroupement+des+%C3%A9tablissements+d%27enseignement&searchField=ALL&tab_selection=al

② Le Gouvernement.«grandes universités de recherche»：annonce des résultats des appels à projets sfri et idees ［EB/OL］.（2020-07-01）［2022-04-10］. https://anr.fr/fr/actualites-de-lanr/details/news/grandes-universites-de-recherche-annonce-des-resultats-des-appels-a-projets-sfri-et-idees/.

③ Le Gouvernement. Stratégies d'accélération pour l'innovation ［EB/OL］.［2018-09-06］https://www.gouvernement.fr/strategies-d-acceleration-pour-l-innovation.

bac+3），实现专业整合，满足就业市场的需要，加强与相关专业和区域伙伴的合作，发展多学科或多层次的教育与培训，并完善终身教育，使所有人都能接受继续教育；在区域行动方面，根据区域的特点和优势，构建互动网络，使高等教育机构成为经济发展的催化剂、孵化器、研究伙伴关系等，促进区域经济发展和研究创新；在国际交流方面，促进高等教育机构职能和组织机构的转变，增强其国际开放性，以此提高法国科学研究在世界的吸引力和影响力，发展学生的国际素养，促进人员交流；在创新及对经济和社会的影响方面，积极发展与企业的关系，参与社会的重大变革，确保知识、经济和社会进步，打击虚假信息；在研究方面，开拓学术前沿领域，与各种研究机构和国际社会保持密切合作，开展多学科研究，创建科学研究平台；在人力资源方面，招聘高水平的教师和研究人员，增强国际影响力。在学生生活方面，为学生发展提供多样化的支持，让学生能够参与学校发展，为法籍学生和外籍学生营造和谐的学校环境。在文化和科学技术方面，提升大学价值，发展各校区的紧密关系，强化"科学与社会同在，科学为社会服务"（Science avec et pour la société – SAPS）。[①]

六、进展、成果与前景

在科技革命和产业升级、教育国际竞争愈加激烈的背景下，法国高校和科研机构的改革方向和目标明确。自实施以来，"卓越大学计划"加快了法国高等教育机构和科研机构的重组进程，提高了高校的办学效率，实现了课程、师资、实验设备等高等教育资源的共享，特别是促进了跨学科教学科研体系的建立。"卓越大学计划"的实施也加快了产业界参与高校办学的步伐。在"卓越大学计划"框架下形成的共同体中，校董事会成员包括产业界代表，他们参与人才培养结构和模式的决策，改变了以往公立大学与产业界隔离的状态。

---

① Le Gouvernement, Agence National De La Recherche. Appel à projets Excellence sous toutes ses formes［EB/OL］.（2021-05-20）[2022-04-08］. https://anr.fr/fileadmin/documents/2021/IA-DP_EXCELLENCES-30112021.pdf.

作为"卓越大学计划"的补充,"科学、创新、区域、经济计划"(I-SITEs)主要实施于科学实力和学术领域较为突出的大学。[①] 法国政府每年拨付3亿多欧元资助"卓越大学计划"和"科学、创新、区域、经济计划"(如表1所示)。

表1 IDEX 和 I-SITE 院校名单及资助金额[②]

行动	机构	金额(欧元)
IDEX	波尔多大学	23 891 000
IDEX	斯特拉斯堡大学	25 597 500
IDEX	艾克斯-马赛大学	25 597 500
IDEX	索邦大学	29 493 189
IDEX	巴黎萨克雷大学	31 413 593
IDEX	巴黎文理研究大学	26 852 635
IDEX	格勒诺布尔阿尔卑斯大学	23 731 368
IDEX	蔚蓝海岸大学	13 991 216
I-SITE	洛林大学	9 328 947
I-SITE	克莱蒙奥弗涅大学	9 328 947
IDEX	巴黎大学	22 850 986
I-SITE	古斯塔夫·埃菲尔大学	8 193 738
I-SITE	波城大学	5 122 038
I-SITE	塞尔吉大学	7 608 692
I-SITE	南特大学	9 328 947
I-SITE	蒙彼利埃大学	16 018 666
I-SITE	里尔大学	14 055 406
	总 计	302 404 369

[①][②] Le Gouvernement. France 2030:Accélérer la recherche et la formation en France et à l'international[R]. 2022-03-10.https://www.gouvernement.fr/sites/default/files/contenu/piece-jointe/2022/03/dp_france_2030_idex_isite_v08032022_vdef.pdf

自"卓越大学计划"实施以来，法国高校在各类评估测试和世界大学排名中获得提升。从上海软科世界大学学术排名来看，2020—2021 年，共有 3 所法国高校排名在前 50 位（如表 2 所示），分别为巴黎萨克雷大学、索邦大学（Sorbonne Université）和巴黎文理研究大学。其中巴黎萨克雷大学从第 14 位升至第 13 位，并连续两年在数学学科排名世界第一；索邦大学位于世界大学学术排名第 35 位，在数学和海洋学专业上排名第 3 位。巴黎文理研究大学则从第 36 位降至第 38 位，数学学科排名第 13 位。①

表 2　上海软科世界大学学术排名中的法国高校数量

年份 / 排名	前 20	前 50	前 100	前 200	前 500
2010	0	2	3	7	22
2015	0	2	4	8	22
2019	0	2	3	9	21
2020	1	3	5	8	17
2021	1	3	4	8	17

QS 世界大学排名是从学术声望、科研成果引用、师生比等方面评估世界大学。从其排名结果来看，2021—2022 年，共有两所法国高校跻身前 50 名。巴黎文理研究大学和巴黎综合理工大学（L'École polytechnique）分别位列第 44 位和第 49 位。索邦大学排名从第 83 位上升至第 72 位，巴黎萨克雷大学排名第 86 位，里昂高等师范学院从第 161 位上升至第 130 位。2022 年，共有两所法国高校位列世界 50 强，4 所高校位列世界前 100 名，11 所高校位列世界前 500 名，如表 3 所示。②

---

① Accélérer la recherche et la formation en France et à l'international［EB/OL］［2022-03-10］.https://www.gouvernement.fr/france-2030-accelerer-la-recherche-et-la-formation-en-france-et-a-l-international.
② QS. World University Rankings［EB/OL］［2022-04-06］. https://www.qschina.cn/university-rankings/world-university-rankings/2022.

表3　QS世界大学排名中的法国高校数量

年份	前20	前50	前100	前200	前500
2015	0	2	2	4	20
2019	0	1	3	5	17
2020	0	0	3	5	17
2021	0	0	3	5	14
2022	0	2	4	5	11

泰晤士高等教育世界大学排名是将教学、科研、论文引用、知识应用水平及国际影响力等作为评估标准。从近几年世界大学排名来看，法国高校排位相对稳定。2021—2022年，只有巴黎文理研究大学跻身前50名，其排位从第46位上升至第40位。另外有两所大学跻身前100名，即索邦大学和巴黎综合理工大学，分别位列第88位和第91位。此外，共有5所大学位列前200名，17所大学位列前500名，如表4所示。①

表4　泰晤士高等教育世界大学排名中的法国高校数量

年份/排名	前20	前50	前100	前200	前500
2015	0	0	2	7	11
2019	0	1	2	4	21
2020	0	1	3	5	20
2021	0	1	3	5	17
2022	0	1	3	5	17

2022年，巴黎文理研究大学在泰晤士高等教育"最佳年轻大学"排名中名列第一。这是法国高校第一次位列第一。巴黎综合理工大学位列第六，索邦大学位于第12位，巴黎大学和巴黎萨克雷大学并列位于第18位，这使得法国

---

① Times Higher Education. World University Rankings [EB/OL] [2022-04-06]. https://www.timeshighereducation.com/world-university-rankings/2019/world-ranking#!/page/0/length/25/locations/FRA/sort_by/rank/sort_order/asc/cols/stats.

的5所院校跻身世界20所"最佳年轻大学"。在该排名中，法国高校数量位居世界第6位，共12所大学进入前100名。[1]

"卓越大学计划"实施以来，各界学者从资金拨付、项目持续性、项目意义、大学发展以及"卓越大学计划"对法国经济发展和教育体系的影响等方面作出评价，对其实施过程和效果进行分析。

在资金拨付机制上，Coline Soler（2021）认为，项目资金大部分属于公共资金，其资金使用已建立较为完备的监管模式，旨在提高效率。但值得注意的是，往往公布的资助金额与卓越大学实际获得的金额并不等同。例如，据2012年数据显示，斯特拉斯堡大学原来预计获得12.76亿欧元的赠款，但仅收到7.5亿欧元。在项目可持续性上，第一批和第二批"卓越大学计划"期间，项目评审团的成员构成几乎不变，并未受历届政府政治取向变化的影响，这极大保证了项目评估的方法和意识形态的连续性。[2]

就项目意义而言，Coline Soler（2021）进一步指出，"卓越大学计划"旨在促进大学发展，"卓越大学计划"是概念化的标签，作为大学卓越性的象征引发大学的激烈竞争，同时促进卓越学科集群的建设。Anne Fraïsse（2012）则认为，由"卓越大学计划"所产生的竞争是相当荒谬的，相关政策和运作模式与当前法国高校的状态不符。"卓越大学计划"的目标是创建世界顶尖大学，这意味着法国将遵循美国模式，即大学筛选和淘汰学生，且单个卓越学科无法拉动整体大学学科的发展，不能为整个大学创造动力。Christine Musselin（2017）指出，尽管提高法国高校在世界的排名是"卓越大学计划"政策的目标之一，但此类计划加剧了高等教育体系的等级划分，容易导致资源仅集中于少数高校。这加剧了法国高校系统内的竞争，这种新的竞争秩序

---

[1] Ministère de l'enseignement supérieur, de la recherche et de linnovation. Classement"THE best young universities"：5 universités françaises classées dans le top 20 ［EB/OL］［2022-04-06］. https://www.enseignementsup-recherche.gouv.fr/fr/classement-best-young-universities-5-universites-francaises-classees-dans-le-top-20-83828.

[2] Soler, C.（2021）. Le dispositif de financement des Initiatives d'Excellence：instrument de transformation de l'ESR en France. Savoir/Agir, 57, 103–115.

将产生新的不平等。[1]

对高校发展而言，Jérôme Aust（2018）等人认为，"卓越大学计划"是法国对学术竞争全球化的回应，一定程度上代表全球卓越的研究和培训水平；同时促进大规模的高等教育机构重组，因而项目必须具有"变革性"特征，才能超越当前情况并改变高等教育机构的治理模式。

总体而言，"卓越大学计划"对法国高校格局产生了深远影响。除了制度变化，高校与周围环境的关系也发生了改变。首先是引入国际评审团作为评估机构；其次鼓励高校寻求外部资金来源，鼓励高校或集群与利益相关者建立伙伴关系[2]，构建良好的学术生态系统。

七、结语

公立大学重组作为高等教育改革的重要组成部分，已经触及各类公立高校和科研机构治理模式，进入"深水区"，各方利益冲突矛盾交织，传统与创新碰撞角力。公立大学重组仍面临诸多困难和挑战，改革任重道远。面对这些困难和挑战，法国并没有止步不前。

（作者简介：张力玮，《世界教育信息》主编；马燕生，太和智库高级研究员、中国驻法国大使馆原公使衔参赞）

---

[1] Aust, J., Mazoyer, H. &Musselin, C.（2018）. Se mettre à l'IDEX ou être mis à l'index：Conformations, appropriations et résistances aux instruments d'action publique dans trois sites d'enseignement supérieur. Gouvernement et action publique，OL7，9–37.

[2] Aust, J., Mazoyer, H. &Musselin, C.（2018）. Se mettre à l'IDEX ou être mis à l'index：Conformations, appropriations et résistances aux instruments d'action publique dans trois sites d'enseignement supérieur. Gouvernement et action publique，OL7，9–37.

法国公立大学重组模式研究

由于历史和传统的原因，法国大学在发展中形成了中央行政和学术团体"双重集权"的特点。综合性大学承担着法国大众高等教育的使命，它们接受中央政府直接管辖和中央财政拨款。大学的招生按照学生填报志愿录取，根据法律规定，凡是持有高中毕业会考文凭（Bac）或具有同等学力的学生都可以在大学注册学习，因此法国大学的录取率极高。此外，学生在读期间还可以申请校际转学，最终学位由国家统一发放。因此，大学之间很少存在实质性的竞争关系。大学教师都属于国家公务员，作为学术权力的代表——全国大学委员会（CNU）掌握着大学教师资格的审核和发放，国家高等教育与科研部统筹全国大学的教职分配，教授席位的人选确定则遵循传统同行评议制度。因此，大学之间也鲜有人才竞争。

"双重集权"的治理模式造成了法国大学均质化和发展惰性。进入21世纪，随着知识经济和教育全球化的迅猛发展，法国大学的弊端日益凸显，加之政府在教育经费上的压力以及民众对于高等教育公平与质量不断增长的需求，法国高等教育改革迫在眉睫。大学合并似乎成为一条简单易行的道路；合并不仅可以增加人员数量，还有利于打破学科界限，受到国家重视，特别是可以提高大学的国际排名，得到世界的关注。

政 策 篇

一、公立大学重组：法律和政策

（一）大学自治法

21世纪的世界经历着前所未有的发展速度，科技的进步带来了巨大的财富，而分配的不均带来了多方面的不平等；人们在享受发展带来的愉悦时也经受着粗放型经济造成的负面影响以及破坏生态造成的灾害。在这样的时代，教育的功能愈加突出，它培养了年轻一代的创造力和职业能力，也成为人们寻求积极乐观精神的途径之一。然而法国中央集权的管理模式及双轨制带来的社会不平等却制约了其教育的民主化、国际化和现代化，影响了其在国际竞争中的表现，不少法国学者甚至提出要拯救大学于危机之中。[①] 希拉克执政末期，法国政府愈加关注高等教育的改革与发展。2006年4月，法国议会通过了一项关于高等教育与研究的规划法（Loi de programme），决定在逐步实现大学自治的前提下，设立"高等教育与科研集群"（以下简称PRES），或称"联合大学"（Université confédérale）。建立PRES的宗旨可以用三个"更好"来总结，即更好地集合同一区域大学、"大学校"和科研机构的资源，实现三者的共同发展；建立不同高等教育主体间的联系，更好地应对国际竞争；建立"有法国特色的"管理方式，协调内部潜能与外部需求，从而实现更好地治理和更有效地决策。根据法律规定，PRES的性质是"国家公立科学合作机构"（EPICS），也就是说，PRES具有颁发各类文凭的授权委托（Délégation），且各成员之间的合作具有恒久性。中心成员之间采取"加强合作"[②]的弹性工作方式，各单

[①] Hugo Coniez, La faillite des universités françaises [M]. Paris, Ellipses, 2008.Guy Burgel, Université une misère française [M]. Paris, Hachette, 2006.Pierre Lunel, Fac：le grand Merdier [M]. Paris, Anne Carrière, 2007.Louis Vogel, L'Université, une chance pour la France [M]. Paris*PUF, 2010.
[②] 原文为cooperation renforcée/enhance coopération，在欧盟1997年阿姆斯特丹条约中首次提出，指欧盟部分成员国可以利用欧盟的机构、决策程序、机制来彼此加强合作（至少有八个成员国），共享某些事权和资源，这种合作不能影响其他成员国的利益。合作不具有排他性，其他成员国可以随时加入这种合作。比如欧元区的设置就是采用了这一模式。而就法国"高等教育与研究极"而言，各成员机构可以共享教育科研资源，同时在教学、研究、服务方面保持与"联合体"范围之外的现有的或未来可能缔结的各种系。

- 19 -

位保持高度自治和独立，并相互尊重各自的文化理念和特色。PRES的内部成员机构可以选择将博士生培养、科研项目或国际合作等工作委托给PRES统一协调管理；PRES内部成员的任何学术著作或论文发表也将统一以PRES署名，从而增强PRES及国家在国际学术领域中的知名度，从而在全球化框架下凸显法国高等教育与研究的实力和国际"能见度"。截至2011年1月，法国全国已建有"高等教育与研究极"19所，总计联合了近60所大学、"大学校"及医疗中心在内的各类机构。未来，法国高等教育的改革与治理必将与这一新生组织息息相关。①

2007年萨科齐竞选法国总统，在竞选宣言中，他即承诺将教育改革作为其任期中的"头等大事"（Une priorité absolue）。2006年2月，萨科齐为主席的法国人民运动联盟（UMP）公布了"教育协定"，完整地表达了萨科齐及其政党的教育方针，明确了教育的两大目标，即优质与机会均等。就高等教育方面的改革而言，萨科齐指出，"我们高等教育系统真正要改善的地方是要把我们的大学从行政的桎梏中解放出来，行政的集权和无效率限制了大学的发展，使我们的学生不能够接受知识社会中真正需要的教育。我们的大学缺乏资金，缺乏好的环境和足够宽敞的校园，它们本应该成为科研重镇，却迫于制度在现实中流落为研究的边缘。一方面原因是一部分精英人才选择了大学校，另一方面则是由于国家的科研项目在传统上都交给了大学以外的研究机构来承担。1968年高等教育法早已明确了大学自治的原则，然而如何能够实现大学自治的途径却尚未明确。"②萨科齐就任法国总统后又做出承诺，在其任职期间（2007—2012年）向高等教育与研究领域特别投资900万欧元。他任命瓦雷里·贝克莱斯为高等教育与研究部部长，授意其展开大学自治改革。2007年8月法国议会两院通过了《大学自由与责任法》，简称"贝克莱斯法"或"大学自治法"。按照法国政府的初衷，该项法律追求三个目标，首先是要提高高等教育的质量、改善大学的吸引力，具体则要降低本科阶段的学业失败率，缩短

---

① 刘敏.法国大学治理模式与自治改革研究［M］.北京：北京师范大学出版社，2016.
② Charles Fortier, Université, universités［M］. Paris, Dalloz, 2010.p.57.

毕业生找到第一份工作所需要的时间；其次是要走出目前大学治理结构的瘫痪状态，加强校长的职能和权力；最后则要提高法国大学的国际竞争力，改善法国大学在国际排名中的位次。

（二）卓越大学计划

2009年，法国经历了第二次世界大战以来最严重的经济衰退。为刺激法国经济发展，时任总统萨科齐于当年年底启动初始资金为350亿欧元的"大投资"计划（Grand emprunt），即"未来投资计划"，[①] 重点对下述六大战略领域进行投资：高等教育与培训、科学研究、工业现代化、可持续发展、数字经济、健康和生物技术。其中，225亿欧元重点扶持被视为"未来核心竞争力"的高等教育和研究领域，其中80亿欧元用于建设5~10个能够跃居世界顶级大学行列的高等教育和研究集群，扭转法国在世界大学排名中不理想的局面，即之后于2010年启动的"卓越大学计划"。在萨科齐、奥朗德和马克龙三任总统的大力支持下，"卓越大学计划"成为法国高等教育领域近50年来规模最大、财政投入最多、涉及范围最广的一次改革。[②]

该计划由法国国家研究署牵头招标，大学（或大学共同体）可自愿投标，政府不做任何干预。申请者一般需为经合并重组的大学共同体。经专家长达约半年的遴选、评估、排名后，符合条件的新申请者将被赋予"卓越大学"资格试行身份，为期4年，期间每年可享受资助。4年内需落实在投标书内确定的大学发展目标。经复审达到预期目标则正式授予"卓越大学"资格，可无限期每年享受资助。若未达到预期目标，则由评审团决定延长施行期，或撤销"卓越大学"资格。"卓越大学"申请者的考量主要包括5个方面：申请大学（或大学共同体）整体发展目标和相互协调性；多个学科都具有国际一流水平的

[①] 张力玮，马燕生. 法国公立大学重组与卓越大学计划：回顾与展望［M］// 丁一凡，戴冬梅. 法国蓝皮书. 法国发展报告. 北京：社会科学文献出版社，224-236.
[②] 许浙景. 法国"卓越大学"建设进程及成效［N/OL］. 泛欧旅法头条，2018-12-13［2020-12-22］. https://www.sohu.com/a/281521420_764031.

科研项目；拥有教学和科研实力较强的硕博点且对国际学生具有吸引力；学校与社会、经济和文化界合作紧密；学校行政管理体系高效、简洁。

"卓越大学计划"第一轮选拔结果于2011年7月公布，波尔多大学、斯特拉斯堡大学以及巴黎文理研究大学3校最先从7所入围大学中胜出。2012年3月第二轮选拔结果出炉，索邦大学、索邦巴黎西岱大学（后由巴黎大学取代）、巴黎萨克雷大学、马赛大学和图卢兹大学共5所大学从11个入围项目中脱颖而出。但截至2020年，11所院校中仅有4所大学获得了"卓越大学"永久资格：斯特拉斯堡大学、波尔多大学、艾克斯－马赛大学、索邦大学。另有7所获得"卓越大学"试行资格：巴黎文理研究大学、巴黎萨克雷大学、巴黎大学、格勒诺布尔大学、蔚蓝海岸大学、里昂大学、图卢兹大学。

二、公立大学重组模式

在"大学自治法"与竞争性项目"卓越大学计划"的鼓励下，近些年来法国出现了大学合并浪潮，从最早完成合并的斯特拉斯堡大学开始，洛林大学、艾克斯－马赛大学、波尔多大学、蒙彼利埃大学、里尔大学、索邦大学也陆续完成合并，走上一段新的大学征程。事实证明，合并是一条有效路径，比如艾克斯－马赛大学在合并之前，艾克斯－马赛一大、二大和三大在法国国内的排名（2011）大概是第50位、第20位和第18位，而2018年的排名中，新成立的艾克斯－马赛大学已经位列第5位。下面，我们对法国斯特拉斯堡大学、洛林大学、艾克斯－马赛大学3个不同的合并案例展开分析，重点解析法国大学合并的动因、组织特征及问题挑战。

（一）斯特拉斯堡大学：由下向上大学合并的前锋

斯特拉斯堡地处法国、德国、比利时交界之地，位于欧洲中心地带，是欧洲议会、欧洲法院、欧洲青年中心等欧洲地方机构的所在地。斯特拉斯堡大学历史可以追溯到1538年的路德学校，1621年发展为大学。斯特拉斯堡大学一直保持独特的地位和特点，被誉为欧洲文化的堡垒。受到1968年法国高等教育法的影响，直到1971年斯特拉斯堡大学才被分为3所重心不同的学校，斯特拉斯堡一大（路易·巴斯德大学）主要发展自然学科，斯特拉斯堡二大（马克·布洛赫大学）主要发展人文学科，斯特拉斯堡三大（罗伯特·舒曼大学）主要发展法律、政治、社会、管理和技术学科。由于历史原因，斯特拉斯堡3所大学之间的互补性很强，跨学科研究的合作也较为频繁，因此具有同地缘水平型合并①的基础。

1991年，三校联合成立公共利益集团（GIP）——斯特拉斯堡欧洲大学中心，极大促进了三校在人才培养和跨学科科研领域的沟通与合作。2001年中心成立十周年之际，斯特拉斯堡一大的校长首次提议三校合并。斯特拉斯堡一大在三校中的实力最强，与法国国家科学研究中心（CNRS）、国家健康保健研究院（INSERM）、国家农学研究院（INRA）等国家级研究机构保持密切合作，同时其在当地经济发展、参与欧洲事务中也发挥着积极作用。斯特拉斯堡一大的国际化程度也明显高于其他两校，其历任校长也都是自然科学领域中的领军人物。为了能够在全球化进程中获得足够资源，赢得政府更多研究经费，以人文和社会科学为主的斯特拉斯堡二大和三大选择与一大合并，无疑是明智之举，而事实上在合并过程中，一大校长也一直占据主导地位。

斯特拉斯堡大学合并表现出的特点首先是自下而上。由于历史同源，3所大学的合并几乎没有受到任何来自中央或地方的外部阻力，显得尤为顺理成章。其次，斯特拉斯堡一大、二大和三大的学科具有很强的互补性，大学合并初期就相对容易，虽说学科聚拢在一起并非实现了跨学科的目标，但至少有利于未来的跨学科人才培养及科研开展。即便如此，斯特拉斯堡大学的合并仍经历了长达5年时间，最大挑战是大学内部的治理问题。建立"强有力的治理"②

---

① Yuzhuo Cai, Rómulo Pinheiro, Lars Geschwind&Timo Aarrevaara.Towards a Novel Conceptual Framework for Understanding Mergers in Higher Education.European Journal of Higher Education, 2016（6）: 7-24.
② Christine Musselin, Mal Dif-Pradalier.Quand La Fusions' impose: La（re）naissance de l'université de Strasbourg.Revue fran aise de sociologie, 2014（2）: 285-318.http://www.eua.be/Libraries/publications-homepage-list/DEFINE_Thematic_Report_2_University_Mergers_in_Europe_final.pdf?sfvrsn=2.

是斯特拉斯堡大学提出的发展目标之一，这一目标指向法国大学内部传统的"教师治校"传统，或者说是"教授治校"。2009年1月，新的斯特拉斯堡大学成立，原一大的校长被推选为合并后的大学校长。按照2007年"大学自治法"的规定，新的斯特拉斯堡大学也设有一个行政委员会（CA）、一个学术委员会（CS）和一个学生生活与教学委员会（CEVU），学校各行政部门也实现了高度整合。大学校长及其团队的权力得到增强。为了协调原有的培养机构，斯特拉斯堡大学设立了9个大"学院"（Collegium）[①]，包含38个教学与研究单位（UFR）、系所以及35个研究中心和实验室。各学部系所、研究中心、教师和学生选出代表组成大"学院"管理办公室。大"学院"作为大学校级领导层与各学部系所和研究机构的中间协调人，负责对后者的培养、研究、预算等工作提出建议和反馈，激活并加强内部各类机构之间的联系，并监管与其他大"学院"之间的学科和跨学科合作。

总之，斯特拉斯堡大学合并是在国家驱动下，由大学领导层推动的同地域水平型合并。大学校长显然是斯特拉斯堡大学合并的首创者，在塑造新大学进程中发挥了决定性作用，其"机构创业人"角色显然盖过了国家所扮演的"掌舵人"。虽然国家为大学合并创造了有利的制度条件和动力机制，但在没有国家先例参照的情况下，斯特拉斯堡大学内部的行动者在世界大学合并趋势下走出了一条本土化道路。

（二）洛林大学：由外向内的统整之路

2012年1月1日，位于洛林学区的南希一大、南希二大、洛林国立综合技术学院、梅兹大学4所机构完成合并，宣布新的洛林大学正式诞生。合并之前，南希一大以科学、工程学、数学和医学著称；南希二大偏重于艺术、社会科学和法律等人文社科；洛林国立综合技术学院属于工程师学校，主要以

[①] "艺术—语言—文学"学院、"法律—行政—社会"学院、"教育与培训"学院、"传媒与政治科学"学院、"自然科学"学院、"经济与管理科学"学院、"人文与社会学科"学院、"科学—工程—技术"学院、"生命与健康"学院。

工程学和技术为主；梅兹大学是一所综合性多学科大学。洛林大学的合并属于跨行政区域的合并，因为从地理位置来看，4家机构虽同属一个学区，但梅兹大学属于洛林学区的摩泽尔省，其余3所大学则属于洛林学区的默尔特—摩泽尔省。

不同于斯特拉斯堡大学合并的是，洛林大学合并虽然也反映了大学领导层的意愿，但更多的是来自地方政府机构由外向内的政策驱动。

学区是法国第一级地方行政单位，自20世纪80年代以来，随着法国中央政府推行分权改革，学区在教育行政管理系统中的作用越来越重要。学区长直接向中央政府负责，不受地方政府领导，具有很强的独立性。学区长不仅管辖学区内基础教育组织，而且作为地方高校联盟主席，学区长还参与地方高等教育管理。20世纪末，法国中央政府推行"大学2000年计划"和"第三个千年大学计划"，鼓励地方政府资助用于高等教育的不动产建设、科研基础设施建设，促进科技成果转化。洛林地区也积极筹建本学区内的高等教育集群，鼓励各省之间高等教育交流与融合，特别是弥补各省资源差异。

南希集中了洛林学区大部分的高等教育与科研资源，在整个学区的高等教育场域内占主导地位；梅兹市则是一个典型的商业和工业城市，长期以来梅兹大学承担了大众高等教育使命，以教学工作为主，科研能力薄弱。南希希望能够独立建立集群，主要目标是合并南希市内的几所高等教育机构，而不愿意与梅兹大学为伍。而梅兹大学恰恰相反，它试图加强与南希大学合作，极力支持建立学区级别的高等教育集群，将集群视为保护伞，以便提高自己在本国甚至是欧洲范围内的竞争力和可见度。由于地域限制和实力上的悬殊差距，位于不同省的两所大学一直受到防御逻辑羁绊，在后续集群建设过程中也各自打着自己的"小算盘"。法国著名教育社会学家克里斯蒂娜·穆斯兰（Christine Musselin）曾将这种关系比作环法自行车团队赛，[①] 在她看来，同一团队成员之间异质性大，实力强大的成员总是想要脱离原有的组织加入新组织或独自前行。

---

① Christine Musselin. La Grande Course des Universités. Paris：Presses de Sciences，2017：12.

2008年4月在多方推动下，洛林学区4所大学联合提交材料，申请加入国家"卓越校园计划"，并在文件中描述了一个"多极""融合"的校园。然而项目遴选委员会认为这份文件更多地在描述南希规划，缺乏与梅兹的协调，作为"卓越校园"，梅兹应该被排除在外。[1]在这一微妙时局下，洛林各级行政官员纷纷表示，如果有大学被边缘化，那么学区高等教育在全国一盘棋上就会被边缘化，洛林整体发展就会被边缘化。他们认为，两座城市的大学应尽快冰释前嫌，不再单打独斗，要形成一个强有力的统一体，共同参与日益激烈的竞争。经过多次协商，洛林学区、省、市镇各级地方行政机关代表共同签署了一份名为《为了洛林大学的地区性条约》(Pacte territorial pour une université lorraine)，强调各级地方政府将合力支持梅兹和南希联合以洛林学区的名义递交"卓越校园计划"的候选者文件。

很显然，在不同利益主体无法就合作达成一致时，学区便会着眼于整个学区的平衡，发挥"地区平衡保证人"[2]的作用。为了能够建立学区级别的高等教育集群，将资源整合，从而为地方经济提供人才和智力支持，特别是激发地方经济发展的创新力，洛林学区自上而下推动着跨省合并，并极力避免梅兹大学在过程中受到冷落和排斥。以国家"卓越校园计划"为出发点，洛林各级地方行政机构自上而下均致力于推动建立一所能够代表学区的高等教育机构，并将此视为一种缓和各所大学进行地区性竞争的调节手段，防止洛林在国家版图中被边缘化。地方政府自发地形成了一个紧密结合的整体，共同参与地方教育治理。这种现象源自地方分权改革，也反映了新自由主义、新公共管理乃至网络治理理念在法国的影响。

20世纪80年代中期起，法国高等教育的治理模式逐渐发生变化。地方政府也要求参与高等教育决策，并通过预算投入的方式逐渐影响到大学的基础设

---

[1] Julien Barrier.Fusionner Les Universités Pour Revitaliser La Lorraine?Territoires et universités，2014（109）：44-59.

[2] Julien Barrier.Fusionner Les Universités Pour Revitaliser La Lorraine?Territoires et universités，2014（109）：44-59.

施建设、奖学金、科研项目甚至是一些教学岗位。①2007年"大学自治法"更是明确提出地方代表要进入大学核心领导层,2015—2020年的《国家—学区规划合同》更是第一次直接将"高等教育与研究"列入合同内容,并摆在关键位置,地方政府越来越期待通过当地高等教育实现地区经济的创新和发展。在洛林大学合并过程中,外部利益相关者角色可能会给研究结果造成实质性影响。②

(三)艾克斯-马赛大学——由学术集群到统一大学

2012年1月1日,位于法国普罗旺斯省(普罗旺斯—阿尔卑斯—蓝色海岸大区)的艾克斯-马赛一大、二大、三大合并,成立了新的艾克斯-马赛大学。长期以来,原来的3所大学一直处于双重分离状态,即地域分离和学科分离。从地理位置来看,3所大学共有5个行政校区,分别坐落在普罗旺斯省的马赛市和艾克斯市;从学科设置来看,原有的3所大学均设有自然科学专业,其中一大以自然科学和人文科学为主,二大以自然科学和医学为主,三大则以法律和经济等社会科学为主。合并后的艾克斯-马赛大学成为法国境内实力最强的跨学科综合性大学之一,是全法国拥有学生数量、教职工数量和财政预算最多的一所大学。推动大学合并的动力来自自然科学领域的教授和专家,当然也离不开3所大学领导层的意愿,他们迫切希望打破学科壁垒,加强校际交流和跨学科研究,减少同一省内不同大学之间的竞争和冲突。

艾克斯大学成立于1409年,1557年起发展成为一所涵盖所有学科的综合性大学。自中世纪起,艾克斯市就是欧洲著名的大学城。马赛市则后来居上,于19世纪初期逐渐建立起神学院、法学院、医学院和自然科学学院。拿破仑执政之后,在法国逐渐形成了大学的"双重集权"体制,一方面,中央建立

---

① Ewan Ferlie, Christine Musselin&Gianluca Andresani.The Steering of Higher Education Systems:A Public Management Perspective.Higher Education, 2008(56):325-348.
② Bjørn Stensaker, Mats Persson&Rómulo Pinheiro.When Mergers Fail:a Case Study on the Critical Role of External Stakeholders in Merger Initiatives.European Journal of Higher Education, 2016, 6(6):56-70.

"帝国大学"统筹全国教育，各地区只允许建立一所高等专业学校；另一方面，原有分散而居的学院松散地结成一个整体，代表学科的教授们作为学院核心掌管人财物。直到1968年，在"五月风暴"之后颁布的《富尔法》试图打破学院建制，建立以跨学科为特征的教学与研究单位，再由教学与研究单位组成大学。这一时期，普罗旺斯省的自然科学学院一分为二，一部分与人文科学专业一道组成了艾克斯－马赛一大，另一部分则与法学和医学专业组成了艾克斯－马赛二大。1973年，出于对医学院强势管理的不满，艾克斯－马赛二大的法学家们决定另起炉灶，他们拉拢艾克斯－马赛一大一部分经济学家和自然科学家共建了艾克斯－马赛三大。

步入21世纪，高水平研究成果越来越需要交叉学科的研究，跨地域和国际交流与共享已成为学科发展的重要维度。艾克斯－马赛3所大学研究人员和学者希望能够实现实验室等人财物的整合，从而方便科研工作的开展。2006年法国政府颁布新的《科研法》，鼓励同地缘的高等教育与研究机构整合学术资源，开展跨机构合作。次年，艾克斯－马赛3所大学以打破学校、学科、院系间壁垒为出发点，成立艾克斯－马赛高等教育集群。

与斯特拉斯堡大学情况类似的是，艾克斯－马赛大学的合并也离不开3所大学校长的推动，毕竟，确保组织生存是管理层职责所在，这就必须竭力避免资源稀缺化和不确定性化。[①] 大学整合不仅可以解决经费和资源短缺问题，而且有利于促进人才培养和交叉研究。3所大学校长在建立集群问题上完全达成一致，并建立了每周例会形式保持密切沟通和联络。从集群建立过程来看，学术团体是最重要的推动者，因为大学所在地的地方政府和企业机构均未对建立集群表示出任何兴趣，也没有插手到集群建立的过程当中。

2007年8月随着法国《大学自由与责任法》的颁布，法国中央政府从法律上确认将战略发展决策权、人力资源管理权、不动产管理权以及财务自主权下放到大学，同时进一步通过绩效推动高校之间的竞争。很快，虚体的集群合

---

① 杰弗里·菲佛，杰勒尔德·R.萨兰基克.组织的外部控制[M].闫蕊，译.北京：东方出版社，2006：53.

政策篇

作制度不再具有吸引力，真正的大学合并成为推动组织变革的根本途径。

将大学财政管理权、人力资源管理权和不动产管理权均下放给大学，改变了法国大学场域内一直占据主导地位的均一化特征。由此一来，由于自治法赋予了大学更多自治权，大学便有了管理规模庞大的组织能力，因而以制度化合作为本质特征的集群便不再具有吸引力，真正的大学合并自然更具有优势：合并不仅可以避免3所大学同类学科（尤其是3所大学都设有自然学科）的竞争和重复建设，而且通过精简行政可为决策提供更大的操作空间。学生不仅可以选择更丰富的课程，教师也可以更优化他们的教学与研究。

3所大学在合并中组建了4个工作小组，分别负责大学治理和组织建设、教学、科研和成果转化、对外合作。①合并后的艾克斯－马赛大学设立了统一的行政委员会、学术委员会、科研委员会、教学与大学生活委员会、技术委员会、卫生和安全与工作条件委员会，具有了强大的组织行动力；而大学内部的组织机构则由管理层、中心部门、基础学术组织和公共部门等部分组成，逐渐实现了人财物整合以及课程优化设置，几年来艾克斯－马赛大学国际影响力和可见度日益提升。

三、分析及展望

即便全球化对教育影响深远，各国高等教育改革仍然离不开本国的传统。正如在法国，大学长期受到中央政府和学术寡头的双重集权，校长为代表的领导层权力虚设，内部决策过程虚有其表，教师—研究员由于享受国家公务员身份和待遇，也常常漠视大学组织的存在。这些特点在德国就不明显，因为德国大学内部决策过程相对严密，大学领导层在人员聘用和晋升上也有更多话语权。所以说，高等教育改革，包括大学合并都不存在像迈耶和罗恩所提出的

---

① Jérôme Aust.Rapprocher, Intégrer, Différencier.Eléments Sur La Mise en Place des Pôles de recherche et d'enseignement supérieur.2008（3）.http://bulletindesnouveautes.hautetfort.com/media/00/02/1554268695.pdf.

"世界脚本"。① 大学变革本身处在动态多样的外部环境，以及复杂而充满博弈的内部环境之中。

就法国来看，此次大学合并的浪潮出现在 2007 年"大学自治法"颁布之后，因此，大学合并的路径并没有全部按照中央政府设计的"从高校集群到统一大学"两步走——事实上，在上述分析的 3 个案例中，只有艾克斯 – 马赛大学遵循了中央政府规划的合并路径。但恰恰也是这类大学在合并上完成得更为彻底，成为"融合型"合并模式的代表。

斯特拉斯堡大学合并模式属于典型的"水平型"，9 大学院没有真正意义上的整合，学术人员职位和薪酬也未受到任何威胁。

洛林大学由于合并前各大学分属不同行政区域，所以合并过程受到了地方行政干预，不得不面对外部权力主体带来的冲突。假设洛林大学案例中学区和省级行政机构像其他案例一样袖手旁观，那就可能只会出现"南希大学"，而非"洛林大学"。洛林大学的合并属于"交叉型"，一方面设立 8 大"学院"②，负责组织教学工作；与此同时，还建立了 10 个按照研究问题领域划分的"科研极"（Pôles Scientifiques）③。很明显，这种模式在跨地域和跨学科整合中会走得更远。但原洛林国立综合技术学院是一个拥有特殊法律地位的工程师学院联盟，比起公立大学拥有更多自主权，这将会成为洛林大学未来组织管理上的难题之一。

除此之外，当前法国高等教育场域内还存在 16 个"大学与高等教育机构的共同体"，这类共同体虽然没有合并成为一所大学，但却与大学一样具有"科学、文化与职业性质的公立机构"的法律身份。这些共同体组织面临的内部环境则更为复杂。比如巴黎西岱联盟（Université Sorbonne-Paris-Cité），该

---

① John W.Meyer&Brian Rowan.Institutionalized Organizations：Formal Structure as Myth and Ceremony. American Journal of Sociology，1977（83）：340-363.
② 8 大"学院"分别为艺术—文学—语言学院、法律—经济—管理学院、洛林工程师学院、洛林管理创新学院、健康学院、科学技术学院、人文与社会科学学院、技术学院。
③ 10 个"科研极"分别为农学、农业食品与森林，自动化、数学、信息及跨学科研究，生物、医药与健康，认知、语言、交流、社会，化学与分子物理，能源、机械、过程与产品，物质、材料、冶金、机械，洛林地球与环境观察站，法律、政治、经济与管理科学，时间、空间、文学、语言。

共同体包括了巴黎政治学院、新索邦大学在内的9家高等教育与科研机构,另外还有法国国家科学研究中心(CNRS)在内的5家纯科研性机构。共同体内各机构具有不同的性质、职能、组织管理模式、资金来源、招生选拔方式等,相对于这类"共同体",选择合并的大学显然是走在一条更加彻底的变革之路上。图卢兹比利牛斯联盟(Université Fédérale Toulouse Midi-Pyrénées),该组织成立于2007年3月2日,包含了31个高校和科研机构[①],虽然联盟模仿大学也设立了行政委员会、学术委员会以及成员委员会作为管理机构,但各联盟成员仍保留原有的组织机构和运行方式,特别是各高校都有自己的校长,这样庞大且差异迥然的联盟距离统一大学还很远。

通过分析法国大学的合并模式,我们可以看到,学科设置互补、机构之间规模和影响力差异较大的高校往往更容易通过"水平式"模式完成合并。按照先形成联盟后建立大学的路径则是一种积极稳妥的模式,可以让人员逐渐适应新的组织文化,缓和合并造成的不适甚至是利益冲突。不管是"交叉型"抑或是"融合型",大学内部学科之间的交流和整合都为大学组织创新提供了契机,跨学科的大"学院"或"科研极"的创立为高等教育创新人才培养提供了新的思路。尽管大学合并的动力、模式和效果不尽相同,但其逻辑起点和目标都是要"建设世界一流大学",然而如何不违背大学的学术使命,传承大学历史,继承大学文化积淀,而不是一味地追求指标和排行,是大学合并浪潮中需要继续思考的深层次问题。

(刘敏,北京师范大学国际与比较教育研究院副教授;王丽媛,国家教育行政学院进修二部)

---

① 31家机构中包含4个公立大学、1个国家大学学院、18个工程师学院和专科院校、1个大学医疗中心、7个科研中心,分布在8个省11个城市。

法国人工智能战略报告《AI造福人类》中的教育举措

当前，人工智能（Artificial Intelligence，AI）已经成为世界各国关注的焦点。中国、加拿大、美国等众多国家纷纷出台国家层面的人工智能战略。法国也十分重视本国在人工智能领域的全球地位，着力加强人工智能方面的教育与创新，以提升国家竞争力。2018年，法国出台了国家层面的人工智能战略报告——《AI造福人类》（*AI for Humanity*）[①]。

一、提出背景

人工智能正在重塑世界面貌。法国认为，该领域前景广阔，是国家未来发展的重要机遇，发展人工智能是国家的责任。为深入讨论国家人工智能发展事宜，法国于2018年3月28日在法兰西公学院（Collège de France）召开"全国人工智能研讨会"[②]。会上，法国总统马克龙提出，要"力争将法国建设成为世界人工智能强国"。随后，法国出台《AI造福人类》这一国家层面的人工智能战略报告。

《AI造福人类》报告的出台旨在推动法国人工智能领域的健康发展。其中包括3个核心问题：一是法国未来应如何培育和吸引世界各国的人工智能专业

[①] AI for Humanity [EB/OL]. https://www.aiforhumanity.fr/，2019-03-19.
[②] Collegé De France. Le Jeudi 29 Mars Au CollÉge de France：Sommet Intelligence Artificielle [EB/OL]. https://www.college-de-france.fr/site/actualites/Le-jeudi-29-mars-au-College-de-France-sommet-intelligence-artificielle.htm，2019-03-18.

人才并为其提供科研及研发土壤；二是如何进一步挖掘法国的数据库，在扩大数据库开放度的同时，保护数据安全及个人隐私；三是在伦理规范上，如何保障人工智能发展过程中算法、数据使用等透明度与合理性，避免人工智能的不当发展带来的危害或恐慌。从以上问题出发，《AI 造福人类》报告分为两大部分，第一部分从政策制定、环保事业、科学研究、国民就业、伦理道德、社会公平 6 个板块明确了人工智能在每一板块上发展的关键——"基于数据的经济政策""更灵活、更有影响力的科研""预测及控制就业影响因素""绿色经济发展""人工智能伦理规范""更包容、更多元的人工智能"；第二部分进一步阐述了教育、医疗、农业、交通、国防 5 个社会关键领域中人工智能的应用前景与可能引发的变革。作为法国国家层面的人工智能战略报告，《AI 造福人类》为法国人工智能的发展指明了方向。

本着为中国人工智能的科研、人才培养以及教育改革提供借鉴的出发点，本文选取了《AI 造福人类》报告中与教育领域相关的部分内容进行梳理分析。一方面，本文参考报告中"更灵活、更有影响力的科研"和"更包容、更多元的人工智能"部分，对法国人工智能领域的科研与人才培养举措进行描绘；另一方面，针对报告中五大焦点之首的"人工智能推动教育改革"进行解读。文章的最后，结合法国的人工智能举措，根据我国的发展现状，为我国的人工智能的人才培养、科研和教育改革提出建议。

二、法国人工智能领域的科研与人才培养举措

人工智能领域的科学研究与人才培养是关乎国家未来实力和影响力的重要一环。如何在世界范围内吸引世界人工智能高端人才，如何培育更多专业人才并为其提供研发土壤，是法国人工智能战略关注的核心问题。

（一）助力人工智能领域的科学研究

《AI 造福人类》报告指出，法国数学及人工智能领域科研水平处于世界领先地位，但科研成果的产业转化及经济效益仍然薄弱；大量科研人员流向美

国，造成法国人才流失；专业人才教育培训仍需加强。为了解决以上人工智能领域中的科学研究问题，报告提出三大举措：建设跨学科人工智能研究所、研发超级计算机、提高科研工作吸引力。

第一，建设跨学科人工智能研究所。建立国家级研究中心是法国推动人工智能科研发展的核心举措。通过对科研机构、高等院校的评估与选拔，法国建立了3个跨学科人工智能研究所（Instituts Interdisciplinaires d'Intelligence Artificielle，"3IA"）。在"跨学科"理念指导下，各研究所从不同角度开展研究，以培养和整合研究者、工程师、青年学生等科研力量。目前，"3IA"平台下的研究项目有：格勒诺布尔阿尔卑斯大学 MIAI 项目、尼斯大学蔚蓝海岸项目、巴黎大学 Prairie 项目、图卢兹大学 Aniti 项目。[1] 3个研究所分别位于法国的北部、西南部、东南部，有利于分配和调动国家整体科研积极性。

第二，研发超级计算机。算法工具对人工智能研究至关重要，法国计划加快研发专门辅助人工智能研究的新型超级计算机，为学者科研和企业技术应用提供有力工具。这一超级计算机将配合欧洲的私人云端使用，其计算速度快、储存能力卓越，将更好地满足人工智能研究的需求。据法国高等教育、科研与创新部公布的"人工智能研究国家战略导向"所述[2]，至2022年，法国计划新投入1.7亿欧元用于 AI 算法工具研究，并预计于2019年落成欧洲最先进的超级计算机研究中心；在支持技术团队发展方面，政府将新增2500万欧元资金投入，促进 AI 算法数据共享，满足科研需求。

第三，提高科研工作吸引力。《AI 造福人类》报告指出，与互联网巨头公司（谷歌、苹果、亚马逊等）相比，科研工作对应届生吸引力尚显不足，由此造成众多青年人才拒绝选择科研职业。对此，法国计划将科研工作起步工资翻

---

[1] Inria. Interdisciplinary Institutes of Artificial Intelligence（3IA）: The Four Selected Projects [EB/OL]. https://www.inria.fr/en/news/news-from-inria/four-3ia-projects-selected，2019-03-15.
[2] Ministère de l'Enseignement supérieur, de la Recherche et de l'Innovation. Stratégie Nationale de Recherche en Intelligence Artificielle [EB/OL]. http://www.enseignementsup-recherche.gouv.fr/cid136649/la-strategie-nationale-de-recherche-en-intelligence-artificielle.html，2019-03-18.

倍，提升科研工作对法国本土及国外青年研究者（尤其是有经济负担的高学历移民）的吸引力。

（二）促进人工智能领域人才培养的相关举措

专业人才是科研的基本前提。为了更好地促进人工智能领域的科学研究，法国人工智能战略也明确提出了一些促进人工智能领域人才培养的相关举措。特别是作为《AI造福人类》战略的进一步推进，人才培养举措在2018年11月28日发布的"人工智能研究国家战略导向"中体现得更为明显。相关举措主要包括以下几个方面。

第一，吸引人才赴法开展研究，新增硕博士学科点，扩招硕博士研究生，提高科研经费。目前，法国已有超过5000名人工智能研究人员、250多支科研队伍、35个人工智能硕士授予点。[①]2019年，法国将新增40个开设人工智能专业的院校，双倍扩招人工智能专业博士研究生，人数从250名上升至500名。此外，自2018年年初以来，法国已启动61个人工智能研究项目，累计投入资金2700万欧元。与此同时，至2022年，政府将再拨款1亿欧元支持国家研究署（Agence Nationale de la Recherche，ANR），用于对人工智能研究及应用的专项支持。

第二，吸引更多私立企业参与人工智能发展。法国鼓励大中型企业、小微企业、创业公司等开展工程师培训，聘用高端科技人才，采用最新科研成果；鼓励企业以丰富的形式参与和推动人工智能的相关研究，并从中获益。

第三，丰富和优化人工智能专业教育培训。例如，邀请国际知名专家及团队，提供实习、见习机会，组织创新竞赛，增加双学位授予数量，为相关专业硕博士研究生提供助学金等。

第四，协调管理，促进科学研究交流。在科研上，不断组织研讨会，共享研修信息，开展合作实习等。在管理上，政府将简化行政手续，为科研合作

[①] www.aiforhumanity.fr/pdfs/9782111457089_Rapport_Villani_accessible.pdf，2022-09-29.

提供更便捷、更高效的服务。

此外，为了解决人工智能在高等教育、科研及企业中男女比例严重失衡的问题，法国也采取了一系列举措。例如，法国提出，在2020年前实现全国大学预备班、大学校、公立大学的信息技术类专业女性学生比例不低于40%；向世界其他国家学习经验，通过调研、分析在提高女性学生比例上成果显著的案例，如挪威科技大学、美国卡耐基梅隆大学，为本国实践提供借鉴；使各类教育教学参与者树立正确意识，包括帮助学生树立对信息学科及个人能力的正确认识和理解，培训教师以发挥教师在教育中的引领作用，要求学校管理者实施推动信息教育公平的相关举措等。

三、人工智能在教育领域中可能引发的变革及其政策举措

教育领域是《AI造福人类》战略关注的第一大焦点。报告中提到，进入人工智能时代，物联网使得人们时时刻刻都与网络联通；学校教育、技能培训、继续教育的界限逐渐模糊，终身学习已经成为必须。因此，教育领域必须开展更多的科学实验，加快探索人工智能服务教育与改革教育的广阔前景，使教育能够更好地适应人工智能时代。人工智能在教育领域中可能引发的改革包括更加关注学生创新能力的培养、重视教育数据开发、变革教育关系等。为了促成这一改革，法国政府也将提供一些政策支持，如促进教育技术的发展，推动教育部门职能转变等。

（一）人工智能可能引发的教育变革

1. 更加关注学生创新能力的培养

在人工智能时代，教育不仅需要为学生提供未来职业的基本知识和技术，还须教会学生应对时代变化、进行自我调整和提升。因此，教育教学应更加注重培养学生的创新能力、社交能力、应变能力。为此，法国将采取如下行动：第一，鼓励和推广旨在提升创新能力的教育试验，通过资金资助、资源共享、研讨交流等方式，使教师能够更好地唤起学生的创新意识、志愿精神、团队合作能

力；第二，设置创新能力指数，评估学生创新能力，掌握发展动态，但不与成绩挂钩，避免学生压力过大或引发学生的自卑情绪；第三，评估教师培训平台，注重发展教师创新能力；第四，开发有利于培养学生创新能力的教学工具。

2. 更加重视教育数据开发

人工智能对学习者的观察与记录为研究者提供了学生学习模式、学习过程等大量的数据信息。这些数据对学习者本身或教师团队调整学习策略和提高教学质量有重要意义。为进一步探索人工智能在教学中的作用，法国将为教育数据的采集提供便利，同时注重保障信息安全与合理使用。其具体措施包括：第一，研究团队规划数据需求，在获得学习者及教师团队的允许后进行数据统计；第二，在尊重学习者的权利及意愿的前提下，将教育数据尽可能开放共享，如开发私人数据云端，保障学习者对其教育数据内容及使用的知情与监督；第三，持续记录学习者的学习过程并形成个人数字档案，方便教育信息的分享与再使用。

3. 进一步推动教育关系变革

人工智能产品可以帮助教师完成重复性、低难度的工作任务，使教师可以将时间投入到更为重要和有意义的事情中。例如，教师不仅可以通过人工智能提供的实时、个性化信息了解学生状态，调整教学方法，提高教学质量，而且可以与家长就学生及教学过程进行更准确、更高效、更有针对性的沟通。在这种情形下，传统的教师与学生、学校与家庭的关系，也将发生一系列的改变。教师与家长如何使用人工智能更好地促进学生的个性化学习，是当前需要研究的关键问题。

（二）促进教育改革的政策措施

为了推动以上教育变革，法国政府计划推出一系列支持举措，大力发展教育技术产业。举措包括鼓励教育领域人工智能科研实验，提高政府对教育技术领域的资金支持，打通新型教育产品进入教育市场的途径，加强与互联网教育巨头（如亚马逊Kindle电子书、谷歌学术、领英等）的沟通与协作等。同时，政府特别强调教育技术产业的发展要遵守法律法规及道德约束，使教育产业发展服务于本国国民教育。

此外，在人工智能产业发展的背景下，法国政府要求国家教育部及高等教育和科研部也注重自身职能转变，为各类创新项目落实提供便利，推动教育信息化发展，激发公民对人工智能的热情及反思，畅通教师、教育部门人员、企业家、社会组织间的沟通交流。

四、结论与思考

为了将法国建设成世界人工智能强国，法国推出众多举措，如建立研究中心、储备与吸引人才、增加经费支持、加强教育培训等。在教育教学上，法国提出，教育要适应人工智能时代要求，进行相应的变革，并探索人工智能对教育的推动作用。与法国相似，中国同样将发展人工智能提升到国家战略高度，并先后出台了一系列人工智能相关政策举措，如2017年国务院发布的《新一代人工智能发展规划》[1]、2018年教育部发布的《高等学校人工智能创新行动计划》[2]等。中国的人工智能战略愿景是到2030年中国的人工智能理论、技术、应用总体达到世界领先水平，成为世界主要人工智能创新中心。为了这一目标的实现，参考法国国家层面的人工智能战略报告中教育的相关举措，结合当前中国现状，本文提出以下建议。

在科研上，针对我国缺少重大原创成果，科研机构和企业尚未形成具有国际影响力的生态圈和产业链等问题[3]，建议：第一，鼓励跨学科、跨领域的合作，形成多个人工智能创新集群，以产生更多创新性成果；第二，为科研工作者"松绑"，适当延长科研考核周期，减少急功近利的学术发表，给学术研

---

[1] 中国政府网. 新一代人工智能发展规划［EB/OL］. http://www.gov.cn/zhengce/content/2017-07/20/content_5211996.htm，2019-03-16.
[2] 中华人民共和国教育部. 高等学校人工智能创新行动计划［EB/OL］. http://www.moe.gov.cn/srcsite/A16/s7062/201804/t20180410_332722.html，2019-03-19.
[3] 中国政府网. 新一代人工智能发展规划［EB/OL］. http://www.gov.cn/zhengce/content/2017-07/20/content_5211996.htm，2019-03-16.

究人员更多自由时间从事基础研究；第三，适当提升科研工作人员的薪酬待遇，增加科研工作的吸引力。

在人才培养上，国家已经提出要加大人工智能领域人才培养，特别是从中小学开始加大人工智能相关课程的比重。然而当前的一些教师缺乏人工智能领域的相关知识，师资短缺问题严峻。在 2019 年举行的第十三届全国人民代表大会上，李克强总理在政府工作报告中提出"智能+"，加强"人工智能+教师培训"的相关工作的推进，一方面要为专业教师提供教师专业技能培训与指导，另一方面要为一些非专业的教师进行普及化培训，帮助其了解人工智能发展现状，更好地进行人才培养。

在教育变革上，如何利用人工智能提升教育教学效果是亟待解决的问题。一方面，可以将人工智能技术引入教育教学，提高教育的有效性。例如，人工智能增强型学校、人工智能助教等，通过自适应系统衡量学生发展水平，提供相应的辅导。又如，鼓励人工智能与在线教育结合，提升在线教育质量。人工智能可以依据大数据技术更好地进行在线学习评估，支持个性化学习，并为不同层次和不同需求的学习者提供相应的支持。另一方面，对于一些人工智能可能造成重大影响的学科与专业，要进行系统调整与规划，如英语等语言类专业，人工智能的翻译和语音识别服务已经在市场上有许多应用，需要适应当前的技术发展现状调整学科教学内容与人才培养战略。

（作者简介：董丽丽，上海外国语大学国际教育学院讲师；吉祥希，新索邦大学语言科学实验室博士生）

法国"重振计划"中的教育政策

2019年新冠肺炎疫情暴发并席卷全球。联合国教科文组织数据显示，在疫情暴发一年后，约有8亿名学生仍面临着严重的学业中断，31个国家全校停课，其他许多国家部分停课，全球平均损失了2/3个学年。联合国教科文组织教育助理总干事斯特凡尼娅·贾尼尼（Stefania Giannini）呼吁各国推出教育恢复计划，以应对因新冠肺炎疫情大流行而扩大的不平等和加剧的既存学习危机。[①]虽然各国疫情防控力度和效果有差异，但一年多以来，很多国家在教育财政、在线教学等方面推出了新政，以保障疫情影响下学生的学习和健康。

2020年3月16日，法国本土及海外省所有学校停课，全法1300万名中小学生居家学习。由此，法国全国性应对新冠肺炎疫情的教育措施开始推出，并根据疫情发展情况调整。法国政府一方面在保持学习的持续性、给予师生资助、保障国际教育开展方面推出了一些政策；另一方面于2020年9月3日启动"重振计划"（France Relance），即全面的恢复计划，以期在两年内逐步消除新冠肺炎疫情对社会的冲击。教育相关举措是法国"重振计划"中的重点，全面服务和支撑推进"重振计划"中生态转型、提高国家竞争力和增强社会凝聚力三大优先事项的落实。

[①] Time to roll out education's recovery package [EB/OL]. [2021-02-06]. https://en.unesco.org/news/time-roll-out-educations-recovery-package.

一、疫情影响下的教育政策

（一）推动线上教育发展，促进疫情下教育的包容性

为防止学生因学校关闭而产生学业中断情况，法国政府从平台和资源建设、为困难学生购买学习设备等工作入手保证学生参与线上教学。

1. 通过推荐线上教学平台、媒体平台等方面的教学资源来创造多样化的学习环境

法国国民教育、青年和体育部（以下简称国民教育部）号召教师和学生通过法国国家远程教育中心（CNED）和虚拟教学平台（ENT）系统开展教与学。CNED 主要通过两种功能支持学生学习，一是提供作业和课后练习，内容覆盖从幼儿园大班到高三各年级所有学科；二是平台支持实时网课，教师可以自主发起课程。该平台可容纳 600 万用户同时登录。[①] ENT 系统线上应用范围也较广泛，已经覆盖法国本土所有中学和部分小学。该系统具有选课、排课等教学管理功能，交流、批改作业等实时交互功能，以及教学资源分享功能。国民教育部还为学生推荐了很多非实时学习资源。从全法停课学校的第二周（2020 年 3 月 23 日）起，法国电视台 2、4、5 频道每日为小学至高中学段的学生播放直播和录播课程。一些广播和纸质媒体也开辟专栏提供学习内容。[②]

2. 为困难学生购买数字设备和学习资料

2020 年 3 月 31 日，法国国民教育部表示，鉴于全法有 5%～8% 的学生无法远程上课，政府将通过与法国邮政签署合作，为没有能力购买数字设备的家庭寄送纸质学习资料，并支持当地政府、协会组织等向上述家庭的学生提供数

[①] Covid19 Ouverture des Ecoles：modalités pratiques et protocole sanitaire［EB/OL］.［2021-02-06］. https://www.education.gouv.fr/ma-classe-la-maison-mise-en-oeuvre-de-la-continuite-pedagogique-289680.

[②] La maison lumni france télévisions voici ce que proposent france 2 france 4 et france 5 à vos enfants pour remplacer l'école［EB/OL］.［2021-02-06］. https://www.programme-tv.net/news/tv/251717-la-maison-lumni-france-televisions-voici-ce-que-proposent-france-2-france-4-et-france-5-a-vos-enfants-pour-remplacer-lecole/.

字设备。政府将投入 1500 万欧元用于帮助改善困难地区学生的学习条件。其中的 900 多万欧元将用于为这些地区的学生采购和发放数字化教学工具。

（二）取消集中考试，将平时成绩作为评定依据

受到新冠肺炎疫情影响，法国 2020 年的多场毕业考试被取消。[1] 初中毕业生考试（Brevet）、高中会考（Bac）、专业技能考试（CAP）和高级技术文凭考试（BTS）只以平时成绩（平时考试和平时作业）作为评分依据。高校主要通过线上测试和家庭作业对学生学业进行评估。[2]

Bac 综合评分委员会的评审官主要根据考生在高三前两个学期的平时考核成绩来确定各科成绩；第三学期受停课影响没有分数，但教师会根据学生远程教学的参与度提供参考意见，评审官可酌情评定。平时考试成绩不完整的考生则需参加 2020 年 9 月举行的缓考（为因健康和突发事故原因无法参考者设立）。Bac 综合评分委员会参考历年高中会考数据和校际差距等多种因素经过加权计算出分数。2020 年 7 月 7 日，高中毕业会考成绩发布，学生通过率创新高：初步通过率达到 91.5%，比 2019 年上升了 13.7%。[3] 国民教育部在相关文件中表示，Bac 评审委员会在对分数进行最后的调整和核查时会遵守"善意"原则，这是通过率创新高的原因之一。

对于 2021 年的高中会考，国民教育部部长布朗盖在 2020 年 11 月 12 日的新闻发布会上宣布，地理历史课、外语课、数学课（限于科技选修高中会考）和科学课（限于普通选修高中会考）课的高中会考成绩应用平常班级考试分数来代替。

---

[1] La génération Covid, première victime de la crise économique [EB/OL]. [2021-01-23]. https://jeunediplome.net/la-generation-covid-premiere-victime-de-la-crise-economique/.

[2] Site Réforme lycée 2019 [EB/OL]. [2021-02-06]. https://www.editions-foucher.fr/site-reforme-lycee-2019-accueil.

[3] Bac 2020：un pourcentage de réussite et un taux de mention exceptionnels [EB/OL]. [2021-02-06]. https://etudiant.lefigaro.fr/article/chiffres-bac-2020-taux-de-reussite-mention_84b29928-c50f-11ea-85e7-1f012c74e565/.

（三）针对学习者及其家庭实施经济纾困政策

疫情对法国经济和就业造成消极影响。为减轻疫情对各级各类教育和学习者学业的冲击，法国政府陆续出台了提高开学津贴额度、提供特殊补助、上调助学金额度、减免费用、保持学费稳定等措施，为学习者及其家庭缓解经济压力。

法国家庭补助局（CAF）向6~18岁青少年的父母发放开学津贴（ARS），用于帮助家庭[①]支付其子女新学年开学的相关费用。2020年，CAF为每名学生发放的津贴平均增加约100欧元。2020年，每个6~10岁的学生将获得469.97欧元，高于2019年的368.84欧元。对11~14岁学生的补助金额为490.34欧元（2019年为389.19欧元），15~18岁学生的补助金额为503.91欧元（2019年为402.67欧元）。2020年法国的返校津贴发放给近300万个满足条件的家庭。[②]

2020年5月，法国政府宣布，为疫情期间遇到学业和生活困难的大学生提供特殊补助，以支持面临危机的学生。[③]政府为疫情期间面临经济困难的大学生提供每人200欧元一次性补助。除在读大学生外，18~25岁面临经济困难的非学生年轻人也可申请该补助。该政策受益人数量预计为80万人，其中40万人为大学生。该政策将由两个部门来具体实施：大学生补助的援助由各学区的区域大学与学业事务中心（CROUS）组织，18~25岁的非学生年轻人补助则由CAF组织。

法国高等教育部增加2020—2021年的助学金投入，大学生助学金金额整

---

① 领取返校津贴需要满足一定条件，家庭收入必须低于一定水平：一个受抚养子女为25093欧元，两个受抚养子女为30884欧元，三个受抚养子女为36675欧元。要获得补助的资格，年龄在6~18岁之间的受抚养子女必须是学生或者学徒身份。
② Date, montant, conditions… tout savoir sur l'allocation de rentrée scolaire 2020［EB/OL］.［2021-02-06］. https://www.lesechos.fr/politique-societe/societe/date-montant-conditions-tout-savoir-sur-lallocation-de-rentree-scolaire-2020-1232238.
③ Covid-19：l'enseignement supérieur français mobilisé［EB/OL］.［2021-02-06］. https://www.enseignementsup-recherche.gouv.fr/cid151601/epidemie-de-covid-19-precisions-sur-l-aide-exceptionnelle-aux-etudiants.html.

体上调 1.2%，不同等级资助额度上涨 12~76 欧元。助学金申请者须满足家庭状况、个人学习水平、家庭负担、年龄等条件，才能向 CROUS 提出申请。助学金在 2020 年 9 月至 2021 年 6 月逐月发放。助学金金额上调的同时，大学生奖学金金额未上涨。①

除了各种形式的资助和费用减免政策，公立大学学费上涨受疫情影响而取消。每年年初，法国政府根据国家消费价格指数调整新学年大学注册费，2020—2021 学年公立大学注册费原计划将比之前上涨 1.2%，即本科生注册费调整为 172 欧元、硕士生调整为 246 欧元、博士生调整为 385 欧元。在疫情背景下，法国高等教育、创新与科研部于 2020 年 5 月宣布，公立大学 2020—2021 学年注册费维持不变。② 此外，高校和大学生事务管理中心提供资金，为有困难的大学生提供免费食物、发放食品购物券，或为缺乏必要设备参加远程课程和考试的学生提供计算机设备购买券；拨付 1000 万欧元用于紧急情况的救助；为因疫情离开大学宿舍的学生减免 4 月份的房租。

2021 年 1 月 21 日，法国总统马克龙访问巴黎萨克雷大学（Université Paris-Saclay）时宣布，所有大学生可以享受由学生食堂提供的每餐 1 欧元（每天两餐）的福利，此前，只有获取助学金的学生可以享受 1 欧元优惠价。这一措施由 CROUS 执行，惠及所有学生。一些地方政府也采取了相应措施。2020 年 4 月 27 日，法兰西岛大区委员会表示，受疫情影响，法兰西岛大区很多家庭遭受失业困境，因此将对享受助学金的高中生家庭以每位高中生 60 欧元的标准拨付补助，此政策涉及 10.9 万户家庭。

此外，政府还加强学生贷款担保基金管理。2021 年和 2022 年学生贷款担保基金增加 4 倍，以提升银行面向学生的贷款额。基于此项政策，各银行业向

---

① Budget étudiant：le montant des bourses en hausse pour la rentrée 2020-2021［EB/OL］.［2021-02-13］. https://www.letudiant.fr/lifestyle/aides-financieres/budget-etudiant-le-montant-des-bourses-en-hausse-pour-la-rentree-2020-2021.html.
② Universités：les frais d'inscription n'augmenteront pas à la rentrée 2020［EB/OL］.［2021-02-06］. https://www.letudiant.fr/etudes/fac/universites-les-frais-d-inscription-n-augmenteront-pas-a-la-rentree-2020.html.

学生提供低息或无息贷款。如法国巴黎银行向学生发放 5000 欧元的无息贷款，而且无须支付手续费。当前那些已经贷款的人也可以免费暂停还款 6 个月，可以在 4~60 个月分期偿还，还可以将第一个月的还款期推迟至一年。这笔新贷款向所有学生和学徒开放，不需要个人或父母担保。该银行已经有 40 万名学生客户，其中 7 万名已经获得贷款。法国农业信贷银行则为学生和学徒提供每人 5000 欧元以下的低息（1%~2%）贷款。①

（四）增加教师招聘岗位，提高教师津贴额度

疫情暴发后，法国政府为教师提供特殊补助。教师成为新冠肺炎疫情期间继医护人员之后第二个获法国政府特殊补助的职业群体。2020 年 5 月 19 日，法国政府宣布拨款 5000 万欧元，为 6.5 万名教职员工发放人均 330~1000 欧元不等的补助。特殊补助分发对象主要为：在法国实施"禁足令"期间，仍然自愿到岗为医护人员子女提供照看和教学服务的教师、校医、行政人员。补助分为 330 欧元、660 欧元以及 1000 欧元 3 档，根据疫情期间的工作量而具体决定。

2020 年 4 月 8 日，国民教育部表示，2020 年 9 月新学年开学，全法中小学和幼儿园将在原计划新增 440 个教师岗位的基础上，再新增 1248 个教师岗位。政府希望通过增加教师人数提高师生比，加强对学生的教育和辅导，在一定程度上减轻因疫情产生的教育不平等现象。

国民教育部部长布朗盖于 2020 年 11 月 16 日宣布增加教师招聘岗位和奖金。他表示，从 2021 年起，将增加 1/3 正式岗位。由于 5%~10% 的教师队伍即 4 万~8 万人属于新冠病毒易感人群，他们已经多次呼吁罢工，要求在学校内部实施更严格的防疫措施。在这种情况下，合同教师和代课教师的缺口很大。从 2021 年 5 月起，青年教师将获得"吸引力津贴"，预计每月 100 多欧元，在职业生涯的前 15 年里，这种"吸引力津贴"将随着工作年限递减，从最初

---

① Coronavirus：BNP Paribas lance un prêt à 0%pour les étudiants［EB/OL］.［2021-02-06］. https://www.leparisien.fr/economie/votre-argent/coronavirus-bnp-paribas-lance-un-pret-a-0-pour-les-etudiants-21-04-2020-8303064.php.

的 100 多欧元降到 36 欧元，预计这项措施将惠及 31% 的教师；此外，所有教师每年将获得 150 欧元的"计算机设备购置金"。①

（五）多措并举，促进青年就业

据《费加罗报》报道，法国私营部门在经历了 2020 年第一季度 49.22 万个岗位流失之后，第二季度继续裁员 15.82 万人。此外，公共部门第一季度基本未受影响，但第二季度也裁员 5.71 万人。法国国家统计与经济研究所称，在公共部门，疫情危机影响了定期合同和临时合同员工的续签。总体来说，在一年内，法国受薪雇员总数减少 57.29 万人，其中私营部门减少 51.38 万人，公共部门减少 5.91 万人。②法国就业形势回到了欧债危机爆发后的严峻局面。

为了帮助 2020 年 9 月进入劳动力市场的 75 万名毕业生以及目前待业或正在接受培训的年轻人，政府筹集 67 亿欧元，用于年轻人就业的经费增加了 3 倍。2020 年 7 月 23 日，政府启动"一人一策"青年帮扶计划（Un jeune, une solution）③，旨在为每个年轻人提供解决方案。该计划调动各方资源，为困难青年提供各方面援助和支持。

"一人一策"青年帮扶计划主要内容有：一是增设年轻人的社会公益岗位并设立其他公民服务岗位，使年轻人能够参与社团活动。法国总理卡斯泰（Jean Castex）于 2020 年 11 月 12 日宣布，将新设 1600 个学生临时岗位，以缓解远程教育造成的部分大学生孤立无援的困境；法国 800 所大学将增设两名学生顾问，加强 CROUS 服务，特别是为大学低年级学生提供支持。④二是为

---

① Revalorisation du salaire des enseignants en 2021：les syndicats saluent un «premier pas» mais demandent un effort durable［EB/OL］.［2021-02-06］. https://theworldnews.net/fr-news/revalorisation-du-salaire-des-enseignants-en-2021-les-syndicats-saluent-un-premier-pas-mais-demandent-un-effort-durable.
② 法国第二季度仍裁员不止 2020 年失业率将达 9.5%［N/OL］.［2021-03-02］https://m.gmw.cn/2020-09/09/content_1301542391.htm?source=sohu.
③ Accompagner les jeunes, Plan 1 jeune 1 solution［EB/OL］.［2021-01-20］. https://travail-emploi.gouv.fr/le-ministere-en-action/relance-activite/plan-1jeune-1solution/.
④ Reconfinement–Université：1600 emplois étudiants créés pour accompagner les premières années（Castex）［EB/OL］.［2021-01-20］. https://www.laprovence.com/actu/en-direct/6177484/reconfinement-universite-1600-emplois-etudiants-crees-pour-accompagner-les-premieres-annees-castex.html.

雇用 26 岁以下青年并签署 3 个月以上合同的企业提供资助，该措施已被纳入"重振计划"。三是利用技能投资计划（PIC），为没有资格或未接受高等教育的年轻人进入未来的职业提供 10 万项新的资格或资格预备培训课程，该措施也被纳入"重振计划"。四是在未来 5 年内，对护理人员进行新一轮培训。五是为 16~18 岁辍学者提供个性化课程。

二、规划性举措：教育和青年工作是"重振计划"的重点

2020 年 9 月 3 日，法国总理卡斯泰公布了法国"重振计划"，旨在通过公共投资、提供补贴和减税以复兴的 70 项措施，以及生态转型、提高国家竞争力和增强社会凝聚力三大优先事项的推进，加快推进供给侧改革，争取在两年内逐步消除新冠肺炎疫情对国家经济的冲击，提升法国国际竞争力，使法国经济到 2022 年恢复至疫情前水平。"重振计划"的投资总额为 1000 亿欧元，相当于法国年度预算的 1/3，其中 40% 来自欧盟的恢复计划，是 2008 年金融危机后法国经济振兴计划投资规模（260 亿欧元）的约 4 倍。在资金分配方面，推进生态转型、提高国家竞争力和增强社会凝聚力的三大优先事项将获得的资金分别是 300 亿欧元、350 亿欧元和 350 亿欧元。教育相关举措是法国"重振计划"中的重点，是全面服务和支撑三大优先事项的落实。

（一）高等教育、研究和创新领域具体措施

高等教育、研究和创新领域共获得超过 78 亿欧元投资，投资期为 3 年，包括涉及三大优先事项的 9 项措施。

1. **在生态转型方面**

推进生态转型的目标是使法国成为欧洲第一个低碳经济体，4 个优先领域分别是建筑物能源改造、交通运输业、绿色农业和能源转型研发。该优先事项是公共投资这一措施的主要方向。为促进生态转型，高等教育与科研领域主要实施两大举措。

一是实施高等教育机构和科研院所公共建筑的能源改造工程，其目标是

降低校园的能源消耗。2020年12月14日，在法国国家战略性公共房地产会议上，总理卡斯泰宣布将投资27亿欧元支持包括位于海外省的4214个公共建筑物能源项目翻新工作。这项工作将为法国在2021年至2023年创造2万个就业机会。公共财务事务部长级代表奥利维耶·杜索普（Olivier Dussopt）表示，该计划通过支持关键建筑部门来促进经济发展，将对未来整个国家更多方面产生积极影响。①

公共建筑的能源改造工程中，有1054个项目涉及高等教育、研究机构和学生生活，总投资约13亿欧元。高等教育、研究与创新部部长弗蕾德里克·维达尔（Frédérique Vidal）表示，项目中的能源翻新部分为学生研究及生活提供了许多机会。这意味着法国在宏观政策方面重视年轻人群体在学术和科学界的发展。这部分支持能源转型的特殊款项将有效助力校园、学生生活和培训场所的转型。

二是实施"投资未来"第四阶段（PIA4）的"加速计划"，3年内投资24亿欧元。该项目致力于加速涉及生态和能源转型发展的研究成果转化，主要领域包括氢能源、回收物利用、生物资源产品和工业生物技术等。

2. 在提高国家竞争力方面

提高国家竞争力的目标是增强经济独立性，重获国家竞争力和增长力。新冠肺炎疫情的暴发，让法国政府意识到战略性行业自主性的重要性，以及提高科研能力、掌握技术主权和增强社会复原力的迫切性。为提高国家竞争力，高教与科研领域主要实施两大举措。

一是自2021年起3年内投资3亿欧元增设科研岗位。该措施旨在促进青年研究者进入企业从事研发工作，提升企业研发能力，密切公共研究机构与企业之间的合作和联系。私企与公共实验室之间签订科研协议，在不违反劳动合同的前提下，允许1400名私企员工在公共实验室工作，这部分科研人员工资的80%将由国家承担。为了促进医学生的专业实践，将在公共实验室聘用

---

① 4214 projets de rénovation énergétique des bâtiments publics de l'État［EB/OL］.［2021-01-27］. https://lexcity.fr/2020/12/16/4214-projets-de-renovation-energetique-des-batiments-publics-de-letat-cpe/.

600 名学历相当于研究生二年级的学生；国家还将资助 500 名博士后到公共研究机构和企业进行产学研合作。所有开展研发活动的企业都有资格参与合作。

二是为提升国家经济独立性，优先投资 240 万欧元促进人工智能、云技术、网络安全、量子力学、数字健康、传染病防治等方面的科研与教育。

3. 在增强社会凝聚力方面

增强社会凝聚力的目标是团结法国人民，消融社会矛盾，避免不平等现象加剧。为增强社会凝聚力，高教与科研领域主要实施五大举措。

一是加大对法国国家研究署（ANR）的支持力度，3 年内投资 4.28 亿欧元（资金来源为欧盟资助），其目标是将国家研究署的项目成功率从 16% 提高到 25%。从 2021 年起，法国国家研究署预算从 5.18 亿欧元增加到 9.53 亿欧元，到 2027 年达到 15.18 亿欧元。

二是在"投资未来"第四阶段（PIA4）框架内，3 年内投资 31.5 亿欧元推进高等教育和科研领域生态转型研究和创新。其中，促进高校发展、示范校园建设方面的投资为 25.5 亿欧元；尖端技术创业方面的投资为 6 亿欧元。

三是开发混合式教学技术和设备，总投资 3500 万欧元。2020 年 6 月，高等教育、研究与创新部部长维达尔宣布启动"高等教育混合式教学"（hybridation des formations d'enseignement supérieur），计划最终资助 35 个涉及教学资源开发的项目。

四是增加大学招生名额（总投资 1.8 亿欧元）。2020 年增加大学招生名额 1 万名，2021 年增加大学招生名额 2 万名，主要集中在本科阶段。同时，侧重增设培养社会所需要的护士或者护理人员的学校名额。维达尔表示："开放多少额外录取名额主要由外省政府和大学来决定。"地方和高校希望"根据从实地考察得到的更精确的需求来设置课程"。[①]

五是投资 3200 万欧元以加强学生贷款担保基金管理。2021 年和 2022 年

---

① Plan de relance 4000 places creées dans les universites en cette rentrée［EB/OL］.［2021-02-06］. https://www.lesechos.fr/politique-societe/societe/plan-de-relance-4000-places-creees-dans-les-universites-en-cette-rentree-1240151.

学生贷款担保基金增加 4 倍，年拨款额度从原来的 400 万欧元增加到 2000 万欧元。由于这一调整的杠杆效应，合作银行提供的贷款额将从 2020 年的 1.35 亿欧元（惠及 1.15 万人）增加到 2021 年的 6.75 亿欧元（有望惠及 6.75 万人）。给予每名学生的贷款年限最短 2 年，额度在 1.5 万欧元之内，具体由各银行决定。

（二）青年领域具体措施

为避免大规模失业，法国将"稳就业"作为经济复苏重点之一，积极推出包括促进青年就业、进一步加强培训、促进企业内外人员流动、推动长期失业群体融入等系列措施，提升就业对经济复苏的支撑作用。"重振计划"在青年帮扶方面主要有三大措施。①

一是投资 5 亿欧元，使大学生人均补助金提高 100 欧元，以帮助困难家庭学生支付学年费用。

二是投资 38 亿欧元，实施"青年就业计划"。具体为企业每雇用 1 名 26 岁以下青年并签署 3 个月以上合同，政府将向企业提供 4000 欧元补助。自 2020 年 7 月至 2021 年 2 月，企业每雇用一名 18 岁以下的学徒员工将获得 5000 欧元补助，雇用 18 岁以上学徒工将获得 8000 欧元补助。通过招聘半工半读青年、签订临时就业安置合同、增设公民服务岗位等方式扩大青年就业。

三是投资 16 亿欧元，加强岗前培训。向所有即将进入劳动力市场的年轻人增加岗前培训课程数量，预计将有 22.3 万名年轻人参加相关技能培训。

三、对"重振计划"的评价

"重振计划"的目标不仅在于促进经济和社会的恢复，而且希望"化危机为时机"，锚定通过投资未来的行业（如交通、农业和能源的转型发展）来

---

① Le Plan de Relance pour l'enseignement supérieur, la recherche et l'innovation［EB/OL］.［2021-02-06］. https://www.enseignementsup-recherche.gouv.fr/pid39961/le-plan-de-relance-pour-l-enseignement-superieur-la-recherche-et-l-innovation.html.

形塑2030年的法国，突破作为老牌资本主义国家数字化发展、建筑物能源改造方面的困局，建设碳中和社会和数字化的生活工作环境。总理卡斯泰认为，"重振计划"雄心勃勃，且又是力所能及的。

法国政府提出的发展路线图与欧盟及一些欧洲国家相似。法国智库可持续发展和国际事务研究中心（IDDRI）主任特赖尔（Sébastien Treyer）认为，巴黎与欧盟的路线保持了一致。①2018年5月，欧盟委员会提出欧盟长期预算建议框架之后一直与欧洲议会、欧盟理事会共同推进协商；最终于2020年12月17日通过的欧盟长期（2021—2027年）预算方案中，超过50%的资金将用于支持现代化建设，重点内容有：支持科研和创新、实现数字转型、应对气候变化（与气候变化相关的预算占30%，占比最大）等。特赖尔还指出，"重振计划"与德国的恢复计划②也相似。他还提出，难点在于计划的实施，建议成立监测委员会以跟进计划的实施，提升政策实施效果的透明度。③

（作者简介：张力玮，《世界教育信息》主编；马燕生，太和智库高级研究员、中国驻法国大使馆原公使衔参赞）

---

① 欧盟委员会、欧洲议会和欧盟各国领导人于2020年12月17日通过了欧盟长期（2021—2027年）预算。加上"下一代欧盟"临时性恢复计划的预算，共1.8万亿欧元的预算成为欧盟有史以来最大的经济刺激计划，目标是让欧洲更加绿色、数字化和有韧性。为了应对危机，欧盟委员会在2020年5月27日提出了临时性恢复计划——"下一代欧盟"（NextGenerationEU），涉及预算为7500亿欧元。
② 德国政府于2020年6月通过了规模达1300亿欧元的一揽子经济复苏计划，涉及儿童补贴、降税、扶持企业等方面。其具体措施有：每个家庭每个孩子可获得300欧元的一次性补贴；推动电动汽车发展以及设立更多充电桩；对覆盖全德的5G网络、国家铁路公司等进行投资。
③ French economic recovery plan 'resonates strongly' with German and EU plan［EB/OL］.［2021-03-07］. https://www.euractiv.com/section/economy-jobs/news/french-economic-recovery-plan-resonates-strongly-with-german-and-eu-plan/.

科教体制篇

法国高等教育与研究体制概览

　　法国高等教育拥有悠久的历史，发展到今天呈现出多元的结构。传统的综合性大学"宽进严出"，保障了法国高等教育的普及化。大学在接受中央政府宏观管理的同时享有大学自治和学术自由，重视基础学科领域的研究和人才培养。"大学校"是法国教育非常具有特色的高等精英教育轨道，规模小、入学考试严格、淘汰率高，教育质量优异。法国知名的"大学校"包含有商校、工程师院校、高等师范院校等，在培养过程中重视与业界相结合，注重学生全方位素养提升。不少"大学校"形成了强大的校友网络，其毕业生就业率高，深受雇主欢迎。此外，法国还有各类高等专科院校面向各行业培养应用型人才。近年来，法国高等教育紧紧围绕公平与质量展开了一系列改革，不断推进不同轨道院校之间资源的整合融通。

　　法国的科研体系包含高校、科研机构和企业3支重要力量。国家科学研究中心（CNRS）、原子能署（CEA）、国家卫生及医学研究中心（INSERM）等科研机构与综合性大学保持协同合作，承担了国家诸多重大和尖端科研项目。21世纪以来，法国政府也鼓励企业创新研发，包括校企合作博士生项目、科研成果转化平台建设、专利技术法修订等都极大促进了法国科研环境的优化。

　　20世纪末以来，法国还积极推动欧洲高等教育与研究空间的建设、鼓励人员流动、建立联合实验室等，取得了显著的成效。

一、法国高等教育体制

法国现行高等教育机构包括大学（Univerisité）、大学校、高等专业学校（Écoles spécialisées）等。根据法国教育部数据，2019年法国共有公立大学71所，工程师学院275所，大学技术学院108所，商业、管理和会计类学院334所，高等艺术、文化类学院298所，医药类学院552所，还有法律、新闻、教师培训以及社会事务等专业性学院。2019年，法国高等教育阶段学生总人数为273万名，总体比2017年增长1.6%，已连续11年保持增长。其中，在公立大学就读的学生总人数为164万名，占高等教育阶段学生总人数的60%。[1]

（一）大学

大学，即多学科综合性大学，在法国承担着普及高等教育的重要功能。凡是具有高中毕业会考文凭（Bac）或同等学力的学生均可申请进入大学。

法国曾是中世纪大学的摇篮，13世纪成立的巴黎大学、图卢兹大学、奥尔良大学等都是欧洲最早的大学。法国大革命爆发后，革命政府取缔了代表宗教和贵族势力的多所大学。拿破仑掌权后，通过建立"帝国大学"进一步加强了中央集权，并颁发"大学组织令"将大学的办学权牢牢掌握在国家手中。20世纪上半叶，两次世界大战给法国带来重创，直到1947—1953年第一个五年计划和1954—1957年第二个五年计划，法国才加大教育投入，促进教育民主化发展。1960—1968年，法国大学生人数以每年10%～15%的速度激增。规模的扩大与高校僵化的管理格格不入，1968年，法国时任教育部部长的埃德加·富尔（Edgar Faure）主持高等教育改革通过了《高等教育指导法》（*Loi d'orientation de l'enseignement supérieur*），确立了"自治、参与和多学科性"的改革原则。1984年的《萨瓦里法》（*Loi Savary*）重新确定大学作为"科

---

[1] Repères et références statistiques sur les enseignements, la formation et la recherche–2020 [R/OL].[2020–08–30]. https://cache.media.enseignementsup-recherche.gouv.fr/file/2020/43/5/reperes_et_references_statistiques_2020_1316435.pdf.

学、文化和职业发展为特点的公立教育机构"（EPCSCP），并再次重申了上述原则。根据法令，大学内设行政委员会、学术委员会、学习与大学生活委员会。2007年法国出台《大学自由与责任法》，一方面将政府权力进一步下放到大学，另一方面强化了校长和行政委员会的权力。2013年颁布的《高等教育与研究法》则进一步巩固了这样的大学治理结构。

第二次世界大战后，法国学制进行过多次调整。由于历史原因，法国文凭和学位制度一直比较复杂。为了促进高等教育的国际化，特别是推动欧洲高等教育区建设，1999年，法国作为牵头国家之一签署了博洛尼亚进程，决定采用欧洲学分转移和累积系统（ECTS）建立欧洲高等教育的学历学位互认体系。2006年，法国的大学基本完成了学制改革，建立了新的LMD（本科－硕士－博士）学制，即第一阶段学士学位学制3年，第二阶段硕士学位学制2年，第三阶段博士学位学制3年，3类学位均为国家学位。

法国的大学实行"宽进严出"，淘汰率高。2017年法国的大学一年级本科生中有31%的学生放弃学业，44%的学生在第二学年的学习过程中放弃学业或重修。因此，提高教育质量，改善毕业难、就业难的问题成为近些年法国高等教育改革的要点之一。2018年3月，法国出台了提高学生毕业率的《大学生学业方向与成功法》（Orientation et Réussite des étudiants），并通过加强对本科生的指导改进学生学业表现。

（二）大学校

"大学校"是法国特有的高等教育形式。以培养军事、工程技术、农业、商业、教育等各类高级专门人才为目标，法国在17—18世纪建立了一批高等院校，如1741年建立的国立高等海事工程学校（现国立高等先进技术学校）、1747年建立的国立路桥学校、1783年建立的国立巴黎高等矿业学校、1794年建立的巴黎高等师范学校等。19世纪后期到20世纪，在其他领域也陆续建立"大学校"，如1871年建立的鲁昂商学院、1872年建立的巴黎政治学院、1878年建立的法国国立高等电信学院、1909年建立的国立高等航空航天学院等。

19世纪的法国"大学校"影响深远,世界不少大学的名称都与法国的"大学校"有渊源,比如美国的加州理工学院、瑞士的苏黎联邦理工学院。20世纪后,法国"大学校"的影响力逐渐被德国及安格鲁撒克逊的大学体系所取代。然而,大学校与传统的综合性大学仍是法国高等教育主要的两轨。

法国现有大学校300多所,包括工程学校、高等师范学校、高等商业与管理学校、高等农业学校和其他专门学校。大学校属于法国的精英教育,入学考试严格,招生人数少,竞争激烈。过去,大学校不直接招收高中毕业生,高中毕业生需要先通过选拔进入大学校预备班,学习2~3年后才能参加大学校自行组织的选拔性考试。大学校的预备班一般设在高中,预科阶段主要学习基础课程,强度大、淘汰率高。

大学校学制多为3年,少数为4年,教学颇具特点。尽管各类大学校种类多,培养目标各不相同,但是在长期的办学过程中,形成了典型的"多科性"或"多面性"教学培养模式。具体而言,大学校教学重视基础理论和应用知识,注重"非技术"培养和实践性教学,与企业长期保持着良好的合作关系。在大学校看来,多科性教学是适应当今科学技术迅速发展和市场经济急剧变化所必需的。管理人员和专业技术人员的培养,单靠知识的积累已经不能适应现代社会和科技发展的快速变化。只有通过多科性综合培养,才能使未来的科技人员不仅能适应企业技术变化的需要,熟练地解决本专业领域的问题,还能够解决传统上由社会学家和伦理学家解决的问题,并能够根据市场变化和国际竞争,毫不困难地从一个技术领域转向另一个技术领域,从事与科技专业知识相关的大量非传统职业。这样培养的人才,能够适应社会的快速变化,并具有探索和创新精神。

(三)高等专业学校

高等专业学校以培养不同领域的人才为目标,比如针对交通、运输、艺术、旅游、辅助医疗等行业领域的高级人才培养。此类学校常常在业内享有较高声誉,教学质量高,学生也有较好的毕业出路。如法国艺术类院校中除了隶属于高等教育与研究部的国立高等美术学院等，也有法国文化部主管的美术学院，后者性质即为高等专业学校。比如国立巴黎高等美术学院（ENSB）、国立高等装饰艺术学院（ENSAD）、国立高等工艺设计学院（ENSCI）等。再如巴黎费朗迪高等厨艺与酒店管理学院（Ferrandi），学校成立于1920年，隶属于巴黎工商协会，拥有多个硕士点和一个管理博士点，是欧洲顶尖的厨师和酒店管理专业学校。学校采用小班制教学，沿用传统学徒制学习方式，突出理论与实践相结合的特点，学生可以习得高水平的专业技能和管理经验，学校可以授予国家文凭及行业协会的职业文凭。此外，还有世界上最古老的兽医学院，成立于1761年的里昂兽医学院。学院在校学生仅有630名，其中10%为国际学生。学校设有宠物临床学、马科动物临床学、动物生产、动物公共健康等专业，突出教学与实践相结合的特点，学生就业率高。

（四）高等职业文凭

法国高等职业文凭包括大学技术文凭、科学与技术大学文凭、高级技师文凭（BTS）等。

大学技术文凭由设立在综合大学中的大学技术学院（IUT）颁发。大学技术学院发端于1966年，学制为两年，独立管理，单独颁发毕业文凭，持有者以3级技术职业资格就业。大学技术学院不设入学考试，但要审查申请者的高中毕业会考文凭和高中学业成绩，通过面试择优录取。在教学方面，大学技术学院更接近大学校，实行小班授课，重视实践教学，重视理论教学和职业培训的结合。教学大纲由学院和有关部门（涉及经济、企业）共同制定。基础课占总学时的20%，指导课占35%，实践课占45%；第二学年必须到企业实习6～8周。学院不设学年考试和毕业考试，注重学生平时学习成绩检查和企业实习报告质量。这类学生具有一定的理论基础知识和较强的专业知识及动手能力，受到企业的好评，就业率高于大学。

高级技术员班兴起于20世纪50年代中期，是在原有中等职业教育基础上开办的高等职业教育培训机构。它介于技术高中和工程师学校之间，学制为两年，开设在 1000 多所技术高中校内。高级技术员班也不设入学考试，通过审查高中会考文凭和高中最后两年学习成绩及主课教师的评语选拔新生。学习期间，每年一次期终考试，第二年结业时，参加国家统一的专门考试，合格者颁发高级技术员证书，与大学技术学院文凭等值，可以 3 级职业资格就业。另外，少数成绩优秀的毕业生，通过专门考试进入大学校相关专业继续学习，进一步获取工程师证书。

与大学技术学院相比，高级技术员班的专业划分更细，应用性和灵活性更强，并根据市场变化作相应调整。教学方面，高级技术员班的教学内容更具体，专业课程比重大，更强调实际应用操作。法国开办大学技术学院的初衷之一，就是想取代高级技术员班。然而，几十年过去了，高级技术员班不仅没有被取代，而且以它自身的办学特点继续发展，和大学技术学院互为补充，共同承担培养高级技术员的任务。

（五）师范教育

法国是最早出现具有师范教育意义机构的国家之一。17 世纪末，由"基督教学校教士会"开办的教育修道院就是最早的教师培训机构，主要培养小学教师。大革命时期，首次出现"师范"（normal）概念。1794 年，国民公会颁布师范教育法令，开办了巴黎师范学校，由此开启了法国师范教育制度化进程。1887 年，政府法令明确了师范学校的性质、管理、学制和大纲等重要内容，进一步促进和完善了师范教育体系。

20 世纪 60 年代以后，随着经济快速发展，法国加快推进师范教育的发展。1969 年，师范教育开始招收高中毕业生，进行两年专门教育，使师范教育进入高等教育领域。1986 年，师范教育再次提升入学资格，将招生起点提高到已接受完两年高等教育的学生，学制两年。这就意味着教师资格的起点提升为大学本科毕业水平，使得法国整个中等教育的师资水平得到普遍提升。

法国现有中等教育师资包括会考教师、证书教师（普通类和技术类）、初中普通课教师3类。通过"教师会考"取得教师资格是法国中等教育教师来源的主要方式。"会考"是由国家统一举办的教师资格考试，难度较大，名额有限。通过会考取得教学资格的教师称"会考教师"，主要担任高中任课教师，以往还可以受聘为大学低年级学生授课。此外，法国还设立了中等教育教学能力证书竞试。竞试科目包括哲学、古典文学、现代文学、历史－地理、现代外语、数学、物理和自然科学8类专业。考试合格者可取得教师资格证书，主要担任初中相关学科教师。

根据1968年《高等教育指导法》，每个学区建立一所大学师范学院，负责初、中等学校教师的职前培养和在职培训。学制两年，招收读完大学三年级、获得学士学位者。

法国教师考试为统一的国家"竞试"。通过竞试者可获得相应的资格证书，成为正式教师。在法国，尽管教师的工资待遇并不算高，但属于国家公务员系列，工作稳定，享有一定的社会地位，享受带薪休假等待遇，因而能吸引许多优秀人才加入。中等教育教师是"大学师范学院"的主要培训对象，培训内容在两年中各有侧重。第一年主要是准备不同的资格考试，由大学的相关教学培训单位针对各种考试安排专业理论课程；涉及职业方面的内容，由大学师范学院负责。第二年教学内容包括专业教育、普通教育、实习和论文。其中专业教育主要是学科教学法，全面了解教学、教育、教育系统和社会的有关问题。实习是重头戏，采取分散进行的方法，由本院教师或学区专兼职"教育顾问"指导，每周4~6小时，职业技术课教师还要到企业实习。学完一年或两年者，均可参加前面提及的各类教师资格考试。

伴随着马克龙总统的上台，政府加强了对教师教育的重视力度，政府将"高等教育与教师学院"（ESPE）又调整为"国立高等教育与教师和学院"（INSPE），并在其培训课程中增加了班级管理与评估以及教学策略等内容的占比，从根本上提高教师教学质量以促进国家教育发展。

二、法国科研体制

法国拥有悠久的科技传统和卓越的科研体系，是世界科技强国之一。法国科研得到了政府的大力支持，2017年法国本土研发支出506亿欧元，占同年国内生产总值的2.2%。2007—2017年，研究与实验开发的国内支出每年增长1.6%，即国内生产总值（GDP）增长率的2倍（+0.8%）。法国科研体系国际化程度很高，国内各大科研机构在全球建立了数百个科研点，并参与多项全球重大科研项目，如大型强子对撞机、ONERA风洞项目、欧洲同步辐射光源项目等。根据法国高等教育署2019年公布的数据显示，法国高水平论文发表量位居世界第4位、申请专利数量位居世界第6位。法国获得菲尔兹奖数量位居世界第2位，诺贝尔奖项数位居世界第4位。

法国高等教育、研究与创新部负责制定和实施国家研究和创新政策，并运用可靠的评估程序来报告国家研究和创新系统的绩效和有效性，同时承担资源分配的工作。该部门由总理直接领导，旨在通过保持高水平的基础研究来应对科学、技术、环境和社会挑战。具体来看，该部门的主要目标有：严格管理资源和适应气候变化；开发清洁、安全、高效的能源；刺激产业升级；促进健康与福祉；应对粮食安全和人口挑战；建设流动性和可持续的城市系统；建立信息通信社会；建立创新、整合性和适应性强的公司；参与欧洲空间计划；保障欧洲公民及其居民的自由与安全。

成立于2013年12月19日的法国科研战略理事会（Conseil stratégique de la recherche），参与制定法国科研创新的战略政策，并对其执行情况进行监督和评估。该理事会汇集了来自法国和国际的顶级科学家和专家，以及社会各界的人士。目标在于动员利益相关者应对重大社会挑战，重塑法国的研究与指导机制，促进科技研究，开发数字基础设施，促进创新和科技转化，建立适当的科学文化，制订重点科研计划，提升法国研究在欧洲和国际上的影响力，等等。

（一）法国科研机构

法国的科研政策由法国高等教育、研究与创新部制定。私人科学研究主要由企业或私营科研机构开展。私营科研机构是推动法国科技创新与科学发展的重要组成力量，研究领域主要集中在汽车、医药、航空、电子器件、信息技术与服务五大产业部门。公共科学研究由高等教育机构与公共研究机构共同承担。高等教育机构包括85所大学、3所国立综合技术学院、4所高等师范学校、9所政治研究学院、31所工程师学校等。[①]专门科研机构可分为3类：科技型、工贸型和管理型。科技型研究机构的经费主要来自政府拨款，其任务是促进整个知识领域的研发与进步、科学知识的传播以及以研究为目的的培训和通过研究进行培训。[②]例如，法国国家科学研究中心（CNRS）、国家卫生及医学研究院（INSERM）、国家计算机科学与控制研究所（INRIA）等。工贸型研究机构实施与企业相同的管理制度，具有完全的自主决策权，经费来源于政府拨款及机构创收。[③]例如，原子能总署（CEA）、环境与能源控制署（ADEME）、法国海洋开发研究院（IFREMER）等。管理型研究机构的行政管理、财政预算、会计制度均参照科技型研究机构，主要有国家就业研究中心、国家教育学研究所等，经费主要来源于政府。[④]此外，法国还有一类公共科研机构采取基金管理的方式，如巴斯德研究院、居里研究院、癌症防治中心国家联合集团、国家艾滋病防治研究署、国家基因研究中心等，其经费主要来源于政府和公共利益机构。[⑤]

CNRS是法国最大的国家研究机构，受法国高等教育、研究与创新部监督管理，成立于1939年。该机构共拥有3.2万名科研及相关人员，在法国及其他国家建有1100余间实验室，与大学以及其他高等教育机构保持着密切联系。其3/4的实验室设在大学，一半人员在大学工作，利用大学的大型科研

[①] 王晓辉. 法国科研体制与当前改革［J］. 比较教育研究，2011，33（05）：31-35.
[②③④] 李志民. 法国科研机构概览［J］. 世界教育信息，2018，31（07）：13-16.
[⑤] 孙丽艳. 法国科研创新三大特点与未来挑战［J］. 中国教育网络，2015（04）：44-45.

设备和研究生人力资源开展研究。CNRS 的主要研究学科由以下 10 个研究所承担。

- 生物科学研究所（INSB）：致力于破译生物复杂性的生物学研究，其研究范围从原子到生物分子，从细胞到整个有机体、人类。
- 化学研究所（INC）：涉及新型化合物的制造、化学反应的理解、原子化合物的结构与性质等。
- 生态与环境研究所（INEE）：涉及生态与环境学领域的研究，包含对生物多样性以及人类与环境关系的探索。
- 人文与社会科学研究所（INSHS）：人类学研究，将人类看作语言、知识的创造者以及经济、社会和政治的参与者。
- 信息学与其相互作用研究所（INS2I）：数字与信息科学方面的研究。
- 工程与系统科学研究所（INSIS）：从研究所首要学科出发，优先从"系统"的角度进行研究，保证"基础研究–工程–技术"的研究连续性。
- 国家数学与交互作用研究所（INSMI）：数学领域分支研究。
- 物理研究所（INP）：为了解世界的运作和应对当今社会所面临的挑战而开展研究。
- 国家核物理与粒子物理研究所（IN2P3）：开展关于核物理与粒子物理方面的相关研究。
- 国家宇宙科学研究（INSU）：国家与国际范围内的天文学、地球科学、海洋科学、大气科学以及太空科学相关研究。

CNRS 积极开展国际科研合作，在北京、布鲁塞尔、东京、圣地亚哥、华盛顿、波恩、约翰内斯堡、莫斯科、突尼斯、河内等地设有代表处，已与 50 多个国家签有 80 多个交流协议。中法科研联合实验室与合作团队汇集了近 2900 名科研人员，其中包括大约 1300 名法国人和 1600 名中国人，接收了 500 名博士研究生以及 170 名博士后。2004 年以来，中法两国平均每年成立 4 个联合机构。设立在中国的研究单位分布在 30 多座城市，主要集中在北京和上海，涉及基础物理、应用物理、数学、信息和通信技术、核能、能源、化学、生物、医学以及人文与社会科学。

法国公共科研机构与私人科研机构会进行合作，通常有以下 3 种形式。第一种为合同研究，资助者与科研机构研究签订合同，但资助者不参与研究。第二种为合作研究，公共科研机构与私人科研机构合作开展研究，期间产生的费用共同承担，成果共享。第三种为咨询合作，私人科研机构与公立机构研究者建立咨询关系，并支付其费用。

法国高等教育与科研评估高级委员会（Haut Conseil de l'évaluation de la recherche et de l'enseignement supérieur，HCRES）是一家独立的评估机构，负责高等教育机构、研究组织、科学合作基金会的评估。近年来，为引导并鼓励法国各类高等教育机构、科研机构、研究单元与团队、实验室及其科研人员都能够以落实并实现法国国家及其自身中长期战略规划（周期一般为 5 年）的宏伟目标和战略愿景为导向开展科学研究和技术攻关，该评估机构除持续关注每一类机构或团体的科研产出与影响能力和日常组织与管理能力，还将上一个 5 年科技规划的执行能力作为每一次科技评价的重点。[1]

（二）法国科研人员

2017 年，全法国共有 61.86 万人参与科研活动，其中 2/3 是科研人员，1/3 是科研辅助人员。女性占科研人员总数的 32%；60% 的科研人员分布于企业，40% 分布于行政机构。

在法国的公共研究中，主要由 4 类人群从事科研活动，包括研究人员、教师研究人员、博士生和研究辅助人员。研究人员专业从事科学研究，其身份为终身聘用的公务员。教师研究人员的身份为大学讲师或教授，他们一方面要向学生传递知识，另一方面要进行科研工作。这些教师研究人员通常在大学实验室中开展研究活动，而这些大学实验室通常与大型专门研究机构（如 CNRS、INSERM、INRIA 等）相关联。法国博士生需要在导师的指导下完成一项科研

---

[1] 方晓东，董瑜，金瑛，等. 法国科技评价发展及其对中国的启示——基于 CoNRS 和 HCéRES 评价指标的案例研究 [J]. 世界科技研究与发展，2019，41（03）：294–306.

项目，以获取博士学位。目前无论是公立高等教育机构还是研究组织招募的博士生，均已签订为期3年的博士生合同，提供雇佣合同的所有社会保障，并设立了最低薪酬。根据法国高等教育、研究与创新部调查，2018年有7.12万名学生注册就读博士学位。与2013年相比下降了7%。社会科学类学科（法律、经济学、管理学、社会学、人类学）博士数量下降最多，5年间下降17%；人文类学科（文学、语言、艺术、历史）博士数量在5年间下降11%。不过，生物学、医学和健康学科的博士生数量增长了4%。

私人科研方面，2015年，法国企业研究人员数量达到了22.7万人，其中大部分毕业于工程师学校，有12%的研究人员为博士，17%为硕士。在所有开展科研活动的企业中，制造业雇用研究人员占比61%，服务业占比36%，能源与建筑业占比3%。从整个欧盟来看，法国研究人员数量仅次于德国，位列第二。

（三）中法科研领域的合作

法国是第一个与中国建立正式外交关系的西方大国，同时也是最早与我国签署政府间科技合作协议的西方国家。中法之间建立科技合作，促进了西方国家更为主动、更加客观地了解中国，重新认识中国在各科研领域的发展和成就。在中法建立科研合作以后，中国派出了大量科技工作者赴法国交流学习，涵盖了医药卫生、物理、化学、能源环境、数学等多个领域。中法两国高校建立合作项目，共同建立科研项目或联合科研机构，逐渐形成了多层次、多元化、宽领域的合作局面。例如，中法应用数学国际科研实验室（IRL LIASFMA），该实验室成立于2014年，中方牵头单位包括复旦大学中法应用数学研究所、北京大学"数学及其应用"教育部重点实验室、中国科学院数学与系统科学研究院、国家数学与交叉科学中心，法方牵头单位包括法国国家科学研究中心、巴黎综合理工学院应用数学中心、洛朗·施瓦茨（Laurent Schwartz）数学中心、索邦大学里翁思（Jacques-Louis Lions）实验室、波尔多大学、波尔多综合理工学院-波尔多数学研究所、洛林大学埃里·嘉当

（Elie Cartan）学院。联合实验室在基础数学领域的高层次人才交流、合作科研方面取得了瞩目成果。截至 2020 年，联合实验室科研人员在国际期刊上联合发表论文 50 多篇。当前，科研合作已经纳入中法关系中的优先事项，近期双方将在环境与气候变化、空间、健康、农业、粒子物理、先进材料与人工智能七大领域展开务实深入的合作。

（作者简介：刘敏，北京师范大学国际与比较教育研究院副教授）

法国国家资格框架：
国家职业证书目录

资格框架制度起源于 20 世纪 80 年代的英国、新西兰等国。当时兴起的"新职业主义教育运动"提出重新看待职业教育为经济发展做出的贡献，希望打破"重学术、轻职业"的教育观，提高职业教育与技能培训的社会地位。在此背景下英国、新西兰等国建立了第一代资格框架。近年来，资格框架的构建已逐渐形成全球趋势。至 2019 年 5 月，全球已有超过 160 个国家和地区已经构建、正在构建或准备构建资格框架[1]。在法国，国家资格框架功能主要由其职业证书目录来发挥[2]。

一、法国国家职业证书目录及其特色

（一）法国国家职业证书目录概况

1. 起源与发展

法国国家职业证书目录（Répertoire nationale des certifications professionnelles，RNCP）的历史可以追溯到 1969 年 3 月 21 日由职业培训和社会发展常设小组

---

[1] 郑炜君，王顶明，王立生. 国家资历框架内涵研究——基于多个国家和地区资历框架文本的分析 [J]. 中国远程教育，2020（09）：1-7, 15, 76.
[2] 许浙景，杨进. 法国职业证书体系及其借鉴意义 [J]. 中国职业技术教育，2018（22）：28-32.

批准的 5 级框架结构①。法国建立该框架的初衷是促进社会公正，通过平等对待职业教育与培训所获得的资格证书，使其得到同等尊重。该 5 级框架结构属于欧洲第一代资格框架。

2002 年，法国出台《社会现代化法》，并依据该法建立了国家职业证书委员会（Commission Nationale de Certifications Professionnelles，CNCP）和国家职业证书目录（RNCP）。

CNCP 主要负责制定并更新 RNCP，监督证书的协调性与互补性，在核查通过后，将证书纳入 RNCP 中，并根据职业活动内容的变化对证书进行调整。

RNCP 囊括普通教育证书之外的各类职业资格证书和职业教育所得学业证书（文凭），是法国国家职业资格框架的唯一参考工具，为法国政府采用的资格标准与指标提供了清晰的了解渠道，为国家或国际上参与工作或培训的相关人员以及公众和企业提供了官方参考。例如，有的证书没有标明等级或由地区颁发，而证书纳入 RNCP 后则可以得到全国利益相关者（政府或社会合作伙伴）的承认②。法国《劳动法》表明，RNCP 内的资格证书主要负责证明证书持有人具有从事职业活动所必需的能力与专业知识。在 RNCP 之外，法国还存在一个特殊目录（Répertoire spécifique），此目录于 2014 年由 CNCP 创建并取代了之前"清单（Inventaire）"，负责收录未分等级的补充性职业技能资格证书③。

RNCP 的建立与实施始终与劳动力市场的需求密切相关，法国通过建立 RNCP 保证资格认证的质量并促进终身学习进程，进而推动人们融入劳动力市场④。

---

① République Française. Décret n° 2019-14 du 8 janvier 2019 relatif au cadre national des certifications professionnelles［R/OL］.［2020-11-15］. https://www.legifrance.gouv.fr/jorf/id/JORFTEXT000037964754/.
② CNCP. Referencing of the national framework of French certification in the light of the European framework of certification for lifelong learning［R/OL］.（2010-10）［2020-11-15］https://ec.europa.eu/ploteus/sites/eac-eqf/files/Report-FR-NQF-EQF-VF.pdf.
③ CPFormation. La reconnaissance des compétences passera par la certification［EB/OL］.［2020-11-16］. https://www.cpformation.com/competences-certification/.
④ CEDEFOP. France-European inventory on NQF 2018［R/OL］.［2020-11-15］. https://www.cedefop.europa.eu/en/publications-and-resources/country-reports/france-european-inventory-nqf-2018.

2. 法国终身学习体系与证书获得方式

法国国家资格框架依托于以职业能力培养为导向的职业教育系统。

法国的终身学习体系包括初始教育和继续教育两个阶段。初始教育包括小学至高校的全日制正规教育；继续教育则面向学校教育之后所有社会成员特别是成人的非正规的教育活动。职业教育在这两个阶段均有体现。

职业初始教育有两类：一是正规初始教育，即学生在职业高中、高中高级技术员证书班、大学技术学院及工程师学院接受正规全日制职业教育，获得的学业证书包括中等教育阶段的职业能力证书、职业学习证书、职业高中毕业会考证书、技术高中毕业会考证书，高等教育阶段的高级技术员文凭、大学技术文凭、工程师头衔、职业学士、职业硕士；二是非正规初始职业教育，例如学徒制，学员与雇主或企业签订学徒合同，进入培训中心以半工半读的形式接受职业教育并获得与正规教育一样的文凭。

职业继续教育属于非正规教育，学员主要是求职者或职员、自由职业者等人员，他们在各类公共、私立培训机构及企业接受培训并获得各类职业资格证书[1]。

此外，在法国的认证系统中还存在一种间接方式可以获得正式认证，即2002年开始实施的先前经验认证制度（Validation des acquis de l'expérience, VAE）。申请人可以借助先前经验认证制度，通过验证以往的工作经历来获得部分资格证书或完全资格证书，不需要经过正式培训，但申请人必须至少从事一年相关职业活动。一般来说，申请人需要提交材料并参加面试，以获得符合自己工作经验和能力的部分认证或完整认证。不过，这项制度只适用于RNCP中收录的证书，同时目录中注册的资格证书也必须允许VAE这一申请程序。该制度在法国大受欢迎，自2002年以来，各部门已经通过了超过33万份完全资格证书。目前，先前经验认证制度已写入《国家劳动法》和《国家教育法》，其诞生和发展极大促进了终身教育的推进。

---

[1] 法国留学服务网. 法国职业教育发展概况［EB/OL］.（2014-03-19）［2020-11-15］. http://france.lxgz.org.cn/publish/portal116/tab5722/info105174.htm.

RNCP 收录了各个机构颁发的各个学习阶段的职业证书和文凭，旨在建立一个职业资格证书的单一参考框架，这一框架根据从事职业活动所需的能力等级标准，划分了各个职业资格证书的资格等级，所有职业资格证书都通过该框架实现与欧洲资格框架等级的对接。该框架包括通过培训所获得的各类职业资格证书以及以职业为导向的正规教育学位证书。但需要注意的是，RNCP 只包括以职业为导向的认证，普通教育证书与劳动力市场无直接关联，因此不被包含在内，如中学毕业证书（Brevet des collèges）和普通类高中毕业会考证书（Baccalauréat général）。普通类高中毕业会考证书虽然因不具有职业特色而不被包含在 RNCP 中，但在国家资格框架中被列为资格框架的第 4 级，以便于比照参考。高等教育学位证书（如博士学位、硕士学位与学士学位）也被按照资格框架进行分级，在最新的八级结构中分别对应第 8 级、第 7 级、第 6 级。这也标志着法国致力于在所有等级促进资格证书的等值性，发挥资格框架的比照作用。

（二）法国国家职业资格框架的主要特色

1. 以国家立法为制度保障

法国对国家职业资格框架的每一步完善都有相应的法律出台，确定具体的改革措施，并为其实施提供保障。

1971 年《继续培训职业法》明确提出，职业培训是国家义务，为员工继续职业培训提供资金是企业义务[①]。

2002 年的《社会现代化法》建立了 RNCP，替代了先前机构技术认证委员会（Technical homologation Committee，CTH）的工作，并设立了国家职业证书委员会。这一举措使得职业认证方面的利益攸关方能够互相协作，并制定统一的职业资格认证标准。同一法令提出的先前经验认证制度突破了学习时间、空间的限制，使不同方式习得的知识与技能获得同等的认证，彰显以能力

---

① 张力玮. 终身学习体系建设的法国经验［EB/OL］.（2020–10–27）［2020–11–13］. https://wap.gmdaily.cn/article/p5b2b170ab83546929f6cc5ea9531ad1f

为中心的认证理念。

2004年5月4日颁布的《终身职业培训及社会对话法》,确立了受薪者个人接受终身教育的权利,将求职者也纳入接受培训的行列,使终身教育面扩大。

2007年8月10日颁布的《大学自由与责任法》提出,委托大学在学校内部设立办事处,为学生参加职业培训提供援助。

2009年11月24日颁布的《终身职业培训及指导法》,就职业生涯培训、入职培训、职业生涯的安全保障等做出指示,专门确立了享受指导咨询的权利和相关机构。[1]

2014年颁布的《职业教育、就业和社会民主法》提出对职业培训、学徒制进行改革,推出个人培训账户(Compte personnel de formation,CPF)[2],保证所有职业人士在从入职到退休的职业生涯中都拥有接受培训的权利[3],为全民终身教育提供了制度保障。

2016年颁布的《劳动、社会对话现代化和职业历程安全化法》修缮《劳动法》,对个人培训账户、学徒制、继续职业教育及先前经验认证制度等进行了改革,旨在加强职业道路保障及社会对话与协作[4]。

2018年颁布的《自由选择未来职业法》(*Loi pour la liberté de choisir son avenir professionnel*)提出改革法国的职业培训和学徒制度,采取简化获取培训信息的渠道、简化培训程序、支持再次培训、增强学徒制的吸引力、督促企

---

[1] 赵长兴. 法国终身教育改革发展综述及对我国的启示[J]. 中国职业技术教育,2020(21):28-38.
[2] MINISTÈRE DU TRAVAIL, DE L'EMPLOI, ET DE L'INSERTION. Loi relative à la formation professionnelle, à l'emploi et à la démocratie sociale:une adoption expresse pour des réformes d'envergure[EB/OL].(2014-03-03)[2020-11-15]. https://travail-emploi.gouv.fr/archives/archives-presse/archives-communiques-de-presse/article/loi-relative-a-la-formation-professionnelle-a-l-emploi-et-a-la-democratie.
[3] MINISTÈRE DU TRAVAIL, DE L'EMPLOI, ET DE L'INSERTION. Compte personnel de formation (CPF)[EB/OL].(2017-02-09)[2020-11-15] https://travail-emploi.gouv.fr/formation-professionnelle/droit-a-la-formation-et-orientation-professionnelle/compte-personnel-formation.
[4] Centre Inffo. La formation dans la loi relative au travail, à la modernisation du dialogue social et à la sécurisation des parcours professionnels[EB/OL].(2016-08-31)[2020-11-15] https://www.centre-inffo.fr/site-centre-inffo/actualites-centre-inffo/la-formation-dans-la-loi-relative-au-travail-a-la-modernisation-du-dialogue-social-2.

业推动职业培训等举措，加强个人在选择职业培训方面的自由①。

2019年，法国颁布的《关于国家资格框架的法令》(*Décret relatif au cadre national des certifications professionnelles*)，依据该法令建立全新的国家资格框架②，以便于欧洲资格框架更紧密地对接，促进人员在劳动力市场的流动。

2. 联合多方参与以保证质量

RNCP在建立初始便遵循多方参与的原则，以此确定职业资格的质量和透明度。1971年通过的《继续培训职业法》决定了法国政府和利益相关的社会合作伙伴（雇员代表和雇主代表）之间的三方参与模式。职业文凭与资格证书由法国政府以其名义颁发，但由职业咨询委员会（Commissions Professionnelle Consultatives, CPC）确定，这种模式成为职业证书构建的基础模式。依据《继续培训职业法》，法国于1972年设立职业咨询委员会，以确定各部门拟定的职业证书。委员会就文凭的创建、更新或删除的时机以及随后对RNCP内容的调整提出建议。

于2002年成立的法国国家职业证书认证委员会同样是多方组成的共治结构。鉴于近几十年来法国的资格认证越来越多样化，为了确保其质量与信誉，国家职业证书认证委员会成员的广泛组成十分有必要。委员会汇集国家代表和社会代表人士，由部长代表、大区代表、雇主代表和雇员代表这四方结构组成。委员会是参与构思和颁发资格证书的所有部委（教育、高等教育、劳动、社会事务、农业、文化、青年和体育、国防、财政、卫生部）与社会合作伙伴（雇主、雇员组织等）和参与其中的其他利益攸关方（如大区代表）之间的合作平台。其组成的多样性是质量的保证，可以保证对要求参考的资格进行公正的评估。

此外，证书颁发机构的多元化也同样践行了多方参与的原则。法国国家资格框架主要涵盖4种职业或以职业为导向的证书，包括：①以国家名义颁发

---

① Je change de métier. L'essentiel des mesures de la Loi "Avenir Professionnel" [EB/OL].（2020-04-25）[2020-11-15]. https://www.je-change-de-metier.com/blog/actualites/loi-pour-la-liberte-de-choisir-son-avenir-professionnel.
② MINISTÈRE DU TRAVAIL. Cadre national des certifications professionnelles [EB/OL].（2019-01-14）[2020-11-15]. https://travail-emploi.gouv.fr/formation-professionnelle/reconnaissance-et-certification-des-competencesprofessionnelles/article/cadre-national-des-certificationsprofessionnelles.

的文凭和学位（7个）以及国家部委（特别是教育部、高等教育和研究部、就业部、农业部、青年和就业团结部、卫生和体育部、社会事务部以及文化部会涉及某些资格证书事务）在职业咨询委员会的建议下共同创建的证书；②以国家名义颁发的资格证书，但并未设立相关咨询委员会（如国防部、文化部颁发的资格证书）；③公共机构或私人机构以自己名义颁发的资格证书，如高等教育机构、商会和私立教育机构；④特定行业或工业领域的资格证书（Certificats de Qualification Professionnelle，CQP）。

除由国家部委或以国家名义颁发并通过咨询机构认证的证书和文凭法定列入 RNCP 外，其他由机构或组织颁发的证书需向 CNCP 提出申请并通过国家职业证书委员会评估后可列入 RNCP。

3. 推进基于学习成果的能力认证实践

能力的概念在 20 世纪 70 年代的法国职业教育和 80 年代的普通教育中被引入。20 世纪 90 年代，职业教育改革的政策目标开始转向解决失业问题，认证的目标不再是认可培训时间，而是学习成果，重点是能力评估。

2002 年的《社会现代化法》引入了以能力为中心的理念，逐渐取代了以知识为中心的理念。《社会现代化法》和随后颁布的法令建立了先前经验验证系统，并强调资格认证转向基于学习成果的能力评估。对于学习成果的评估成为资格证书能否纳入 RNCP 的参考标准。

最初的职业资格认证是以技能、知识和能力来定义的，但是不同形式的职业教育培训在如何评估学习成果方面并不统一。在高等教育方面，2007 年 8 月颁布的《大学自由和责任法》要求大学提供新型学生就业服务，改善对学习成果的描述。2016 年学士和硕士学位的学习成果描述完成了修订工作，整合国家资格证书，减少证书数量，并强化不同证书之间的连贯性。

"能力模块"（Blocs de Compétences）的概念[①]于 2014 年引入，已被纳入

---

① République française. Loi N° 2014-288 du 5 mars 2014 relative à la formation professionnelle, à l'emploi et à la démocratie sociale［R/OL］.（2019-08-23）［2020-11-15］. https://www.legifrance.gouv.fr/loda/id/JORFTEXT000028683576/

RNCP 的每个资格证书都可以被划分成几个能力模块，每个模块都包含一组统一且连贯的技能，而不是一套培训课程。能力模块经过评估和认证，会有明确的名称以便识别，并记录在 RNCP 框架里，且不同能力模块可以在个人培训账户中重新组合，以形成一个完整的资质证书，即申请人可以在第一年获取一个能力模块的能力，在第二年继续培训第二个能力模块。[①] 从 2019 年起，想要在 RNCP 中注册的资格证书授予机构必须提供与证书不同部分相对应的能力模块的说明。新成立的管理机构法国能力署也强制要求认证机构共享能力模块的构建。

将资格证书划分为与典型职业活动相对应的能力模块这一举措旨在通过将培训模块化，增加资格认证途径的灵活性与流动性，学习者可通过先前经验认证、教育与培训、学徒制等多种方式获得不同的能力模块，最后整合为一个完整证书的认证方式[②]，这一方式弱化了对学习形式和时间的强调，而侧重能力的认证，有利于促进终身学习。

近年来，法国政府相继出台的政策和改革持续强调必须高度重视就业能力，旨在使申请人具备更符合劳动力市场需求的能力。各级教育和培训机构（包括大学）都有义务重新制定和规范其资格证书，使其与劳动力市场的需求紧密相关，不断完善的先前经验认证制度也强调了这一点。

4. 为培训人员提供资金保障

法国继续教育经费来源渠道较多，主要的四大渠道包括中央政府资助、地方大区政府资助、企业缴纳、个人自费，其中以企业缴纳为主。法国于 1971 年起已立法规定各类企业出资支持职业培训，并随后不断立法补充，规范具体条件与要求。需要注意的是，企业不仅要资助本企业的职工培训，还要负责其他无业青年的就业培训。法律规定企业必须将培训费用之中工资总额的

---

① Via Compétences. Bloc de compétences, inventaire...de quoi parle-t-on? [EB/OL]. [2020-11-15]. http://www.via-competences.fr/prao/formation/l-offre-regionale/rncp-eligibilite-cpf/bloc-de-competences-inventaire-de-quoi-parle-t-on-nbsp--100943.kjsp.
② IGENIGAENR. L'introduction de blocs de compétences dans les diplômes professionnels [R]. Paris: IGENIGAENR, 2015.

0.3%～0.4%用于26岁以下青年的培训计划[①]。

个人培训账户的变革也通过财务支持为职业人员强化专业能力提供了机会,且弱化了学习时长的限制。早在2014年,《职业教育、就业和社会民主法》就已推出个人培训账户(CPF)取代实施11年之久的个人培训权利(DIF),并于2015年1月1日起正式实施,成为法国公民依法接受终身职业培训的凭据与保障。法律规定,职工只需在网上注册并开通个人账户便可随时查看自己的培训时间和学时使用状态[②]。

2018年改革后,每个培训账户不再以获得的培训学时为计算单位,而是以货币为计算单位(15欧元/时)。每年每个账户都会打入500欧元的培训费,5000欧元封顶,低资历人员(Non-qualifiés)则分别为800欧元、8000欧元。各行业收费机构的收缴和资助职能被法国存托局(Caisse des dépôts et consignations)替代,该局成为管理个人培训账户的唯一机构,根据个人培训要求向培训机构划拨资金;培训费统一由社会保险与家庭补助联盟收缴上交存托局。员工可在工作时间外自由使用培训费进行培训,工作时间内则需征得企业同意。同时,企业可与员工达成共识联合开展培训,企业支持并进一步资助员工培训获得可以纳入RNCP的资格证书,员工在技能提高后也为企业带来收益[③]。

二、马克龙政府的国家职业证书体系改革

(一)改革背景

欧盟委员会在2006年提议建立欧洲资格证书框架,以便各国认证水平间的比较与对接,进而推动不同地域的劳动人员在欧洲劳动力市场的流动,并促进终身学习和终身职业培训。该框架根据学习和培训成果,即知识、技能和能

---

① 王晓辉. 法国终身教育的发展与特色[J]. 比较教育研究, 2007(12):80-84.
② 吴雪萍,于舒楠. 法国职业教育改革探析[J]. 中国职业技术教育, 2017(09):82-86+92.
③ IFOCOP. COMPTE PERSONNEL DE FORMATION:DÉFINITION ET TOUT CE QU'IL FAUT SAVOIR[EB/OL]. [2020-11-15]. https://www.ifocop.fr/dispositifs-et-financement/compte-personnel-de-formation-cpf/#CPF%20TOP.

力将认证划分成8个等级，鼓励各国将其国家认证等级与欧盟建立的通用等级进行对接。欧洲议会和理事会在2007年12月通过该法案，并于2008年开始实行。各国自愿决定是否采用，决定采用此框架倡议的国家将分两个阶段完成。在第一个阶段，参与国将国家认证标准与欧洲资格框架相对接，于2010前完成；第二个阶段的目标是将所有资格证书纳入欧洲资格框架之中，此目标于2012年之前完成。①

法国与之对接时，尚采用1969年的5级框架模式，即Ⅰ级（博士、硕士学位水平）分别与欧洲资格框架的8级、7级对接；Ⅱ级（学士学位水平）与欧洲资格框架的6级对接；Ⅲ级、Ⅳ级、Ⅴ级分别与欧洲资格框架的5级、4级、3级对接；而欧洲资格框架的2级与1级则无对接对象。这在一定程度上限制了法国与欧洲市场劳动力的自由流通，遏制了择业自由的发展，不利于人力资源的合理分配与劳动力市场的供需平衡。

法国资格制度在近几十年来取得了长足的发展。为了将国家职业证书体系与欧洲资格框架更加紧密地结合起来，利益相关者提出了修改5级框架结构的建议，以便劳动力人才与劳动力市场的需求更加匹配。修订过程因利益相关者众多而进展缓慢，2018年《自由选择未来职业法》及2019年1月8日通过的14号法令加强了国家职业证书体系的法律基础，并最终定义了一个新的8级结构和对学习成果的等级标准，标准分为3类，与欧洲资格框架相似：专业知识、专业技能以及责任感和自主性。

（二）改革举措

1. 等级划分的评判标准

根据2019年1月8日颁布的法令，国家职业证书体系根据开展职业活动所需的能力标准确立了8个资格等级。其中，1级对应掌握基础知识，8级则

---

① Commission européenne. Explication du Cadre européen des certifications pour l'éducationet la formation tout au long de la vie［R/OL］.［2020-11-15］. https://europa.eu/europass/system/files/2020-05/EQF-Archives-FR.pdf.

表示具有前沿专业知识与技能，有能力设计和领导创新研究项目，并能理解和解决新出现的涉及多个领域的复杂问题。

主要分级依据为：职业相关知识的复杂性；专门技能水平，特别是对工作过程中某项活动的复杂性和技术性加以评估；组织工作时的责任感和自主性。[1]

法国《劳动法》更加详细具体地划分了国家职业证书体系的标准，见表1。

表1 法国国家职业证书体系标准

等级	专业知识等级描述（根据工作过程、专业资料、单一领域或多领域术语以及理论知识的掌握程度分级）	专业技能等级描述（分级依据：工作进程中任务的复杂性和技术性；掌握专业工作的水平；调动某方面认知和技能的能力；交流专业技能以及在工作中维持良好人际关系的能力；传授技能的能力）	责任感和自主性等级描述（分级依据：组织工作能力；风险应对能力；对环境的复杂性的认识；能够理解与其他专业领域工作的互动，从而可以安排、修正自己的工作并向下属提供指导；集体工作参与度；领导能力）
1	掌握职业活动最基本的知识		
2	掌握广泛的基础知识和某个工作领域的基本知识	在正规工作环境中调动专业知识，使用简单的规则和工具执行简单任务并解决常见问题	在监督下作业，自主性有限；汇报自己在工作组中的贡献
3	掌握特定工作领域中的实际情况、原理、过程和基本概念的知识	在熟悉的工作环境中选择和应用基础方法、工具、器材和信息来执行任务并解决问题	在总体稳定的环境中组织工作；根据情况调整工作方式；评估自己在工作组的贡献
4	掌握广泛的专业领域的实践和理论知识	执行需要调动多种技能的任务；能够调整现有方案以解决特定问题	在可以预测但有可能变动的环境中自主组织工作；考虑到与相关活动之间的相互影响；参加工作活动评估
5	掌握专业且深入的专业知识，且不断更新实时的领域知识	掌握专业领域内已有的技能；运用概念来分析和解释专业信息；传授专业技能和方法	在不可预见的环境下采取主动行动来管理项目或完成活动；监督、领导团队；管理单位；对自己的表现进行自我评估
6	掌握专业领域的前沿知识；对专业理论与原理有批判性理解	分析和解决特定领域无法预料的复杂问题；确定解决方案并对其进行解释；与专家合作；充分利用专业技能和方法并使之正规化	在复杂多变的环境中组织工作；设计和组织工作流程；培养团队的个人能力和团体能力

---

[1] Centre Inffo. Cadre national des certifications：publication du décret［EB/OL］.（2019-01-14）［2020-11-15］. https://www.centre-inffo.fr/site-droit-formation/actualites-droit/cadre-national-des-certifications-publication-du-decret-2.

续表

等级	专业知识等级描述（根据工作过程、专业资料、单一领域或多领域术语以及理论知识的掌握程度分级）	专业技能等级描述（分级依据：工作进程中任务的复杂性和技术性；掌握专业工作的水平；调动某方面认知和技能的能力；交流专业技能以及在工作中维持良好人际关系的能力；传授技能的能力）	责任感和自主性等级描述（分级依据：组织工作能力；风险应对能力；对环境的复杂性的认识；能够理解与其他专业领域工作的互动，从而可以安排、修正自己的工作并向下属提供指导；集体工作参与度；领导能力）
7	掌握高度专业化的知识，且掌握部分最前沿专业知识和多领域交叉知识	为工作任务的开展制定备选策略；领导跨领域或专业领域的工作组，如有必要需在跨文化环境中进行	从议题、科学、社会和道德维度来组织和开展活动；发起并领导专业合作；监督他人的工作；管理和转换复杂的专业环境；评估活动风险和后果
8	掌握工作或研究领域最前沿的专业知识和多领域交叉知识	运用最先进的知识和技能找出并解决涉及多领域的新型复杂问题；设计和引领项目与创新研究；在高层交流中以及在国际背景下做出创新性贡献	在复杂或跨学科的活动框架内管理和领导组织或小组；管理导致组织发生重大变化的复杂情况；评估并预计受影响领域的可能后果

划分等级的描述标准必须同时在水平和垂直方向上读取：同一行或同一列的标准都具有整体一致性[①]。

其中，博士学位隶属于第8级，硕士学位归于第7级，学士学位则属于第6级，高中毕业会考证书归为第4级。原框架的Ⅴ级对应新框架第3级，Ⅳ级对应第4级，Ⅲ级对应第5级，Ⅱ级对应第6级。国家资格框架中的分级标准对所有纳入RNCP的资格证书进行分级，这有利于打破不同证书之间的壁垒、促进证书之间等值与融通[②]。

这一新框架参考欧洲资格框架与欧洲理事会有关终身学习的建议构建而成[③]。至此，法国在资格证书等级数量与等级描述等方面实现与欧洲资格框架的完全对接，从而使法国资格证书在欧洲范围内得到认可，提高了证书的可比

---

① République Française. Arrêté du 8 janvier 2019 fixant les critères associés aux niveaux de qualification du cadre national des certifications professionnelles［R/OL］.［2020-11-15］. https://www.legifrance.gouv.fr/jorf/id/JORFTEXT000037964787/.
② 吴雪萍，李默妍. 法国国家资历框架：架构、特点与启示［J］. 中国高教研究，2020（04）：71-76.
③ ANFH. Le nouveau cadre national des certifications professionnelles et ses 8 niveaux［EB/OL］.（2019-01-10）［2020-11-15］. https://www.anfh.fr/actualites/le-nouveau-cadre-national-des-certifications-professionnelles-et-ses-8-niveaux.

性和兼容性，促进了劳动力在欧洲市场的流动，缓解了就业压力。此外，法国还积极参与构建欧盟职业教育质量保障体系、欧洲学分转换系统等，为各国资格框架的对接提供保障。

2. 成立新的管理机构

法国职业证书目录一直以来由国家职业证书委员会（CNCP）负责管理和更新。2018年，《自由选择未来职业法》对职业培训的管理进行了重组。新的管理机构是2019年正式成立的法国能力署。法国能力署合并了以前的全国就业和培训行业间委员会（Comité paritaire interprofessionnel national pour l'emploi et la formation，COPANEF）、全国就业、培训和职业指导委员会（Conseil national de l'emploi, de la formation et de l'orientation professionnelles，CNEFOP）、职业经历安全基金会（Fonds paritaire de sécurisation des parcours professionnels，FPSPP）与全国职业证书认证委员会（CNCP）4个国家管理机构，能力署以这四方结构为基础，成为唯一的职业培训管理机构，负责统筹协调职业教育和学徒制相关事务，更新和维护法国RNCP等工作[①]，以便简化培训体系，保证培训质量并节约成本。

法国能力署由国家代表、大区代表、行业组织的雇主代表与工会组织的雇员代表以及专业人士组成的管理委员会联合管理，形成政府主导、社会与市场共同参与的多元治理结构。其具体职能包括：管理和分配用于职业培训的拨款；规范培训活动收费价格与实施手续；保证职业培训的质量；保证资格证书符合经济市场的需求；管理并资助职业发展委员会（Conseil en évolution professionnelle，CEP）；保持与公众的沟通与交流。

（三）社会评价

对于这些改革，法国社会各界既表达了肯定之意，也指出了仍需改善之处。

---

① CPFormation. FRANCE COMPÉTENCES［EB/OL］.［2020-11-15］. https://www.cpformation.com/france-competences/.

中小型经济企业联合会（Confédération des petites et moyennes entreprises，CPME）认为，将个人培训账户货币化，可以帮助雇员了解自身的培训权力，但也应该向雇主方提供类似服务，以便了解自身的财务能力和雇员的培训资助支出。此外关于简化培训程序和改良培训质量评估的改革举措，CPME 表示大力支持，但同时需尊重社会合作伙伴的特权。在这方面，雇主代表与雇员代表需密切参与改革实施过程，以免出现与现实社会脱节的改革措施。

职业培训协会（Fédération de la Formation Professionnelle，FFP）同样认为，个人培训账户货币化使雇员或求职者的培训权力可视化，有利于评估自身培训权力并迅速行动，同时资助雇员培训的企业的付出也值得关注。此次改革是促进企业与雇员协同互助，雇员加强个人能力的同时也提升了所在企业的竞争力。

经济合作与发展组织（Organisation de coopération et de développement économiques，OCDE）分支机构就业与收入局局长斯蒂芬·卡尔西奥（Stephane Carcillo）表示，政府通过规范资格认证来保证培训质量以及建立职业发展委员会来提供咨询服务的举措，可以显著提高培训质量。

法国大区政府一方面支持简化弱势群体获取培训权力的程序，如个人培训账户货币化和成立职业发展委员会等；但另一方面各大区担心法国能力署的成立会弱化地方权力，表示希望能力署能够尊重权力下放的原则，并真正落实以四方结构为基础的机构制度。

全国自治工会联合会（Union Nationale des Syndicats Autonomes，UNSA）同样对新成立的法国能力署持不信任态度。UNSA 质疑法国能力署的成立会将管理权力集中在政府手中。对此，UNSA 强调改革需更加强调政府、地区和社会合作伙伴在法国能力署中各自发挥的作用。此外，对于鼓励雇员接受培训的举措仍有待完善，例如雇员培训期间的员工替补问题。

法国企业运动组织（Mouvement des entreprises de France，MEDEF）的看法则更为消极。MEDEF 认为改革的核心应该是雇员和企业之间的对话与合作，而政府所推出的雇员培训权力个人化和个人培训账户货币化只会让这一合作越发艰难[①]。

三、结语

法国职业证书体系是欧洲历史最为悠久的资格框架之一，其特点是允许劳动组织共同参与并积极与社会沟通，以及保持对劳动力市场的密切关注。

自 2002 年以来，法国职业证书体系的演变过程中有两个主要趋势：一是国家认可的学历范围显著多样化，首先，RNCP 囊括了职业资格证书与职业学位证书以提供官方参考依据；其次，与 RNCP 密切相关的先前经验验证系统支持通过验证先前的学习和工作经验获得资格。第二个趋势则是认可对象从培训时长向学习成果的转变。近年来的发展与变革使资格认证和培训途径更加灵活：引入能力模块概念，强调对能力而非对培训时长的认证，将能力模块作为资格中可以独立评估和认证的部分；个人培训账户遵循同样的逻辑，将学历资格分解为可逐步获得的学习成果模块。

不过，在这一演变过程中，这一框架也产生了相应的问题，如 2016 年对职业认证政策的评估建议采取措施，避免资格证书的泛滥，这说明在保持资格证书的价值和可信度的同时，实现资格制度灵活性的提高尚有一定难度。对此，自 2019 年起，法国能力署内部新成立的委员会取代了法国国家职业证书委员会并成为法国资格框架的"守门人"，在保证广大利益相关者登记入册的资格证书的可信性和所有权方面发挥了重要作用。

虽说多方参与作为法国职业证书体系演变的特征之一有一定的借鉴意义，但同时需要知道的是，由于法国的资格制度，特别是资格证书之间的关系是由利益攸关方通过谈判和协议逐步形成，更新等级框架是一个艰难且漫长的过程。最终法国于 2018 年对此进行大刀阔斧的改革，以前该框架由 1969 年制定的培训水平分类确认，2018 年后则根据改革后的 8 个等级结构为国家认可的

---

① CPFormation. Que pensent–ils de la réforme de la formation pro?［EB/OL］.（2019–10–20）[2020–11–16］. https://www.cpformation.com/reactions-reforme-formation-pro/.

资格证书划分等级。这次改革作为职业教育改革的一部分,其采用的新的8级结构和基于学习成果的等级描述,使法国的框架与欧洲资格框架更紧密对接,增加了法国与其他欧洲国家资格框架的可比性。

(作者简介:姚时雨,上海外国语大学国际教育学院硕士研究生)

法国构建现代职业教育体系的经验与启示

法国是欧盟的人口大国，经济增长主要依赖服务业，对各类职业人才的需求大，在面对激烈的国际竞争和国内严峻就业形势的挑战下，仍能保持国内生产总值（GDP）位于世界前列，这离不开职业教育的重要贡献。法国每年投入教育（包括职业教育）的经费约为1499亿欧元，占GDP的6.7%[1]，投入继续职业教育的经费占GDP的1.1%，职业教育人数约占受教育总人数的一半[2]。高水平的职业教育建立在完善的体系之上。

一、法国现代职业教育体系概况

法国现代职业教育的起源可追溯到法国大革命时期。18世纪后半叶，随着行会制度的衰亡，以之为依托的学徒制也面临着严峻的危机。19世纪，为了满足社会经济发展需求，法国政府开始干预职业教育，开设徒工训练学校，开创了一种新的职业教育形式。政府在相关法律、报告和政策中提出了一些发展职业教育的措施，尤其是1880年《徒工手工学校法》（*Loi 1880 créant les*

---

[1] Ministry of National Education, Higher Education and Research. Repères et références statistiques 2018 [EB/OL].（2019-07-11）[2020-03-28]. http://cache.media.education.gouv.fr/file/RERS_2018/83/2/depp-2018-RERSweb_986832.pdf.

[2] Ministry of Economy and Financ. Appendix to the finance White Paper 2018-Vocational Training [EB/OL].（2019-04-12）[2020-03-28]. https://www.performancepublique.budget.gouv.fr/sites/performance_publique/files/farandole/ressources/2018/pap/pdf/jaunes/Jaune 2018_formation_professionnelle.pdf.

Écoles Manuelles d'apprentissage）的颁布，标志着职业教育开始走向制度化。20世纪前半叶，法国借鉴德国经验，加大职业教育的发展力度，如1911年设立职业能力证书、1919年颁布《阿斯蒂埃法案》（*Loi Astier*）等一系列有力举措。各级职业教育得到快速发展，基本建立了涵盖初等、中等和高等3级的学校职业教育体系。[①]20世纪后半叶，法国政府为建设完善的现代职业教育体系采取了诸多卓有成效的措施，如制订"郎之－瓦隆计划"、进行"哈比改革"等。这些措施明确了中央和地方共同分担发展职业教育的职能，搭建了职业高中、高级技术员班、大学技术学院、学徒培训中心、职业培训机构等实践平台，形成了多元交叉的现代化职业教育网络体系。

21世纪以来，在终身学习理念的影响下，法国政府继续深化对职业教育的改革，努力构建一个能够提供满足个体终身发展需求的现代职业教育体系。终身学习观下的法国职业教育体系由初始职业教育和继续职业教育构成。初始职业教育包括中等职业教育、高等职业教育和学徒制，旨在帮助年轻人获取从普通工人到工程师的就业技能和职业资格，完成不同层次的职业教育可获得相应的职业资格和文凭，可以选择直接就业或继续深造；继续职业教育面向的是已经工作的成年人和离开学校教育的年轻人，帮助他们获取进入劳动力市场的资格，通过培训课程或非正式学习的验证就可以获得国家认可的资格或行业资格，这些资格与通过初始职业教育获得的资格具有同等价值。[②]

二、法国构建现代职业教育体系的经验

（一）以需求为导向，转变职业教育发展模式

早期的法国职业教育采用的是供给导向的发展模式。随着经济发展的加速，这种模式难以适应外部需求的变化，导致人才培养与社会需求不匹配，造成了

[①] Centre Inffo. Vocational education and training in Europe：France [EB/OL]．（2019-03-15）[2020-04-02]．https://cumulus.cedefop.europa.eu/files/vetelib/2019/Vocational_Education_Training_Europe_France_2018_Cedefop_ReferNet.pdf.

[②] 贺国庆，朱文富. 外国职业教育通史：上卷 [M]．北京：人民教育出版社，2014：136-137.

大量毕业生失业。为了解决这个问题，法国职业教育开始向需求导向的模式转变。法国政府通过鼓励职业教育利益相关方参与政策制定，掌握各方的真实需求，形成以需求为导向的职业教育发展模式。法国现代职业教育体系是一种适应性模型，基于培训与就业之间的适应性需求概念，强调能够预测和满足现代工业生产对劳动力不断变化的要求，突出需求的多样化。[①]

法国现代职业教育专注于满足经济的需求，并通过内部监管措施使个体需求适应经济需求[②]。从现代职业教育兴起到20世纪，法国把发展职业教育作为满足国家经济发展需求的重要举措。18—19世纪，高等职业教育因为满足国家经济发展和扩充军备的需求得到了快速发展。20世纪，法国企业缺少熟练工人，为了解决这一问题，法国政府大力发展继续职业教育，设立学徒培训中心，开展培训课程，以满足企业短期内对人才的需求。21世纪以来，在终身学习理念的影响下，法国认识到满足个体发展对于国家长远发展的重要意义。同时，为了缓解高失业率问题和对接欧盟职业能力标准，法国现代职业教育开始着重于满足个体发展的需求，重点培养受教育者的"可迁移能力–核心能力"，从而实现培养"高尚的人、生产者和公民"的理想。例如，国家职业资格框架的建立是基于长久发展的需求，而不会针对行业即时的需求或无法预见的需求做出调整[③]。此外，法国现代职业教育体系还会根据国际需求进行调整，如建立与欧洲资历框架对接的法国资历框架。

（二）以政府为主导，加强职业教育的顶层设计

不同于以学徒制为主要形式的德国职业教育，法国职业教育的特色是以政府主导的公立学校教育为主。法国现代职业教育起步较晚，学徒制相对薄弱，公立职业学校是主要的职业教育场所。政府是法国职业教育的主要举办

---

①② BOUDER A，KIRSCH J L. The French vocational education and training system：like an unrecognized prototype？[J]. European Journal of Education，2007（42）：503–521.
③ 罗建河，陈继艳. 法国职业教育培训体系的发展、特点与启示[J]. 职教论坛，2015（16）：83–87.

者，其对职业教育的顶层设计直接影响职业教育的发展。政府主要从以下几方面来加强职业教育的顶层设计。

一是树立普通教育和职业教育平等的价值观念。法国社会中也存在着歧视职业教育的观念，认为职业教育是普通教育的补充，也是差生的选择。为了改变这一观念，法国政府采取了诸多举措，如普通教育与职业教育互通、证书文凭等同、鼓励社会多方参与职业教育资格认定、颁布法令等，并取得了显著的成效，如今法国职业教育人数约占受教育总人数的一半。

二是明确职业教育在国家发展战略中的地位。法国充分认识到职业教育在经济发展中的重要作用，因此在国家的发展战略中将职业教育置于优先发展的地位。例如，2017年9月公布的《2018—2020年国家投资计划》提出了职业教育改革目标；2017年10月，法国总统宣布开展针对职业教育领域的学徒制和继续教育的改革；2017年11月，法国总理发布了改革的指导文件。

三是多方参与职业教育管理。法国职业教育管理涉及诸多部门和利益相关方，主要由国家、地区和商界代表协商完成。这些参与方职责明确，互不冲突。对于初始职业教育的管理，国家主要负责政策和战略的制定及相关证书和文凭的颁发；地区主要负责职业培训的计划和协调；商界代表系统地参与专业培训的实施。

四是拓展资金来源。法国职业教育经费的来源趋向于多元化，主要来自中央政府、地方政府、企业等相关方。尽管政府的经费占比在逐步减少，但对职业教育的总投入一直在增加。2016年，法国初始教育的总经费（包括初始职业教育）为1499亿欧元，其中中央政府、地方政府、家庭和企业经费占比分别为54.6%、23.8%、1.3%和8.5%[1]。在继续职业教育方面，企业是主要的经费来源，其次是地区政府，最后是中央政府和其他机构。

---

[1] Centre Inffo. Vocational education and training in Europe：France［EB/OL］.（2019-03-15）[2020-04-02］. https://cumulus.cedefop.europa.eu/files/vetelib/2019/Vocational_Education_Training_Europe_France_2018_Cedefop_ReferNet.pdf.

（三）以立法为手段，为职业教育发展提供制度保障

作为国家干预职业教育的典型，法国在发展职业教育时擅用立法手段保障相关政策的落实，通过颁布一系列的法律法规来提高职业教育地位、加强校企合作、规范职业学校办学等，取得了显著的成效。在法国现代职业教育体系构建过程中，立法活动与职业教育始终相伴，形成了比较完备的职业教育法律体系，经过不断的完善，呈现出动态性和全面性的特点。[①]

立法活动贯穿着法国职业教育的发展史，一些重要的法律成为职业教育发展的重要节点，如1880年的《徒工手工学校法》标志法国职业教育走向制度化，取代了传统学徒制；1919年的《阿斯蒂埃法案》被誉为法国"职业教育宪章"，确立起涵盖法国初等、中等和高等3级的学校职业教育体系；2018年的《自由选择未来职业法》强调了职业教育的透明性和效率，对职业教育培训提供者提出了新的要求。在中央政府法律和政策指导下，地方政府会根据本地职业教育的具体情况制定相关法规来保障政策实施。这些中央和地方的法律法规涵盖了职业教育的方方面面，涉及初等职业教育、中等职业教育、高等职业教育、学徒制、继续职业教育等，对职业教育的参与方——中央政府、企业、受教育者、地方政府等提出了明确的职责要求，保障了职业教育政策的有效实施，形成了一套比较完备的职业教育法律体系。

（四）以证书为评定标准，建立职业教育质量保障体系

为了保障职业教育的质量，培养高质量技能人才，法国于1969年开始建立国家资历框架，2002年1月通过《社会现代化法》，成立了国家职业资格证认证委员会（CNCP），建立了比较完备的职业教育资格证书体系。目前，法国大约有1.8万种认证的资格证书，其中超过1.55万个职业资格证书列入了法国国家职业证书目录（RNCP）。[②] RNCP作为当前法国最全面的职业证书管理

[①] 贺国庆，朱文富. 外国职业教育通史：下卷 [M]. 北京：人民教育出版社，2014：373-399.
[②] CNCP. Rapport d'activité 2017 de la CNCP [EB/OL]. (2018-03-17) [2020-03-29]. http://www.cncp.gouv.fr/sites/default/files/media/projet_ra2017ga2.pdf.

系统，其严格、规范的证书列入标准和过程，保障了证书具有较高的质量，且在全国范围内得到广泛认可。

法国职业教育资格证书可分为4类：一是由国家部委或公立高校颁发并经过第三方机构认证的国家级文凭和证书；二是由国家部委颁发但无须第三方机构认证的证书；三是公共或私立教育培训机构以自己名义颁发的证书；四是职业资格证书[1]。职业资格证书必须要经过相关部门的认证才能获取。认证过程描述了从事某职业或行业活动应具备的技术、能力和知识，按照既定程序获得相关文件，证明其达到从事该职业的技能标准。认证完成后，由国家相关部门、公立大学、私立教育机构、行业组织等颁发相应的职业资格证书。法国职业资格证书由法国能力署统筹管理，由教育部代表16人、雇主组织代表5人、雇员组织代表5人、行会代表3人、大区代表3人、资深业内代表11人共计43人组成，具有广泛的代表性和权威性。法国能力署的主要职责是对法国职业资格证书目录进行审核、更新和完善；为各机构设立职业证书提供咨询和评估建议；为个人或企业提供证书信息查询服务；委员会每年向总理提交年度工作报告。法国职业资格证书体系具有4个特点：一是多方参与的证书管理模式，保证了管理的高效；二是广泛的咨询和论证，提高了证书设立的合理性和科学性；三是严格的认证过程，确保了职业资格证书的价值和认可度；四是技能、能力和知识三维认证标准，确保对职业能力的培养。[2]

三、启示

中国职业教育在过去的70多年里取得了巨大的成就，发展规模是世界之最，各级职业类院校达到11733所，在校学生数达到2685.54万人，进入了职业教育大国的行列，但是也面临着大而不强的挑战。[3] 法国构建现代职业教育

---

[1] 吴雪萍，李默妍. 法国国家资历框架：架构、特点与启示［J］. 中国高教研究，2020（4）：71-76.
[2] 许浙景，杨进. 法国职业证书体系及其借鉴意义［J］. 中国职业技术教育，2018（22）：28-32.
[3] 中国网. 教育部：2018年全国职业院校达1.17万所，发展规模世界最大［EB/OL］.（2019-02-19）［2020-04-10］. http://edu.china.com.cn/2019-02/19/content_74480883.htm.

体系的经验对我国进一步完善职业教育体系有着一定的借鉴意义。

（一）加快从供给导向到需求导向的发展模式的转变

1999 年，第二届国际职业技术教育与培训大会提出职业教育改革的基本目标是灵活性、创新与生产力、传授所需技能、满足不断变化的劳务市场的需求。①2012 年，第三届国际职业技术教育与培训大会明确提出，"更新和发展相关机制工具，以明确当前及未来的技能需求，确保职业技术教育与培训项目的适切性，以适应快速变化的劳动力市场及经济社会的发展需求"②。由此可见，以需求为导向的发展模式已然成为世界职业教育发展的趋势。和法国一样，中国职业教育主要由政府提供，但不同的是中国职业教育体系目前仍是一种供给导向的体系。这种供给导向的发展模式难以适应外部需求变化，导致人才培养结构与社会需求结构失衡，造成了劳动力市场需求过剩与青年就业不足的现实困境。为此，我国开始探索需求导向的发展模式，并且提出建设新型职业教育体系，其任务就是要满足劳动力市场和就业主体的需求，达到供求的均衡。加快这种转变的核心问题在于能否及时掌握和预测相关主体的真实需求，从而确保职业教育提供有效的供给。这需要政府鼓励和吸引更多的职业教育利益相关方参与到政策的制定、实施、评估等过程中来。

（二）确立职业教育优先发展的战略地位

确立职业教育优先发展的战略地位是一个顶层设计的问题，涉及职业教育的各个方面，其中观念和资金是两个最主要的方面。在观念方面，树立并推广职业教育和普通教育平等的观念。纵观外国职业教育史，包括法国在内的欧

---

① UNESCO. Technical and vocational education and training: a vision for the twenty-first century. Recommendations to the director-general of UNESCO [EB/OL]. (1999-10-13) [2020-04-02]. http://www.unevoc.unesco.org/fileadmin/user_upload/pubs/reco-e.pdf.
② UNESCO. Shanghai consensus: recommendations of the third international congress on technical and vocational education and training [EB/OL]. (2012-05-17) [2020-04-02]. https://unesdoc.unesco.org/ark:/48223/pf0000217683_eng.

美发达国家职业教育几乎都经历过职业教育与传统观念的艰难博弈。在这个过程中，政府必须发挥重要作用：一方面中央政府要高度重视职业教育的发展，制定相关政策；另一方面各级政府要积极贯彻落实职业教育政策，大力引导和扶持职业教育的发展，逐步影响和扭转民众的传统教育观念。在资金方面，应加大对职业教育的资金投入，拓宽职业教育资金来源。尽管近些年中国加大了对职业教育的资金投入，但是从投入总额和增幅上看仍小于普通教育。

（三）加强职业教育立法的系统性和确定性

职业教育的发展离不开法律法规提供的制度保障，中国自 1996 年颁布《职业教育法》以来，相继出台了一些职业教育发展的政策和法律法规，促进了职业教育的改革与发展。但是，我国职业教育法律在内容上和系统性上远远落后于法国等职业教育高水平国家。一方面《职业教育法》具体内容侧重宏观，总体笼统、单薄，且具体条文多为指导性要求，缺乏刚性规范和约束，20 多年来，未进行任何变动；另一方面《职业教育法》缺少专题法、单行法等配套法律法规，尚未形成职业教育法律体系[①]。教育部在 2008—2020 年曾两次启动《职业教育法》修订工作，尤其是在 2019 年 12 月发布了关于《中华人民共和国职业教育法修订草案（征求意见稿）》公开征求意见的公告。虽然这些工作在进一步完善《职业教育法》的过程中起到了积极的作用，但是较于发达国家完备、细密、精准的职业教育立法，这些还远远不够。中国职业教育立法需要构建一个职业教育基本法与专题法、单行法协调统一的职业教育法律体系，同时增强法律条文确定性，做到权责明晰，让职业教育发展获得明确、具体、可靠的法律依托。

（四）构建职业教育资格证书体系

中国在 1995 年就推行了国家职业资格证书制度，由于存在种种问题，如企业不重视、证书认可度不高、证书与职业教育脱离等，使得职业资格证书制

---

① 贺国庆，朱文富. 外国职业教育通史：下卷[M]. 北京：人民教育出版社，2014：373-399.

度在促进职业教育发展方面并没有起到明显作用。2019年3月，我国教育部开启了"国家资历框架在职业教育领域的研究和实践项目"，旨在初步形成具有中国特色的国家资历框架。由于法国在1969年就开始着手建立国家资历框架，并形成了比较完善的职业教育资格证书体系，因此我国可以借鉴法国的相关经验：一是让更多的利益相关方（如政府部门、企业、学校代表、员工代表）参与证书的管理，包括证书的设立、评估、修改、删除等，这样既可以提高管理的效率，又可以提升职业资格证书的认知度；二是提高证书设立与企业需求的匹配度，这就要求对证书设立、更新或取消进行深入的调查和论证，准确了解企业对职业能力要求的变化；三是严格规范职业资格证书的认证过程，提高证书的含金量和认可度；四是注重对学生职业能力的评估，引导学校注重对学生实际工作能力的培养。

（作者简介：常晨，浙江商业职业技术学院经济管理学院）

［基金项目：浙江商业职业技术学院中法商业经济研究中心专项课题"历史视角下的中法职业教育比较研究"（编号：SZYZFYB201905）］

育人模式篇

法国高级应用技术人才培养及质量保障

一、法国职业与人员的分类

（一）职业与人员分类

法国最新的职业分类是 2003 年公布的《职业分类与职业目录》（PCS2003），这个分类包括 4 个相互镶嵌的层次，分为 8 个大类和 24 个中类、42 个小分类和 497 个细分类（见表 1）。在职业细分类层次上，包括 486 个实际岗位、11 个非专业活动人群的辅助岗位。此外，还有适合于企业使用的非常详细地职业分类，即私营和公共员工职业与社会职业分类（La nomenclature des professions et catégories socioprofessionnelles des emplois salariés des employeurs privés et publics，PCS-ESE）。这是在 1982 年版本的分类基础上进行革新的结果，革新后的 PCS-ESE 在新的信息通信技术不断发展更新的背景下，将相同的职业分类重组，反映了一些新出现的职业。

表1 职业分类与职业人员之间的关联

	集中层面 （8类中6类是在职的）		通常发布的层面 （24类中19类是在职的）		具体层面 （42类中32类是在职的）
1	农业运营者	10	农业运营者	11	小农业运营者
				12	中等规模的农业运营者
				13	大规模农场农业运营者
2	手工业者、商人、企业家	21	手工艺者	21	手工艺者
		22	商人及其相同类别的	22	商人及其相同类别的
		23	雇用10人及以上的企业家	23	雇用10人及以上的企业家
3	高管与高级知识专业人员	31	自由职业及其相似者	31	自由职业及其相似者
		32	艺术、知识与公共事务行业的干部	33	公共行政人员
				34	教授、科学类职业
				35	表演、艺术与信息行业
		36	企业干部	37	公司经营与行政管理干部
				38	企业工程师与技术干部
4	中级职业人员	41	教育、卫生、公共事务等类别的中等职业人员	42	小学教师及其同类的指导人员
				43	社会工作和卫生专业的中级人员
				44	宗教、神职人员
				45	公共事务行政助理专业人员
		46	公司商务与行政助理专业人员	46	公司商务与行政助理专业人员
		47	技术员	47	技术员
		48	精通的监工和办事人员	48	精通的监工和办事人员
5	员工	51	公务人员	52	公务服务代理机构与公务员
				53	警察与军事人员
		54	公司的行政管理人员	54	公司的行政管理人员
		55	商业人员	55	商业人员
		56	个体化服务人员	56	个体化服务人员
6	工人	61	熟练工人	62	技术熟练的产业工人
				63	技术熟练的手工业工人
				64	司机
				65	熟练的装卸、储存和运输工人
		66	非熟练工人	67	非熟练的产业工人
				68	非熟练的手艺工人

续表

集中层面 （8类中6类是在职的）		通常发布的层面 （24类中19类是在职的）		具体层面 （42类中32类是在职的）	
6	工人	69	农业劳动者	69	农业劳动者
7	退休人员	71	以前的农业运营者	71	以前的农业运营者
		72	以前的工匠、商人和企业家	72	以前的工匠、商人和企业家
		73	以前的中级职业人员与干部	74	以前的干部（主管）
				75	以前的中级职业人员
		76	以前的员工与工人	77	以前的员工
				78	以前的工人
8	其他非专业活动人员	81	从未工作过的失业者	81	从未工作过的失业者
		82	各种闲散人员（退休的除外）	83	义务兵
				84	中小学生
				85	60岁以下非从事职业活动的各类人员（退休者除外）
				86	60岁及其以上非从事职业活动的各类人员（退休者除外）

资料来源：根据法国的职业分类表及其说明（法国经济研究与统计局2003年公布）整理。

（二）人员的分类及其历史变革

职业分类是长期发展的结果。法国的职业分类最早开始于1954年，之后随着经济的发展，先后于1982年、2003年进行了修订，具体如表2所示。

（三）人员的分类标准与特征

《职业分类与职业目录》的结构并不是基于一个简单的逻辑，而是建立在几个方面合成的逻辑之上，如职业划分、社会阶级的分析、资格框架、技能等级、地位阶层，或根据人员的社会表现对相近人员进行重组与划分。从法国职业分类的专业定位来说，以下4类人员根据他们所从事的职业资格要求的级别进行排列：第一类包括管理者、工程师、普通中学教师、公务人员中的A类

表2　法国职业分类的演变

CSP - 1954 Insee：8类职业	PCS - 1982 Insee：Desrosière, Goy et Thévenot 6类职业	PCS - 2003 Insee：8类职业
0. 农业运营者 1. 农业工人 2. 工业和商业老板 3. 自由职业与高级干部 4. 中级干部 5. 雇员 6. 工人 7. 服务人员 8. 其他分类	1. 农业运营者 2. 手工艺者、商人和企业家 3. 高级知识专家与干部 4. 中级职业人员 5. 雇员 6. 工人	1. 农业运营者 2. 手工业者、商人、企业家 3. 高管与高级知识专业人员 4. 中级职业人员 5. 员工 6. 工人 7. 退休人员 8. 其他非专业活动人员

资料来源：http://fr.wikipedia.org/wiki/Professions_et_catégories_socioprofessionnelles_en_France2014.11.15

人员、董事长及其直接助手；第二类包括中级职业人员、技术人员和管理技术人员、主管、领班、职业高中及以下层次学校中的教师、护士、社会工作者和公共事务人员中的B类人员；第三类包括上班族、贸易和服务人员、护理人员以及公共事务人员中的C类人员；在同一个层次上还有第四类，其包括高度熟练的、熟练的和不熟练的以及不合格的工人。

二、应用技术型人才培养体系

（一）应用技术型人才的分类

根据2003年法国公布的《职业分类与职业目录》，法国第三级目录中，企业工程师与技术管理者共分10类、32个细分类（见表3）。这类人员通常需要经过高等教育的专业培训以及实践实习，需要具备解决生产第一线各种实践问题的能力，是熟悉生产第一线的工艺设备、懂得操作维护的工程技术人才、应用型研究人才和技术型经营管理人才，能够将现代科学技术成果应用于生产实践的生产、研发人员。

表3 法国高级应用型人才中企业工程师与技术管理者分类列表[①]

编码	人员分类
380a	大企业的技术总监
381a	农业、渔业、水利和森林开发与研究的工程师和干部
382a	公共工程与建筑研究的工程师与干部
382b	建筑师工人
382c	公共工程与建筑工程的工程师、工地管理者与施工工长
382d	公共工程、建筑工程的工程师和施工技术销售经理
383a	电力、电子产品的研发工程师与经理
383b	电子、电气设备制造的工程师与经理
383c	电子设备或电子专业的工程师和技术销售经理
384a	机械和金属加工的研发工程师和研究经理
384b	机械和金属加工的生产工程师与管理人员
384c	机械设备专业的工程师和技术销售经理
385a	（食品、化学、冶金、重型金属）加工工业的研发工程师与科研经理
385b	（食品、化学、冶金、重型金属）加工工业的生产工程师与管理人员
385c	（中间产品）加工处理工业的工程师与技术销售经理
386a	（印刷、柔性材料、家具和木材、能源、水）其他行业的研发工程师与科研经理
386b	能源、水的生产与分配的工程师与管理人员
386c	（印刷、柔性材料、家具和木材）其他行业的生产工程师与管理人员
387a	工业原材料及购置的工程师与经理
387b	后勤、规划与支付调度的工程师与管理人员
387c	生产方法的工程师与管理人员
387d	质量控制的工程师与管理人员
387e	维护、维修和新建工程的工程师与管理人员

---

① 根据法国的职业分类表及其说明（法国经济研究与统计局2003年公布）整理。

续表

编码	人员分类
387f	环境工程师与技术管理人员
388a	计算机科学的研发工程师与研究管理人员
388b	计算机用户的管理、维护、支持和服务的工程师与管理人员
388c	IT 项目经理、IT 负责人
388d	IT 和电信工程师、技术销售经理
388e	电信工程师与专家高管
389a	运输操作工程师与技术管理人员
389b	民用航空商业与技术驾驶员管理人员、官员
389c	商船技术驾驶人员管理者与高管

（二）应用技术型人才的培养结构

法国的高级应用技术型人才培养始于20世纪50年代中期的高级技术员班（Sections de Techniciens Supérieurs，STS），到60年代，随着大学技术学院（Instituts Universitaires de Technologie，IUT）的创建，形成了大学技术学院和高级技术员班两种机构并行发展的格局。大学技术学院和高级技术员班在性质上都属于短期高等教育，颁发国家文凭证书，是法国高等教育体系的组成部分。高级技术员班通常设在条件较好的技术中学内，在原有的中等技术教育的基础上发展而成，学生完成学业可获得高级技术员证书（Brevet de technician supérieur，BTS）。大学技术学院设在综合大学内，既受大学领导，又具有独立的法人资格，是法国大学特殊的教学与研究单位，颁发大学科技文凭（Diplôme Universitaire de Technologie，DUT），等同于法国大学第一阶段文凭（见图1）。

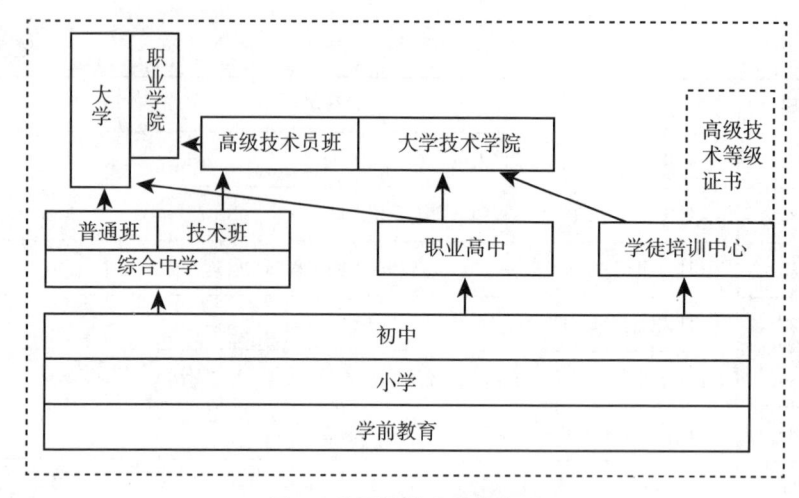

图 1　法国的技术教育体系

（注：法国技术高中不是独立设置，而是在综合中学二年级开始分为普通班和技术班）

三、应用技术型人才培养模式

（一）教育类型与办学定位

大学技术学院和高级技术员班创建于第二次世界大战后法国工业生产和经济社会发展对高级技术人员需求的背景下。这些技术人员的知识结构、职业愿景与普通本科教育阶段的人员不同，与技术高中的人员也不一样。因此，1966年，法国在大学内部创办两年制的大学技术学院，其教育层次介于技术高中和大学之间，其目标是为工业和第三产业的活动培养管理者和高级技术员。这些人的任务是将抽象的设计或理论研究的结果具体化；造就协助工程师进行研究、计划、发展和生产的较高级的技术人才和中间领导人员。因此，他们在技术方面应当接受比工程师更深入、更具体的培养，在对事物的一般认识方面应比普通技术员的眼界更开阔。

法国高级技术员班属于高等职业技术教育机构，因大多在技术高中设立，通常也称中学后教育，但其性质属于短期高等教育。还有一些类似的机构由职业协会、工商协会等机构和学徒培训中心单独或合作主办。高级技术员班分为私立高级技术员班和公立高级技术员班。其中一些私立高级技术员班与国家签订合同，在教学大纲、课时、招生等方面与公立高级技术员班基本相同，在财政和教学方面接受国家的监督指导。法国有40%的学生就读于私立高级技术员班。法国高级技术员班的目的是培养专业的中层技术管理者，其毕业生具有比较扎实的文化知识和较高水平的专业技能，绝大多数毕业生能够直接走向就业岗位，从事技术员工作。

（二）招生要求

法国实行高中毕业会考制度，会考通过者可得到会考证书，这既是高中毕业证书，也是进入高等教育机构继续学习的资格凭证，通常被称为高等教育的第一级学位，即业士学位。大学技术学院和高级技术员班的招生步骤大致相同，审查考生高中会考的成绩及其所获文凭类别，着重参考高中阶段（尤其是最后两年）的学习情况。持有各类毕业会考证书者都可以进入大学技术学院相应专业学习，但这两类学校对高中会考文凭类别有明显的选择性，介于综合大学与工程院校之间，这与两类学校的教学和培育目标直接相关。此外，大学技术学院还招收与高中毕业会考证书同等学力的人，要经成绩审查并面试，合格者仅10%，其中来自高中普通班的学生占70%。高级技术员班和大学技术学院刚成立时，生源中普通高中毕业生较多；从20世纪80年代开始，技术高中毕业生的比例逐年提高，到1990年时不同科别分别达到10%~38%。

在2009年之前，不同学区的大学技术学院和高级技术员班都有自己的注册招生系统。2009年，法国高等教育主管部门推出了全国统一注册录取平台，包括大学技术学院和高级技术员班在内的所有高等教育机构都通过这个平台统一招生录取。1981—1986年，法国本科生增长13%，而大学技术学院和高级技术员班的学生数却增长了67%。据统计，2012—2013学年，609857名学生获得高中会考文凭，其中，普通高中毕业生中53.4%进入综合性大学，19.3%选择短期高等职业技术教育（大学技术学院、高级技术员证书班）。[①] 2019年

[①] L'état de l'Enseignement supérieur et de laRecherche enFrance nº 7 – avril 2014, https://publication.enseignementsup-recherche.gouv.fr/eesr/7/l-etat- de- l-enseignement-superieur-et-de-la-recherche-en-france-7.

第一学期，进入大学技术学院学习的学生达 54349 人。其中，普通类会考毕业生占 63%，技术类占 33%，专业类占 2%，其他类占 2%。①

（三）课程设置

从教学组织与课程设置来看，大学技术学院和高级技术员班都实施两年制短期高等职业技术教育，其性质、学制相同，课程设置中几乎全是技术性的专业课程，其人才培养计划的制订与修改都由教育部决定，这是由法国中央集权型教育管理体制决定的。但这些人才培养计划都由大学和企业界人士组成的全国教育委员会拟订。该委员会根据相关领域的发展情况，修订教育计划，并向教育部提供实施建议。大学技术学院和高级技术员班因其在培养方向、招生、专业设置、课程安排、教学组织、成绩检验等方面的不同，各自特点突出，既相互竞争，又相互补充。

大学技术学院课程设置强调多样性、综合性，注意培养学生的适应能力。第一年的课程为基础理论课，教学方式侧重实践，这个阶段要求学生根据企业的实际问题完成专业设计。理论课的比例不到总课时的 40%，力求"精致有效"。第二年是专业课和实习，要求学生结合自己所学专业到企业实习，在此期间完成实习报告和毕业设计，考核合格者将被授予大学技术学院文凭。通常，每学年 33 周，每周 35 学时，两年共约 2000 学时，有 6~12 周的实习期。教学以技术理论为主，在此基础上掌握一定的专业技术，强调实际应用。

与大学技术学院相比，高级技术员班的教学专业性更强、实践课比重更大，教学强调专业化和实际技能。每周 32~35 学时，两年中有 6~9 个月的实习期。教学组织与高中类似，以班级授课为主。高级技术员班在课程设置与教学组织方面非常注重专业与课程的融合，以此提升学生未来的职业进阶与拓展能力，跨专业、跨学科的教学组织形式常态贯穿于整个教学系统。

---

① Notes Flashdu SIES, Les effectifs enIUTen2019–2020, n° 08, juin2020.

育人模式篇

（四）治理结构

大学技术学院和高级技术员班虽然分别隶属于大学和高中，但是两者都在教育部的行政部门直接领导下开展工作。在法国，国家教育部拥有广泛的权力，高等教育司司长与教育部部长共同主管所有的大学事务，包括管理结构、课程设置、学位要求、任命教师等，并通过对所有开支设立严格的预算规定，进一步加强政府对高校的影响。从学校的管理来看，在法定地位上，大学技术学院是大学的一个组成部分，独立性较强。高级技术员班大多附设在技术高中或职业高中，其法定地位与高中大致相同。因为大学技术学院、高级技术员班是由教育部内不同部门领导的，属于教育部管辖但独立于所附属机构，所以管理起来很复杂，社会上和政府内有很大一部分人强烈要求这类机构不受《高等教育方向法》(*Loi sur l'orientation de l'enseignement supérieur*) 的影响。因此，在学校内部组织管理方面，1968年的《高等教育方向法》对这两类短期高等教育机构没有影响，在大学内作为教学和科研单位继续运行，预算直接由教育部划拨，领导由教育部任命，而不是通过选举。教学和科研单位理事会中必须包括校外人员，以保持他们与所培养的人才和专业之间的密切联系。

1984年《高等教育法》(*Loi sur de l'enseignement supérieur*) 第三编第一章第三十五条规定了包括大学技术学院在内的大学以外的学校和学院的管理制度："行政理事会成员不得超过40名，其中30%～60%为校外人士和从校内工作人员及学生中选出的代表。理事会从担任理事的校外人士中选举主席……行政理事会决定本机构的总政策；根据国家规定，确定教学的组织以及科研、科技信息和国际合作计划；制定有益于机构内集体生活的措施；表决预算，批准决算，分配主管部下达的人员编制……按法令规定的特殊条件，批准借贷、投资、创建分支机构、接受捐赠和遗产、购置不动产。"[①] 第三十六条规定了大学技术学院院长的权力，"……院（校）长根据理事会确定的方向，领导和管

---

① 瞿葆奎. 张人杰选编：《法国教育改革》. 北京：人民教育出版社，1994：428.

理本机构；他参加理事会会议并向其汇报管理工作；除不担任行政理事会主席之外，享有大学校长的各种特权。"[①] 可见，1984年的《高等教育法》也没有做出明确说明，只笼统地规定综合性大学以外的学院和学校内部组织结构与附属于大学的学院和学校基本相同。

2006年，遍布法国的87所公立大学里的116所技术学院的院长组成大学技术学院院长联盟——法国大学技术学院院长联席会（Assemblée de directeurs des Instituts Universitaires de Technologie），直接由法国教育部高教司管辖，负责处理技术学院体系所有共同相关的问题，如教学大纲的制定、教学内容的改革、学校与企业行业的关系、国际项目的推行等，共同致力于学校治理。

（五）政府、市场、企业与学校的关系

目前，法国高级应用型人才培养中比较热门的专业领域主要有：管理、农业、艺术、商业学习、餐饮和招待、工艺、文化遗产、家庭科学、教育、环境学习、健康护理、信息与通信技术（ICT）、语言学习、休闲娱乐、机械技术、音乐和戏剧、修复、社会工作及其他。应用技术型人才培养应立足于所在区域，融入区域发展，满足区域发展的需求，为区域创新做出贡献，这涉及课程提供、学生实习、通过特殊课程满足当地劳动力的培训需求、支持本地企业家等多方面的问题。许多应用科技大学的理事会中还有一些区域代表。在师资队伍方面，法国大学技术学院和高级技术员班自创建时就保持了一个主要特色：由企业界管理者和技术人员参与教学，综合大学、企业、职业机构合作完成授课，任课教师大多来自企业界。按规定，法国大学技术学院的教师队伍由高等教育教学人员、中学高级教师和企业界人士三部分组成，各占教学人员总数的1/3，企业界人士以全日制或部分时间制任教。1984年《高等教育法》第三编第四十条规定，校外人士包括两部分人：一部分是学校所在地的各级行政部门的代表、各经济部门特别是各雇主和雇员工会的代表、各社会经济

[①] 瞿葆奎. 张人杰选编：《法国教育改革》. 北京：人民教育出版社，1994：429.

组织的代表、各科学文化团体的代表、各主要公共服务部门的代表，还可以有初等和中等教育的代表；另一部分是各种委员会指定的以个人身份出席的知名人士。①

法国在技术应用型人才培养过程中有商会的参与，并有与商会长期合作的传统。此外，大学技术学院和高级技术员班都以技术实践作为立足之本，政府、教育部门以及社会企业等都高度重视，在经费供给、时间投入等方面给予充分支持，从而保障其毕业生的质量。用人单位参与高级应用技术型人才的培养过程，他们的意见与建议成为教学的重要参考，因此有学者曾提出对大学技术学院的教学被雇主控制的担忧。但正是这种紧密的产教协同，使得大学技术学院培养出来的人更适合用人单位的需要。用人单位的需求、师资构成的多样化共同促进了法国高级应用技术型人才培养机构的发展。以大学技术学院为例，1966年时新建大学技术学院22所，之后逐渐增加，到1975年时已增至266所（具体情况见表4）。

表4　1966—1975年法国大学技术学院数量

年份	大学技术学院新增数量	大学技术学院累计数量
1966	22	22
1967	46	68
1968	66	134
1969	35	169
1970	34	203
1971	19	222
1972	16	238
1973	13	251
1974	11	262
1975	4	266

数据来源：Benoist, P. Une histoire des instituts universitaires de technologie（IUT）: Paris, Classiques Garnier, 2016, P: 102.

① 瞿葆奎. 张人杰选编：《法国教育改革》. 北京：人民教育出版社，1994：431.

四、应用技术人才培养质量保障体系

法国有着重学轻术的传统，法国人尤为信任国家文凭，追求文凭及一切制度下的平等。由于法国应用技术人才学制 2 年，比普通综合大学少 1 年，在与用人单位或个体签订就业合同时薪资水平很难界定。如果等同于技术中学毕业文凭，则不符合高等教育的意义。如果等同于普通大学学士文凭，则普通大学学生认为有失公平。由此导致大学技术学院的大学科技文凭社会认可度低。再加上大学技术学院学制短、课程密集、考试难度大、学习压力大，曾一度出现招生困难、辍学率增加的现象。1966—1970 年，大学技术学院学生的入学率下降了 20%，大学技术学院的新增数量也开始减少、规模也开始缩小。进入大学技术学院的很多学生是普通中学毕业生，通过短、平、快的 2 年制训练后，毕业后顺利进入法国工程师大学校，从而使大学技术学院有沦为"大学校预备机构"的危险。此外，政府要求大学技术学院重新调整与企业之间的关系，重新界定兼具高等教育和技术教育特征的高级技术型人才的培养，而不仅仅是从属于企业的培训机构。这些问题都成为应用技术人才质量保障中必须面对的问题。

法国应用技术人才培养形成严密有效的保障机制，主要体现在以下几个方面。

第一，制度层面，不断修订、完善具体的法案做保障。例如，为确保大学技术学院的顺利发展，在不同阶段面对不同问题，政府出台相应的有针对性的方案。1964 年 10 月 29 日法令规定，减少中等技术教育机构经费，加大对高等技术教育的投入，并明确规定了应用型人才培养经费来源。这种较强的针对性、可操作性都有效地促进了大学技术学院的良性发展。

第二，不断优化创新宏观管理体系，建立高级应用型人才培养的管理、保障机构。"高等技术教育国家工会""中等教育国家工会"等管理机构聚集了多方面的力量共同解决应用型人才培养过程中出现的问题，共同发挥保障作用。

以大学技术学院为例，实行大学技术学院领导会议（ADIUT）、国家大学技术学院校长联盟（UNPIUT）、省大学技术学院负责人会议（ACD）、地方大学技术学院联盟（ARIUT）和具体学校管理的 5 级管理体系。各级管理机构由不同的成员组成，具有不同的组织机构和不同的职能（见表 5）。大学技术学院领导会议由国民教育部、高等教育署和大学校长会议组成，成员主要包括大学技术学院领导会议的主席与 10 名大学技术学院校长代表，其主要职能是制定宏观层次的大学技术学院运行政策。国家大学技术学院校长联盟隶属于全国大学校长委员会，由大学技术学院校长组成，主要是分享各自机构的经验，促进大学技术学院与企业等社会主体之间的合作。这既是对法国拿破仑时代建立的"学区制"的继承，也考虑了不同省、市、学校的具体情况，最大程度地发挥各个主体优势，确保政策的有效性。

表 5　法国大学技术学院 5 级管理体系

名称	组织机构	成员	职能
大学技术学院领导会议	国民教育部 高等教育署 大学校长会议	大学技术学院领导会议主席与 10 名大学技术学院校长	制定宏观层次大学技术学院运行政策
国家大学技术学院校长联盟	全国大学校长委员会	大学技术学院校长	分享不同大学技术学院机构间的经验；制定大学技术学院与企业等社会主体间的合作
省大学技术学院负责人会议	省议会	各大省学术监督员	协调国家层面和省内大学技术学院的运行政策
地方大学技术学院联盟	地方大学技术学院联盟	各市学术监督员	协调省层面和具体市内大学技术学院的运行政策
具体大学技术学院机构	具体院校	院校学术监督员	协调市层面和本校的运行政策

资料来源：https://www.iut.fr/le-reseau-des-iut/les-structures-du-reseau

法国大学技术学院 5 级管理体系虽然可使不同的大学技术学院拥有不同的运行体系，但整体而言仍存在诸多共性。例如，学制方面，针对之前的 2 年制文凭与欧盟学位框架不一致的情况，2000 年后，法国设置了 3 年制职业学士学位，从而使职业教育与普通教育地位等值。有的机构如亚眠大学技术学院还根据自身需求和本市需求差异较大的实际情况，设置了1年制学制，实行1年制、2年制和3年制并存的本科应用型人才培养体系。之后，其他地区也相继推行类似政策。这种因地、因时制宜的教育管理体系的创新，使得应用技术型教育学习年限更为灵活，学生和社会用人单位可选性扩大，满足了学生与社会的多样化需求。

第三，课程与教学方面，法国大学技术学院通过课程内容多、密度大、专业化程度高、考核难度大、实习时间长等方式确保应用型人才培养质量。以第戎奥赛尔大学技术学院企业管理专业为例，学制2年，第一学年开设16门课程，其中12门专业课，4门公共课，共计424学时、30学分，这16门课程均需要参加严格的考核。第二学年开设17门课，其中包括13门专业课、4门公共课，共计414学时、30学分，17门课均需经过严格的考试考核。[①] 这种高密度的课时与高比例的专业课，能确保学生在有限时间内获得最大限度的专业知识。大学技术学院要求学生至少在企业实习10周，作为学校系统学习的实践环节，平均要求为12学分，以培养学生的实践能力，提高毕业生动手能力与就业能力。

第四，考核评价方面，采用形成性评价，学习过程中开展严格而频繁的考试，不设置毕业考试或毕业论文，发放文凭的条件由每学期每门课程学分情况和实习成绩确定。这种评价制度既具备高等教育的特点，又强调能力培养，符合法国社会对文凭的偏爱，能提高文凭的含金量，实现文凭与能力的一体化。

第五，保障主体方面，在不同的发展阶段都有多元化的主体参与到应用型人才培养。这种开放、多元参与的体系，激发利益相关者参与，为高级应用型人才培养提供全方位的支持，也保障了学生和社会的多元化需求。例如，多元化的师资积极参与课程建设，确保了课程内容的即时性、实用性。政府层面推出了企业学徒税，鼓励法国企业参与到高级应用型人才培养中。企业通过员工的表现甄别出在学生实践能力、职业精神养成方面最有成效的大学技术学

---

① OFFRE DE FORMATION2017–2022.https://www.u-bourgogne.fr/images/stories/odf/dut/ff-gestion-entreprises-administrations-1.pdf(2022-10-03)

院，确定"把钱拨给谁"。学校因此也会努力提高人才培养质量，向企业推介优秀毕业生，以争取更多的"学徒税"，从而有效地促进校企合作。此外，一定比例的中等技术中学教师的参与，有效地促进了大学技术学院与各级教育之间的衔接，提高了高级应用型人才培养的效率。

法国大学技术学院和高级技术员班毕业生无论是在文凭获取、升学还是就业等方面都有竞争力，是法国最优秀、最有特色的高等教育资源之一，人才培养质量较高。2012年、2013年两年获得大学科技文凭或高级技术员证书的学生比例分别为69%和60%，高于大学第一阶段[①]。2004—2011年，尽管国内存在经济危机，但拥有大学科技文凭、高级技术员证书或职业学士学位的毕业生的失业率为2%~5%，工程师院校或商科院校的毕业生失业率为2%~4%。[②]可见，法国应用技术人才培养的质量保障效果很好。从质量评价机构来看，法国大学技术学院和高级技术员班由全国性质量评估机构来评价，在1984—2006年，主要由国家教育评估委员会（NCE）进行每4年1次的质量评估或专项评估。2006年后，随着法国"波隆尼亚进程"的推进和新的评估机构——高等教育与研究评估署（AERES）的建立，大学技术学院和高级技术员班由高等教育与研究评估署开展教育评估。法国大学技术学院和高级技术员班有相应的认证机构，颁发国家级文凭证书，由法国国家教育部认证。国家颁布相应的法律文件，通过规定大学科技文凭和高级技术员班证书的要求，对毕业生技能资格进行审查，保障法国应用技术型人才培养质量。

五、法国应用技术人才培养特色

20世纪70年代以来，法国大学技术学院发展较快，1966年仅有13所，学生2000人；1985年增至67所，学生增至6万人，1995年达到88所，学生100多万人。专科层次两种教育载体并行发展格局的形成，主要源于二者在专

[①②] L'état de l'Enseignement supérieur et de la Recherche enFrance n°7 – avril 2014, https://publication.enseignementsup- recherche.gouv.fr/eesr/7/l-etat-de-l-enseignement-superieur-et-de-la-recherche- en-france-7.

业设置、课程内容上实行宽窄并举的原则，故其毕业生的优势不同。高级技术班毕业生的专业知识和技能专而精、顶岗快、现场指挥与操作能力强，但适应的广泛性差一些。而大学技术学院毕业生的专业知识与技能相对宽一些、适应范围较广泛，应用新技术成果能力强，但任职后适应期长一些。二者在人才培养规模上的分工，适应了产业界各种生产岗位对该规格人才的不同需求。总的说来，法国的应用技术型人才培养具有如下几大特色。

第一，立足本土与制度性创新相结合。法国应用技术型人才培养是扎根于法国本国政治经济和教育发展的现实而发展起来的。高级技术员班和大学技术学院形成了中学与学院之间的中间网络。此外，大学技术学院和高级技术员班在招生方面具有一定的选择性，在教师聘用方面实行聘期制，不再实行终身聘用制，实现了制度上的创新，具有很大的灵活性。

第二，既与普通教育交融，又与中学教育衔接。法国应用技术型人才培养的独特之处在于，其人才性质属于高层次应用技术型，其机构属于高等教育，一个设置在普通大学内，一个设置在技术高中，与普通教育、中等教育互相交融，很好地弥补了一般高等应用技术教育的缺憾。毕业生考察合格后，既可以直接就业，也可以进入高一级机构继续深造，因此更受人欢迎。

第三，培养目标明确，办学定位清晰，针对性强。法国应用技术人才培养主要对学生进行与技术相关的理论、专业培训以及实地训练，为生产一线培养高级技术人员，定位清晰，目标明确，针对性强，特别是专门针对所在地区的经济与社会发展需求服务，针对所在地区的工业、农业和商业发展需求设置专业、安排教学计划，培养本地区发展所需要的人才。

第四，课程设置注重实践性、应用性和灵活性，充分利用外部师资资源。法国应用技术型人才培养重视实践性和应用性，通常不设文化修养等通识类课程，教学计划中的专业基础课都是围绕所学专业，为保障专业技术教学而设置的。在师资选择方面，这两个机构都有一支稳定的来自企业的兼职教师队伍，承担了20%～25%的教学任务。企业大力支持工作人员参与学校教学活动与理事会、考试审查会等活动，有的兼职教师还是本校的校友，有的侧重理论教学的专职教师也在企业担任部分工作，校企密切合作给教学带来大量动态的外部信息与资源，确保了实践教学的质量。

第五，严进严出与宽进严出，确保质量标准。法国高级技术员班和大学技术学院重视质量，高级技术员班采取相对"宽进严出"的原则，大学技术学院遵循"严进严出"原则。大学技术学院入学选拔条件严格，除了参考高中毕业成绩，有些学校还要求学生通过口试或专门测验，重视学生的工作经验、社会经验和在集体中所表现出来的责任感。高级技术员班教学管理严格，师生配备比高，采取小班编制。

第六，教育生活化，注重学生职业精神的养成。法国高级应用型人才培养重视生活实践和学习能力的训练，教育过程中注重培养学生个人与社会的关系以及多方面的兴趣，提供可融通的多样化的教育通道供学生选择，职业教育序列系统、完整。并且，为了学生应对未来行业转型与工作变动，法国注重培养具有可持续发展能力的综合型跨学科的高级应用型人才，强调通才教育，打造学生发展的"后劲"。同时，学生的实习指导教师多为企业职工和企业家，他们非常重视学生的职业道德和职业精神。高级应用型人才培养机构和教育部门也非常注重培养学生的职业精神和文化传统，分别在课程设置、教学内容方面进行方向性和战略性的指导与管理。

为促进经济转型、提高法国国际竞争力，马克龙总统上台后致力于"彻底改变法国"，教育、就业、经济现代化都是重要领域。马克龙尤为重视教育领域的"公平""质量""自由"和"竞争力"改革，以促进青年人成功就业为目标，"深入改革学徒制"，"完善中等教育至高等教育的衔接，鼓励中学和大学加强合作；发展大学继续教育，推进终身职业流动和职业转换；在高中和大学新增 10 万个短期职业教育培训学位，并加强行业部门对职业教育的指导，以提高职业教育的地位。""允许高校自主开展教学活动，并将开发 3 年制工读交替的职业本科教育；在高等教育领域，他提出"给予大学真正的自主权"[①]，

---

① 张力玮. 法国教育改革持续发力　马克龙政府教改新政实施三年回眸［J］. 上海教育，2020（24）：6.

并在职业教育领域提出"将工读交替的学徒制作为职业教育的核心"。这些举措均将对大学技术学院更好地应对国际挑战、回应国家经济和社会发展需求产生深远的影响。

（作者简介：高迎爽，中国社会科学院大学规划与评估处副处长、高等教育研究所副主任、副教授）

学徒制：产教协同育人的法国模式

一、法国学徒制及其特色

（一）法国学徒制概况

学徒制是一种工学交替的人才培养模式。在法国，16~30岁的青年可以与企业签订特殊的劳动合同并根据法律规定获得学徒工资。学徒既在企业师傅的带领下实践，又在学徒培养机构接受教育，工学交替攻读国家承认的职业或技术教育文凭或证书。法国的初始教育（包括中等教育和高等教育）和继续教育中都有学徒制，学徒完成学业和工作并经过考核后，可以获得不同层次和类型的职业资格证书和文凭。

学徒制是法国正规职业教育的一部分。虽然其人才培养在流程和内容上与其他职业教育有差异，但通过学徒制取得的证书与通过其他形式的初始和继续职业教育、经历认可等所取得的证书是等值的。这就为学徒的终身学习提供了基础。

学徒可获得的文凭和证书覆盖中等教育和高等教育两个阶段的5个级别。法国国家职业证书目录[①]的5个级别为：5级可获得职业能力证书（CAP，相

---

① 根据2019年1月8日关于国家职业证书的法令（Décret nº 2019-14 du 8 janvier 2019 relatif au cadre national des certifications professionnelles），为与欧洲资历框架对接，法国职业证书体系采用了新的等级划分办法：一级代表掌握了从事职业活动的最基本知识，八级相当于获得博士学位（原一级为最高等级，相当于获得硕士学位或工程师文凭）。由于本文涉及的是2019年教育统计数据，其采用的仍是原证书体系的等级，因此本文仍采用原等级划分办法。

当于初中毕业后再学习两年）；4级为职业类高中会考文凭（Bac Pro）；3级为高级技术员文凭（BTS）、大学科技文凭（DUT），相当于完成2年大学学业；2级为专业学士学位（Licence Professionnelle），相当于完成3年大学学业；1级为专业硕士学位（Master Professionnelle）和工程师文凭，相当于完成5年大学学业。可见，法国学徒制的培养对象范围较广，不仅培养初级和高级技能型人才，还培养法国高等专业学院（又称"大学校"，如工程师学院、高等商学院等）的一部分精英人才。

法国教育部统计数据显示，2017—2018学年，法国共有42.99万名学徒[1]，比上一年度增加4.3%。其中，高等教育阶段（1级、2级、3级证书）学徒达16.63万人，约占学徒总人数的38.68%；中等教育阶段（4级、5级证书）学徒达26.36万人，约占学徒总人数的61.32%。值得注意的是，近年来，高等教育阶段学徒人数增长率高于中等教育阶段人数增长率。2017—2018学年，4级和5级学徒人数稳中有升（1.1%，1.7%）；高等教育阶段学徒人数则上升明显（9.1%），其中3级学徒上升7.7%，1级、2级学徒上升10.5%。高等教育阶段学徒人数是2000—2001年相应学段人数（51186人）的3倍多。具体而言，5级学徒有16.27万人，占总学徒人数的37.83%；4级学徒10.1万人（23.48%）；3级学徒8.22万人（19.12%），其中6.7万人攻读高级技术员文凭；1级、2级学徒8.4万人（19.56%），其中2万人攻读专业学士，1.78万人攻读专业硕士，2.25万人攻读工程师文凭，另有2.37万人攻读其他1级、2级证书。

学徒制与产业发展紧密相关。受各地区产业分布影响，学徒制在学区之间分布不均。截至2017年年底，法国有6个学区分别培训学徒超过3万人，其中法兰西岛（又称"大巴黎"）学区培训学徒8.47万人，占总学徒人数的19.7%。学徒人数排名前6的学区学徒人数占全法学徒总数的约2/3。中等教

---

[1] Ministère de l'Enseignement supérieur, de la Recherche et de l'Innovation. Repères et références statistiques sur les enseignements, la formation et la recherche–2019 [EB/OL]. [2019-11-19]. https://www.enseignementsup-recherche.gouv.fr/pid24831-cid144369/reperes-et-references-statistiques-edition-aout-2019.html.

育阶段学徒中，68.4%集中在生产领域（加工、土木工程、建筑），高等教育阶段（1级~3级）学徒则有58.4%集中在服务行业（服务业综合技能、交流和管理、传播和信息等）。

根据法国政府的数据显示，截至2019年6月30日，全法共有45.8万名学徒。①

学徒制的实施过程具体为：有意愿参加学徒制的人士寻找接收企业或选择学徒培训中心进行注册，签署学徒合同后开始进行培训。理论学习和工作场所学习的时间占比分别为1/3和2/3。学徒经过2~3年的培训并通过考试即可获得相应的证书和文凭。

（二）法国学徒制的主要特色

1. 立法先行，制度护航

从学徒制的正式确立到每一次的改革，法国都首先通过立法手段为学徒制的发展和变革、学徒和参与学徒制人才培养的机构和企业提供法律保障，使学徒制能不断满足社会发展的需要。

1851年2月22日，法国出台《学徒法》（*Loi de 1851 sur l'apprentissage*），使签订学徒合同成为一项义务。1919年《阿斯蒂埃法》（*Loi Astier*）规定，为18岁以下的工厂学徒设立免费的职业课程。1961年颁布的《学徒法》（*Loi du 16 juillet relative à l'apprentissage*）明确，学徒制即一种由企业和学徒培训中心向符合学校要求的青年提供的、学制为2~3年、学成后可获技术教育证书的教育形式。1987年，《塞甘法》（*Loi Séguin*）将学徒制学习成果认定范围从职业技术证书扩大到职业高中会考证书、大学技术文凭、工程师文凭、专业学士学位和专业硕士学位。2014年，《职业教育、就业和社会民主法》（*Loi formation professionnelle, emploi et démocratie sociale*）对学徒制的财政体系进行了改革，

---

① Gouvernement Français.458 000 apprentis en France：une filière qui attire toujours plus ［EB/OL］.［2019-11-19］. https://www.gouvernement.fr/458-000-apprentis-en-france-une-filiere-qui-attire-toujours-plus.

强化了大区议会在学徒教育培训中的作用。2017年10月,《劳动力市场改革的第二号法令》(*L'acte II de la réforme du marché du travail*)明确为继续推进就业和劳动力改革而实施学徒制改革、职业培训改革和失业保障体系改革。2018年8月1日,法国国民议会审议通过《自由选择未来职业法》。在法律保障的基础上,职业证书体系为法国学徒制持续发展提供了重要的制度保障。

目前,法国共有大约1.5万种各级各类职业证书。颁发证书的单位包括国家部委、公立大学、私立教育机构、行业组织等。更新职业证书目录、协调法国各级各类职业证书的认证和评估的工作由法国能力署负责。法国的职业证书体系为促进终身教育理念的实践、培养各行各业需要的应用技术人才发挥了关键性作用。值得注意的是,法国的职业证书不仅是职业资格证书,还是职业教育的学业证书(文凭)。

职业证书体系的证书和文凭可以通过接受初始教育或继续教育、工作经验认可来获得,学徒制也是获得职业证书的重要途径。如前文所述,通过学徒制可以获得的证书和文凭有CAP、Bac Pro、BTS、DUT、专业学士学位、专业硕士学位和工程师文凭。职业证书体系为学徒学习成果和工作经验认可提供了制度保障,也为学徒打通和拓宽了学习和成长通道。

2008年,欧洲议会和理事会正式批准建立欧洲资历框架。法国建立的职业证书体系发挥了法国国家资历框架的作用,一定程度上实现了与欧洲资历框架的对接(欧洲资历框架3~8级)。

2. 多方参与,产教协同

根据在人才培养中的分工,工学交替的学徒制由两类机构协作实施。

第一类是学徒培养机构,即为学徒提供理论教育的机构。法国的学徒培养机构既有普通高中(学徒部)、普通高校(技术学院)、高等专业学院,也有专门的学徒培训中心和约定的培训机构。其中数量最庞大的是学徒培训中心(CFA)。学徒培训中心的举办方有各级行政机构和公共机构、工商会和行业协会、企业等。各工商会、行业协会、教育机构或企业与大区议会签订协议,即可成立学徒培训中心,协议有效期为5年,期满需重新申请认定。

2017—2018学年，按照所在培养机构进行分类，由协会、企业管理的学徒约占52%，由行业协会（工商会、农业行业协会和手工业行业协会）管理的学徒约占26%，由学校（公立大学、高中或学徒班）管理的学徒约占16%，其余学徒由国家部委、地方政府、综合性行业协会等管理。

第二类是公共或私人企业、协会，为学徒提供实践性培训。法国对学徒制举办机构的限制较少。企业主和企业员工均可作为学徒的师傅，师傅的资质至少要与学徒攻读的职业证书和文凭相当，并在所指导的领域有几年的工作经验[①]。师傅还必须有道德品质证明。大区鼓励企业派送学徒师傅进行短期培训，费用由大区或行业协会负担。

3. 中央统筹，分级管理

西方学徒制的发展经历了家庭式管理、行业协会管理、国家干预和多方协作4个阶段[②]。法国学徒制最早也和行业协会等组织密不可分。行业协会将学徒培训中心作为培养自身发展所需人才的机构；随着《阿斯蒂挨法》《徒工税法》(*Loi de finances instituant la taxe d'apprentissage*)和《瓦尔特·保兰法》(*loi Walter-Paulin*)等一系列法律的实施，法国政府逐渐参与学徒制的管理，将原由行业协会掌握的学徒管理机制逐步向多主体参与管理发展，将原来由行业协会单独掌握的人才培养中心变为一种公共服务机构[③]。目前，法国学徒制由中央政府统筹，实施分级管理，其治理涉及多个政府部门、行业协会、商会、企业。

学徒培训中心的教学监管主要由教育部负责，财务及技术监管则由大区负责。国民教育部和高等教育、研究与创新部负责职业教育的总体规划和管理，并通过设在行政大区的学徒制监管处直接监管其下属的学徒培训中心。根据教学监管部门不同，936个学徒培训中心（包含学徒班）中，777个由国民教育部和高等教育、研究与创新部监管，133个由农业部监管，其余由卫生部

[①] 法国没有全国统一的学徒制教师招聘考试。教师招聘由各学徒培训机构心负责，岗位申请者须具备的资质要与公立机构类似职位的资质要求相当。
[②] 焦健, 沈亚强. 从传统到现代：西方学徒制发展的历史变迁与现实价值[J]. 当代职业教育, 2018.
[③] 关晶. 法国现代学徒制改革述评[J]. 全球教育展望, 2013(4)：104-111.

等部门监管①。学徒培训中心提供由教育部与各有关职业咨询委员会共同确定的课程，内容包括普通文化课、技术理论课和实践课。根据最新改革举措，学徒培训中心可根据行业发展情况，更加及时地调整课程，给予学徒培训中心在课程方面的更大自主权。

新成立的法国能力署作为中央一级管理机构，主要通过更新和维护法国国家职业证书目录、监测和评估学徒制质量、分配学徒制经费等对学徒制进行管理。法国能力署还将加强对学徒培训机构的认证。所有接受公共资助的学徒培训机构须在2021年之前获得认证。②

大区一直以来对学徒培训中心的开设具有审批权，还负责管理由国家和大区分别划拨的学徒制经费。通过2018年的学徒制改革，以上职能由大区政府转向新的专门管理机构。各大区主要通过大区就业与职业培训协调委员会，大区经济、社会与环境委员会以及大区就业与培训观察所来促进学徒制培养中心与产业界对话，使学徒制人才培养，特别是中等教育阶段的学徒培养与区域经济与产业发展需求结合更紧密。这些机构与国家机构就学徒培养进行协作。

工商业委员会、手工业委员会、农业委员会等行业委员会也参与学徒制的组织与管理，其主要职责是注册备案学徒制合同，跟踪、协调学徒制开展过程中的各种问题。

行业协会除了通过开办学徒培训中心参与学徒制，还通过颁发职业证书参与学徒制的治理。法国国家职业证书颁发机构有法国政府各部门（教育部、农业部、劳动部等）、地方政府、相关教育机构、行业协会等。行业协会代表也会通过法国能力署参与证书管理。

4. 有力的经费保障和税收支持

法国学徒职业培训中心的资金主要来源于国家和地区补助、管理机构投

---

① Centres de Formation d'Apprentis［EB/OL］.［2019-10-26］. http://www.franceapprentissage.fr/apprentissage/centres-de-formation-d-apprentis.html.
② CEDEFOP. Vocational Education and Training in Europe-France［R/OL］.［2019-10-19］. http://libserver.cedefop.europa.eu/vetelib/2019/Vocational_Education_Training_Europe_France_2018_Cedefop_ReferNet.pdf.

入和学徒培训税（TA）。法国于1925年开始实行学徒税。企业必须每年按时缴纳学徒税。2013年，法国政府将学徒培训税与学徒发展税合为学徒培训税，缴纳比例为工资总额的0.68%[①]。2014年8月，法国政府开始实施学徒培训税改革。从2015年开始，法国征收两种与学徒制相关的税：学徒培训税和学徒培训附加税（CSA）[②]。

学徒培训税由企业交纳给经政府授权的学徒培训税征收机构（OCTA）。企业必须在每年3月之前完成上一年度学徒培训税的申报缴纳。大区政府支配学徒培训税的51%，学徒培训中心和学校学徒部获得26%，开展非学徒制的初始职业和技术培训学校获得23%。对于拥有250名以上员工的企业，法国政府还额外征收学徒培训附加税，征收标准根据企业员工数量及学徒数量情况而变化，占比为企业员工毛工资总额的0.05%~0.6%。学徒培训附加税也必须通过学徒培训税征收机构来缴纳。但是，如果企业招聘的学徒占其员工总数的4%以上，则不需要缴纳学徒培训附加税。[③]学徒培训附加税是学徒培训税的补充，主要用于分担学徒培训中心的相关教育成本。

为鼓励企业招收学徒，政府对学徒税进行补偿，企业每招收一名初期学徒（学徒第一年）将获得1600~2000欧元补助；政府还根据企业规模对企业全部或部分免除工资税和相应的雇主税。2015年7月起，极小企业（少于11名员工）雇用学徒的第一年免付工资并免交社会摊派金，学徒按规定照常领取工资，这意味着一年国家要提供4400欧元的补助（每3个月向企业拨款一次）。雇用学徒的第二年起，员工数少于250名的企业多雇一名学徒将获得至少1000欧元的补助，极小企业获2000欧元的补助。所有企业只要能提供培训证明，就可以获得500欧元的培训师傅费用。[④]

[①] Taxe d'apprentissage et contribution au developpement de l'apprentissage [EB/OL]. [2019-11-19]. https://www.legifiscal.fr/actualites-fiscales/077-taxe-dapprentissage-echeance-du-28-fevrier-2013.html.
[②][③] Taxe d'apprentissage，l'apprentissage [EB/OL]. [2019-11-19]. https://www.legifiscal.fr/actualites-fiscales/695-taxe-dapprentissage-echeance-du-28-fevrier-2015.html.
[④] 赵长兴. 法国学徒制教育研究[J]. 中国职业技术教育，2016(30)：38-45.

二、马克龙政府的学徒制改革

（一）改革背景

欧债危机以来，法国经济持续低迷，失业率居高不下。欧洲委员会政府工作报告法国卷显示：2015 年，法国失业率上升至 10.5%，同比增长 0.2%。其中，两大失业群体分别为 16～25 岁的青年和低技能、低学历劳动力。虽然在马克龙参加总统竞选时，法国失业率较 2015 年已有所下降，但青年人口失业率仍未得到改善。降低失业率特别是青年失业率，仍是政府要解决的重大问题。马克龙在竞选中承诺，要在 2022 年将法国失业率降至金融危机前的最好水平（7%）。2017 年 5 月，马克龙开始着手改革法国劳动法，降低企业税收负担，并出台法律鼓励企业雇佣员工，在失业救济金方面也做出重大改革，失业率明显下降。

同时，全球的经济形势和信息技术带来的变化，也使这个老牌资本主义国家面临挑战。2016 年《世界经济论坛报告》提出，劳动自动化将深刻影响劳动力市场，劳动力不只需要终身学习，而且需要实现终身"重新技能化"。各国都要积极面对这一新的课题。

学徒制作为法国职业教育的重要组成部分，为支撑法国经济社会发展发挥了重要作用。但在国内外经济和劳动力市场面临挑战的情况下，法国学徒制却无力为改善就业和满足劳动力技能要求提供有效支撑：学徒培训机构的课程不能满足行业和企业发展的要求，机构间的教育与培训质量差距较大，学徒制组织管理体系复杂，企业在学徒制人才培养中的权利和义务有待细化等。

2017 年 10 月，法国政府发布《劳动力市场改革的第二号法令》，明确为继续推进就业和劳动力改革而实施学徒制改革、职业培训改革和失业保障体系改革。[1]2018 年 8 月 1 日，法国国民议会审议通过《自由选择未来职业法》，

---

[1] Gouvernement Français. Rénovation de notre modèle social：réforme de l'apprentissage, de la formation professionnelle et de l'assurance chômage［EB/OL］.［2019-11-18］. https://www.gouvernement.fr/renovation-de-notre-modele-social-reforme-de-l-apprentissage-de-la-formation-professionnelle-et-de-l.

进一步为职业教育改革提供了法律保障。政府希望通过新一轮的改革增强劳动力选择职业的自由度，加强培训和求职信息的传播，提高职业教育信息的透明度，提升学徒制对于学生以及企业的吸引力，促进职业教育的现代化和经济转型升级，进而提升法国的竞争力。

（二）改革举措

2018年2月9日，法国总理爱德华·菲利普（Edouard Philippe）发布了学徒制改革的20项具体措施，通过提升学徒合同的灵活性、保障学徒权益、降低注册学徒的门槛、为学徒提供更多资助和机会来提升学徒制对于青年的吸引力，同时通过改革学徒制资助政策来加强对学徒制的管理和评估。此外，2019年年初，法国成立新的职业教育管理机构——法国能力署。

1. 提升学徒制对于青年及其家庭的吸引力

学徒的年龄限制从26岁延长至30岁；学徒享有和学生一样的权益；16~20岁的学徒每月净工资增长30欧元，26岁及以上学徒的工资至少与法国最低工资（SMIC）持平；有学习需求但不具备相应基础知识和技能的年轻人可以进入学徒预科班；所有的年轻人及其家人对于学徒培训的质量享有知情权；18岁以上的学徒无条件获得500欧元考取驾驶执照的补助；鼓励通过培训或通过经验认证来获得证书或文凭；每年1.5万名学徒能够从欧盟伊拉斯谟学徒计划（Programme Erasmus de l'apprentissage）[1]中受益，支持学徒在欧洲另一国家进行培训。

从为不具备相应基础知识和技能的年轻人开设学徒预科班的政策可以看出，法国政府此次改革对于中等教育阶段的学徒培养给予了更多关注。这体现出法国政府的重要改革目标之一——增加学徒人数、降低失业率。

---

[1] 伊拉斯谟计划（Erasmus）是欧洲共同体在1987年成立的一个学生交换项目。2014年1月，欧盟在其基础上创建了"伊拉斯谟+"计划（Erasmus+），为教育、培训及青年体育领域的交换计划提供资助。

2. 鼓励和规范学徒培养企业和机构

学徒合同的有效期可以根据学徒的具体资历、行业需求情况进行灵活调整；学徒合同的注册程序将进行简化；学徒招聘可以在一年中任何时间完成，不再局限于 9—12 月；为响应企业对于技能的需求，学徒培训中心在及时更新课程方面获得更大的自主权；学徒培训中心的课程质量将通过质量保障体系来提升①。

3. 改革学徒制资助政策

政府将建立"更简单、更透明、更激励"的资助体系。一方面，政府承诺无论企业大小和所属行业，所有学徒合同都将受到资助。学徒培训中心将根据学徒人数以及所提供文凭和证书教育的成本来接受资助。另一方面，将设立新的学徒税代替之前的职业培训税与学徒培训税。目前各方已就将企业工资总额的 0.85% 作为新学徒税的征收比例作为方案展开探讨。与之前的学徒培训税不同的是，这笔税款将全部用于工读交替培训（Formation en alternance），预计总额将达到 40 亿欧元左右。

4. 成立新的管理机构

2019 年 1 月 1 日，法国成立了隶属于法国劳动、就业、职业教育和社会对话部的法国能力署。②该机构是依据 2018 年《自由选择未来职业法》而成立的全国性公立机构，统筹协调职业教育和学徒制相关事务。法国能力署的设立作为实施以上改革措施的重要机构，是马克龙政府在职业教育和学徒制领域的重大改革举措。

法国能力署由多个组织机构合并而来，包括全国就业和培训行业间委员会，全国就业、培训和职业指导委员会，职业经历安全基金会，全国职业证书认证委员会等。法国能力署整合了以上组织机构的职能，包括对监管职业教育

---

① Gouvernement Français. Transformation de l'apprentissage：les mesures annoncées [EB/OL]. [2020-02-01]. https://www.gouvernement.fr/transformation-de-l-apprentissage-les-mesures-annoncees.
② France Competences. Les Missions du France Competences [EB/OL]. [2019-11-18]. https://travail-emploi.gouv.fr/ministere/agences-et-operateurs/article/france-competences#Quelles-sont-les-missions-de-France-competences.

和学徒制进行全面监管，分配职业教育和学徒制经费（学徒培训税中的87%将由法国能力署分配），更新和维护法国国家职业证书目录，开展职业教育和学徒制方面的研究和评估等。法国能力署特别关注不断发展的或新兴的职业资格认证，并为实施职业转型项目提供资金支持，以保证职业教育和学徒制的人才培养满足社会和劳动力市场的要求。

法国能力署的主席由总统签署法令任命；其管理委员会由15位来自政府（劳动、就业、职业教育和社会对话部，财政部，国民教育部，高等教育、研究与创新部，农业部）、工会组织（全国劳动民主联合会、法国基督教工人联合会、全国劳动联合会等）、行业企业组织（法国企业运动组织、中小企业联合会）以及地方委员会的代表组成。从其组成及职能来看，法国政府寄希望于通过法国能力署加强对职业教育和学徒制的统筹管理，并提升相关部门、工会组织、企业组织、全国与地方间的协作能力。

新成立的法国能力署将在学徒制改革过程中发挥重要作用。一是将负责学徒制资助方面的改革，提升资助的效率和透明度；二是将负责调整职业证书制度，简化资格证书申请流程，建立更加清晰、符合行业发展需求的证书框架；三是通过研究、认证和评估工作，保障和提高学徒制质量，并进一步加强信息公开与传播，提高学徒制透明度。

（三）政策的出台及社会评价

学徒制改革政策是在中央政府的主导下，基于各利益相关方的权益诉求与协商而制定的。代表法国大企业的法国企业运动组织（MEDEF，又译法国雇主协会）一直以来都在致力于促进企业在学徒制中发挥更大作用，特别是在学徒制拨款和学徒培训中心的开设方面。在学徒制改革进程中，该组织一直积极地与政府进行沟通。法国各大区一直以来负责学徒制经费拨款和学徒培训中心的认定。此次改革中，各大区政府担心自身的管理者角色的弱化，在政策制定过程中也不断与各方开展对话。由于学徒具有雇员身份，工会也是此次改革中的重要利益相关方。改革初期，法国政府提出为了让学徒更好地融入企业，将重审关于工作时长的相关规定，但由于工会的反对，此措施没有出现在最终的改革举措中。改革方案几经调整，最终于2018年2月9日发布。

对于新一轮的学徒制改革，社会各界评价不一。法国企业运动组织对于政府的政策表示欢迎。法国大区协会（l'Association des Régions de France，ARF）则担忧，在新的资助政策下，学徒少于12人的学徒培训中心（大约700个）可能无法得到资助，将陷入严重的经济困境。[①]学徒培训中心有可能会设置在人口密集的城市中心，而偏远地区、农村地区的学徒培训中心可能更少。还有人担忧，学徒培养中灵活性的提升、企业作用的加强会牺牲学徒培训质量。可见，新学徒制政策带来的影响需要更准确的评估。

三、启示

2014年5月，我国印发《国务院关于加快发展现代职业教育的决定》，提出："到2020年，形成适应发展需求、产教深度融合、中职高职衔接、职业教育与普通教育相互沟通，体现终身教育理念，具有中国特色、世界水平的现代职业教育体系。""开展校企联合招生、联合培养的现代学徒制试点，完善支持政策，推进校企一体化育人。"2014年8月，教育部印发《关于开展现代学徒制试点工作的意见》，对现代学徒制试点工作进行了具体安排，提出："现代学徒制有利于促进行业、企业参与职业教育人才培养全过程，实现专业设置与产业需求对接，课程内容与职业标准对接，教学过程与生产过程对接，毕业证书与职业资格证书对接，职业教育与终身学习对接，提高人才培养质量和针对性。"《中共中央关于制定国民经济和社会发展第十四个五年规划和二〇三五年远景目标的建议》提出："加大人力资本投入，增强职业技术教育适应性，深化职普融通、产教融合、校企合作，探索中国特色学徒制，大力培养技术技能人才。"可以看出，我国把学徒制作为现代职业教育体系的重要部分，希望通

---

① Apprentissage Reforme Menace Beaucoup CFA Association［EB/OL］.［2019-12-31］. https://france3-regions.francetvinfo.fr/nouvelle-aquitaine/apprentissage-reforme-menace-beaucoup-cfa-association-regions-france-1467623.html.

过学徒制试点来推进各级职业教育发展和终身学习的社会建设。法国学徒制经历了长期发展，形成了相对成熟的理念和实践体系，对我国的学徒制建设和职业教育发展有一定借鉴意义。

（一）明确学徒制在国民教育体系中的定位

我国政府在1996年通过并开始实施《职业教育法》，2014年出台《国务院关于加快发展现代职业教育的决定》，之后《教育部关于开展现代学徒制试点工作的意见》《企业新型学徒制试点工作的通知》等指导学徒制实施的文件陆续发布，但此类指导意见的法律效力有一定局限，在对学徒制的实施条件、运作机制、保障体系和评估制度等方面的定性和要求存在分歧和出入，在一定程度上增加了学徒制在规则层面的协作难度[1]。因此，要首先在法律和制度层面明确学徒制在国民教育体系中的定位。

学徒制的功能和目标在各国都不同，有的国家将学徒制视为教育和培训体系中的一类，学徒最终取得的资格证书是学徒制所特有的；有的国家则将学徒制作为正规职业教育中的一种，学徒最终获得的证书与文凭是国家资历框架的一部分，并不是学徒制所特有的[2]。1971年，法国颁布《德洛尔法》(*La Loi Delors*)，明确提供终身职业教育是国家的义务。1987年《塞甘法》提出，将通过学徒制学习成果认定范围从职业技术证书扩大到了职业高中会考证书、大学技术文凭、工程师文凭、专业学士学位和专业硕士学位，使学徒制向更高学历层次延伸。法国高等教育阶段不断增加的学徒人数，也反映出学徒制不只作为法国职业教育的组成部分受到重视，而且作为一种学习模式在高等教育中的认可度逐渐上升。明确学徒制在职业教育体系中的法律地位，即保障了学徒所获得的证书与文凭是受到国家认可的，为学徒未来的专业和学业发展提供了基础和依据。可见，国家的

---

[1] 代锋，罗美霞. 现代学徒制实施中"虚"过于"实"的原因及对策[J]. 职业技术教育，2019，40(27)：32-36.

[2] CEDEFOP. Cedefop's Analytical Framework for Apprenticeships [R/OL]. [2019-10-30]. https://www.cedefop.europa.eu/en/publications-and-resources/publications/8130.

资历框架或相关体系是学徒参与更高层次的专业发展和学习的保障。

法国虽然将学徒制归入职业教育来管理，但并未将其囿于特定教育阶段和教育类型。这在一定程度上体现出法国作为终身教育理念发源地对于融通普通教育和职业教育的实践。

（二）改革完善学徒制的治理体制和机制

学徒制的治理涉及多个政府部门、行业协会、企业协会、企业。多方协作培养人才，相关方有各自的角色和责任，应建立正式的合作机制和协调机制。首先要厘清政府、高职院校、企业、行业协会等在内的相关参与方的立场和诉求，明确好各自的角色。发展学徒制，还需要政府的教育、人力资源、社会保障、发展改革、经济信息管理和税务等部门之间的通力合作，在学历认证、职业资格准入和财政供给等方面需要统筹协调，以建立协作育人的机制[①]。

政府的公共服务角色决定其只是学徒制施行的监管主体，无须直接参与具体的组织实践工作，但应该在教育公共产品供给、法律制度构建、财政与税收调节、舆论环境营造等方面发挥作用。从设计到实施过程，如果教育部门在学徒制的管理中发挥的作用过大，一方面不能发挥其他参与者的优势和专业，另一方面也不能充分保障其他参与者的权益。

在我国学徒制的建设过程中，企业的地位有待明确和落实；基本权益有待保障；在人才培养过程中的话语权，特别是在学徒选拔和评价方面的话语权也有待提升。行业协会也应该是学徒制有效实施中的重要参与方，应利用自身对特定行业发展的专业洞察发挥联动效应，参与有关学徒制实施的规则制定、运行体系构建、评估督导标准开发等。

法国在多方参与学徒制治理方面的机制相对成熟。1992 年，法国的《第92–675 号法》（*La loi du 27 juillet 1992*）强调社会合作者、企业以及学徒培训中心的作用。法国能力署的成立是学徒制治理的关键举措。推进学徒制改革，需

---

① 郑永进，操太圣. 现代学徒制试点实施路径审思［J］. 教育研究，2019，40（08）：100–107.

要专门机构对学徒制加强政策的解读和传播，促进劳动力市场、教育培训领域就学徒制功能和目标达成共识；提高职业教育信息透明度，公开学徒制人才培养的成果，包括毕业生就业率、获得资格证书的比例、对于薪酬的影响等；加强对学徒制办学资质的评估和办学质量保障；统筹对学徒制人才培养机构的资助。

在学徒制的治理中，除了强调对企业权益的保障和对行业协会参与机制的建立，也应该重视企业和行业协会的义务履行。企业应当对学徒的学习效果负有责任。法国将提升学徒制质量作为改革目标之一，是因为学徒所获得的职业证书或文凭受到国家认可，并证明学徒的学习经历是可比较的。因此，要保证不管由哪家企业为学徒提供学习机会，学徒的学习成果有保障，即职业证书或文凭之间是可比较的。如果企业无法保证所有应当提供的工作场所的学习成果，就应该安排其他补偿方式，如企业间开展合作。这也是法国能力署将研究和评估作为重要职责的原因。

（三）加强产教协同育人实践的能力建设

学校在学徒培养过程中要明确学徒人才培养与职业教育其他人才培养的核心区别、学徒身份的特殊性与一般性；尊重企业在学徒制培养中的作用；把与企业协同育人的机制建设作为重点任务，提升与企业协作的水平。

行业协会则要有效发挥联结公私部门、学校的作用，在人才培养中承担服务、咨询、沟通、监督的功能；还要更加及时地总结和提出各行业对于劳动力素养的需求，进一步推动将其纳入人才培养标准和课程；支持企业提升育人水平，开展针对师傅能力提升的项目；逐步参与人才培养和学徒制改革。

在学徒培养过程中，企业权益的保障、资金和学徒工资、培训能力不足等问题制约着人才培养质量的提升。企业要有权参与学徒选拔，要有信息渠道了解学徒制及其对学徒制的责任和可以获得的支持；企业和企业师傅要了解职业证书和相关文凭对学徒的要求，应参加相关培训，有能力为学徒提供培训和指导；企业与学徒培训机构要建立协作机制，建立学徒培训档案，明确企业和学徒培训机构的任务、职责和培训进度；企业应对学徒的学习开展定期评估，以了解和促进学徒获取目标职业证书和文凭的进展。企业作为个体，要发挥以上作用，不仅需要加强自身能力建设，而且需要政府、行业协会通过不同途径建立协作机制，以提供能力建设保障，为企业的学徒培养能力提供全面的保障和支撑。

四、结语

学徒制是法国正规教育的一部分，学徒通过工学交替获得不同层次的文凭和证书。法国职业证书体系为学徒的深造和终身学习提供了制度保障。近年来，学徒制改革成为法国教育改革的一个热点。法国政府一方面通过面向学徒及其家庭的举措（如为学徒提供更多资助和机会）来提升学徒制的吸引力；另一方面通过改革学徒制治理机制、成立法国能力署，来提升学徒制育人水平，使学徒培养更加适应社会与劳动力市场的需求。学徒培养成为法国政府重塑教育和促进产教融合的抓手。法国一贯坚持立法先行，不断改进学徒制管理和治理机制，在金融和税收制度的基础上不断推动学徒制的发展和改革，这些都对我国的现代学徒制建设具有借鉴意义。

（作者简介：张力玮，《世界教育信息》主编；马燕生，太和智库高级研究员、中国驻法国大使馆原公使衔参赞）

法国研究生培养模式及启示

——以巴黎高等师范学校为例

为了与国际高等教育制度接轨,自2005年起,法国高校开始全面实行新学制,确立了以3年制本科、2年制硕士研究生、3年制博士研究生为主要架构的大学学制。硕士研究生分为以从事研究为目标的学术型硕士(Master Recherche)和以就业为目标的职业型硕士(Master Professionnel)。两种类型的硕士均为2年4学期制,学生修满120学分即可毕业。硕士研究生的培养包括理论、方法和应用3个模块,学生在必要时需进行一次或多次实习,并需撰写论文或其他研究著作。此外,国家规定硕士研究生要至少掌握一门外语,且达到一定级别方可毕业。据法国官方数据统计,2018—2019学年,法国共有57.98万名硕士研究生。[1] 法国博士研究生学制最短3年,最长不超过6年,期间可有1次申请休学1年的机会。博士研究生通常会有1名或多名导师,在多导师共同指导的情况下,可有1名导师来自外校。据法国官方数据统计,2017—2018学年,法国共有269所博士培养机构,73508名在读博士,2017年共有14678名博士毕业。[2] 现如今,法国博士的教育已成为培养未来教学和

---

[1] Véronique Guiberteau. Note d'information du SIES [EB/OL]. (2020-01-03) [2020-11-26]. https://cache.media.enseignementsup-recherche.gouv.fr/file/2020/39/6/NI_2020_03_Effectifs_universitaires_1235396.pdf.

[2] Ministère de l'enseignement supérieur, de la recherche et de l'innovation. Chiffres Clés [EB/OL]. (2020-01-03) [2020-11-26]. https://www.enseignementsup-recherche.gouv.fr/pid25332/doctorat.html.

研究人员最关键的阶段，博士也是直接参与科学研究的重要力量。

为了能够更详细地说明法国研究生培养的各个环节及特色，本文选取法国研究生培养特色鲜明的巴黎高等师范学校作为案例来具体讲述。

一、巴黎高等师范学校概况

巴黎高等师范学校（Ecole Normale Supérieure—Paris，以下简称巴黎高师）创建于1794年，那是一个百废待兴、推新革旧的时代。法国大革命期间，大学作为中世纪旧制度和传统的代表被打倒在地，而经济和社会的发展却继续由一批具有专业知识的精英来领导。在议员拉卡纳尔的提议下，法国政府推出建立师范学校的法令。该法令规定："在巴黎建立师范学校，用来召集法兰西共和国的任何团体，召集受过实用科学教育的公民，跟随着各个领域最为杰出的教授学习教育的艺术"。[①] 1795年1月20日，巴黎高师正式建校，旨在为散落在全国各地的中等师范学校培养教师，专业设置几乎囊括了当时所有重要的人文和科学学科。可惜的是学校在当年5月19日即被关闭了。

1808年，拿破仑通过帝国大学发布政令建立"师范寄宿制学校"，旨在"培养教授文学和科学的艺术"，学校于1810年在普莱西中学的旧址上开放，招生人数较之前大幅减少。拿破仑军事化的管理风格也渗入学校的日常管理，学生必须统一着装，强制着装校服的规定直到1849年才得以废止。[②] 1818年之前，学校没有入学考试，学生都是通过学区督学根据其高中学业表现选拔入学的，1822年学校再被关停。

1826年，政府创立了一所预科学校（Ecole Préparatoire），学校在七月革命期间以纪念1794年的"师范学校"为初衷改名。1841年，学校正式迁址到巴黎五区圣热内维埃芙山上的乌尔姆路（Rue d'Ulm），比邻有中世纪"欧洲大学之母"之称的索邦大学（La Sorbonne）和法国历史最悠久的学术机构——

[①] ENS Paris. A propos de l'École–Deux siècles d'excellence [EB/OL]. [2015-03-20]. http://www.ens.fr/a-propos/l-ecole/article/deux-siecles-d-excellence?lang=fr.

[②] Jean-François Sirinelli. École normale supérieure [M]. PUF. 1994: 431, 431.

法兰西公学。① 巴黎高师办学秉承"优秀的思维方式和优秀的教育机制"相结合的理念，同时体现民主的精神和精英意识。在巴黎高师最新修订的章程中，其使命被定义为"通过高水平的文化和科学教育，培养出一批有能力从事基础研究、应用科学研究，从事高校教育、科研培训和中等教育的人才，更广义地说，也培养服务于国家行政机关、社会团体、公共事业机构和公私营企业的优秀人才"。② 这也恰是法国政府坚持保留高等精英教育体系的出发点，"我们要及早找出有天分、有科学研究能力的人，培养他们成为要带领未来法国更强盛的领导者……谁也不知道下一次科技革命会在何时爆发，我们的教育目的，就是为这未知的、却随时可能到来的挑战，做好人才的准备"。③ 200多年来，从巴黎高师走出众多法兰西的政治首脑、精神领袖、科学巨匠：路易斯·巴斯德、让-保罗·萨特、乔治·蓬皮杜、亨利·柏格森、埃米尔·杜尔干、罗曼·罗兰、米歇尔·福柯、皮埃尔·布尔迪约……截至目前，这所历史名校已有12名诺贝尔奖得主，8名菲尔兹奖得主，27人获得法国国家科学院金奖。10年内，巴黎高师在《泰晤士报高等教育》世界大学排名、QS世界大学排名、上海交大大学学术排名等多项高校排名中，占据了法国高校前三的位置，其学生培养质量享誉全球。即使在经济疲软、法国失业率居高不下的时候，巴黎高师的毕业生仍是用人单位争抢的人才。④

二、巴黎高师研究生教育的选拔模式

总体来看，法国研究生的招生没有统一考试。其招收方法是，研究生候选人向相关学科主管研究生工作的负责人提出书面申请，经过有招生资格的导师的同意，校方做出取舍决定后，被录取者报校方批准备案。研究生的录取主

---

① Jean-François Sirinelli. École normale supérieure [M]. PUF. 1994：431，431.
② ENS PARIS. Une grande école de recherches universitaires [EB/OL]. [2015-03-30]. http://www.ens.fr/a-propos/l-ecole/?lang=fr.
③ Marc MEZAR, Interview with the director of Ecole Normale Supérieure [EB/OL]. [2015-03-20]. http://www.icshanghai.com/en/information/2014-11-22/28392.html.
④ QS2015，Ecole Normale Supérieure [EB/OL]. [2015-03-26]. http://www.topuniversities.com/universities/ecole-normale-sup%C3%A9rieure-paris/postgrad.

要通过档案审查，主要根据候选人在前一阶段学习的总成绩、学习评语等，一般总成绩在良好以上者才有资格申请。有时需要附加面试，所谓面试即教授与学生进行交谈，以进一步了解学生的科研能力、研究方向等。"大学校"作为与承担大众教育的"综合大学"并行的法国精英教育学校类型，其研究生教育入学选拔较为严格，通常以材料遴选或考试的方式进入。

巴黎高师是法国"大学校"的典型代表。

具体来看，首先，巴黎高师每年会自主组织研究生入学选拔考试，大学校预科（CPGE）[①]班的学生可以报名参加。考试分文理两类，按成绩排序决定录取。每年数千名报考的学生最终被录取的不到200人（2015年，巴黎高师文科招生98人，理科招生96人，中医学类招生3人）。而一旦被录取，学生则享受国家实习公务员津贴，并成为万众瞩目的"高师生"（Elèves Normaliens）。考试由笔试和口试两部分组成，笔试通常在每年4月中旬举行，口试通常在6月中旬到7月上旬举行。

文科类入学考试分为"A/L"和"B/L"两类，第一类偏重文学素养的评价，第二类则偏重社会科学方面的考察。在A类考试中，考生须通过6门笔试，包括法语、历史、哲学、古代语言、通用语言、选考科目；另外还有6门口试，包括法语、历史、哲学、绝迹语言、通用语言和选课科目，其中绝迹语言（即古希腊语或拉丁语）为必考科目。B类考试中绝迹语言则为非必考科目，但增加了数学、经济与社会科学两门考试，考生需要通过6门笔试和7门口试。每门科目考试时间为6小时，数学考试为4小时。

理科入学考试分为生物、化学、物理、地球科学（BCPST）；物理、计算机、数学（MPI）；计算机（INFO）；物理、化学（PC）；医学类第二轮5类。前4类考试均由初试笔试、录取笔试、口试3部分组成，初试笔试的考试科目为数学和对应类别的考试，时间分别为4小时和6小时；录取笔试则为法语和

[①] "大学校"预科班为高中后教育，一般设在高中，学制为2~3年，淘汰率高。参加预科班的学生旨在通过"大学校"的入学考试，不能被大学校录取的学生则可以直接转入与预科高中有合作关系的大学注册，由于大学与预科高中实行学历互认，所以学生可以直接升入综合大学三年级就读。

外语考试，考试时间为 4 小时；口试则根据类别内容各异。医学类第二轮考试则比较特殊，仅面向医学类专业本科二年级在校生，并且通过大学第一阶段医科考试的学生。医学考试每年录取率仅为 1% 左右。巴黎高师人才培养的基本情况如图 1 所示。

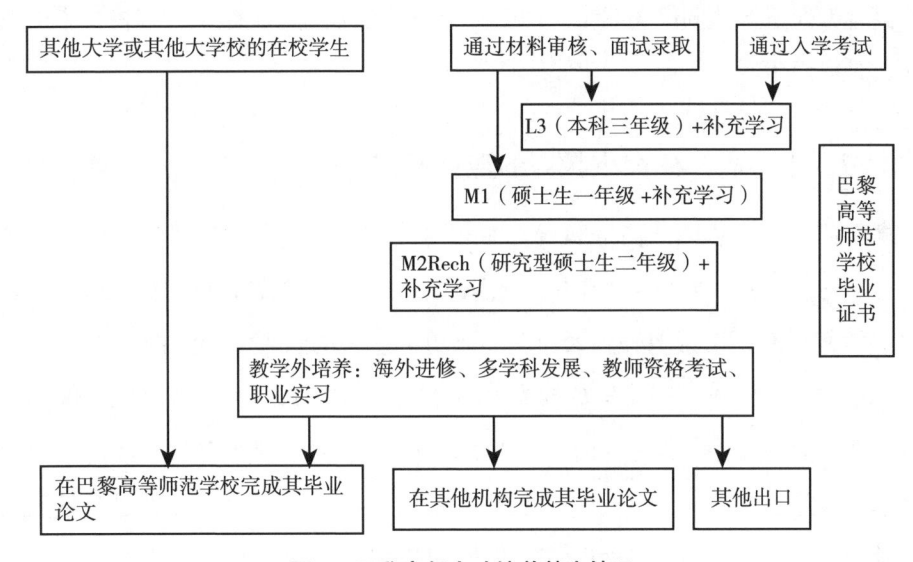

图 1 巴黎高师人才培养基本情况

另外，随着时代的发展，进入巴黎高师的路径出现多元化的趋势，可以通过材料遴选申请入学。一方面，基于密特朗政府时期以来法国政府促进综合大学与"大学校"之间合作的政策，巴黎高师增加了通过审核材料遴选的方式接收综合大学二年级或三年级的学生就读。此类学生仍被称为"大学生"（Etudiants），只能在高师接受本科三年级到硕士一年级的课程，不能够享受"高师生"政府津贴或学校提供的奖学金，但可以申请源自校外的奖（助）学金，如高等数学与应用学院向学生提供的哈达马奖学金（Fondation Hadamard）。另一方面，基于巴黎高师国际化发展战略，学校面向非法籍学生亦愈加开放，非法籍学生可以申请参加入学考试或者递交材料申请入学，还可以通过欧盟伊拉斯谟（ERASMUS）项目、校际联合培养项目进入高师学习。

2009年，巴黎高师给予国际学生的奖学金入学名额为20个，2015年则增加到25个。2015年，巴黎高师共有在校生2500人，其中"高师生"930名，博士生680名，还有来自46个不同国家和地区的320名留学生。①

为了提高生源质量和考试效率，巴黎高师自2015—2016学年与里昂高师、加香高师②、巴黎九大、艾克斯政治学院、里尔政治学院、里昂政治学院等14所高等教育机构共同组织联考"BEL"，③学生参加统一的笔试，各校自主组织面试录取学生。

三、巴黎高师研究生教育的课程模式

整体来看，法国的高等教育资源相对分散，综合大学与"大学校"双轨并行、各司其职；另外，由于历史的原因，法国各高等教育机构仅保留并发展强势学科，专业设置上鲜有大而全。以历史悠久的索邦大学为例，1968年五月风暴之后，巴黎索邦大学被拆成13所独立大学，每所大学各自保留优势学科，如一大的优势学科为政治学、哲学、文学，二大主要有法律、经济和社会学，六大是巴黎索邦大学理科院的主要继承者，巴黎十一大亦是在过去理学院的基础上发展成为一所包含理学、工学、信息与宇宙学、医学与药学、经济与管理学等理工科为主的著名大学。这种专业分散的状况也造成了法国大学在世界大学排行榜上的表现不佳。

然而巴黎高师一直以来奉行文理并行不悖、跨学科发展的理念，成为其创新人才培养的一大法宝。巴黎高师在培养中提倡关注个人的兴趣和选择自由，提倡"竭力开展异质性研究，寻求学科之间的合作"，④通过跨学科学习来

---

① ENS. A moi les sciences［EB/OL］.［2015-03-19］. http://www.ens.fr/IMG/file/divers/ENS_A moi les sciences web.pdf.
② 1985年，巴黎高师与加香高师、里昂高师联合组建了高师集团。高师集团在师资、课程、设备等资源方面实行共享。
③ ENS. Une nouvelle page de l'histoire des concours des ENS［EB/OL］.［2015-03-20］. http://www.ens.fr/admission/Concours–Lettres/la-bel/?lang=fr.
④ 加伯利埃尔·于杰. 巴黎高等师范学校的专业：怎样共存和竞争［J］. 北京师范大学学报（人文社会科学版），2002（6）：36-39.

扩宽学生的思维，开阔学生视野，为其奠定更为全面的文化修养，增强其适应能力。学校主张一种"主修"和"副修"结合的课程模式，为学生提供一个知识的"交叉路口"，从而促进知识创新和跨领域应用。以巴黎高师的传统优势学科数学专业为例，数学与应用学院的学生可以选择信息学、物理或生物作为辅修学位，根据博洛尼亚进程后法国新的学制和学分要求，副博士阶段需完成180个ETCS学分，如果1/3的学分来自主修专业课程，则可以获得双学位（参见表1）。

表1 巴黎高师数学与应用学院第二学年（相当于硕士一年级）开设的课程

第二学年—硕士第一年	数学类课程	在如下课程中选择三门基础课： 泛函分析与电子数据处理；微分几何；随机过程；代数2；复杂分析；逻辑学	36 ECTS
		每学期在如下课程中选择一门选修课： 初级建模与数字模拟；统计学；动力系统；代数拓扑；偏微分方程分析	12 ECTS +12 ECTS
		小组作业	12 ECTS
	方向类课程	按照4个不同专业方向选课，如2014—2015学年，数学/信息方向需要选修12 ECTS的"信号处理"课程；数学/物理方向需要选修"趋向平衡的统计力学的严谨方面"；生物方向小组课程：生物系统建模	12 ECTS
	实习与答辩	学生需要在辅修专业相关的机构完成实习并通过答辩： 数学物理方向（24 ECTS），数学/信息学方向（12 ECTS），数学/生物方向（12 ECTS）	12–24 ECTS
前两学年		非数学学科选修课，如2014—2015学年可以选修： 经济：经济增长理论导读；现代经济问题导读 生物：生命科学入门；细胞分子生物学；生态基因与演变 物理：平衡系统的统计物理学；量化机械导论；分析机械；星体物理学；流体动力学；非平衡的统计学历学及阶段转变；光学 信息学：形式语言、算法与复杂性；算法与编程、结构与随机算法；数码系统：从算法到流动；逻辑与信息学；信息与编码理论；密码入门；信号处理；数据基础；系统与网络；实践科学信息论 认知科学：认知神经科学导论；计算神经科学导论	12 ECTS

丰富多元的课程为学生提供了更多的选择。巴黎高师共有15个教学与研究科系（DER）：生物、化学、认知研究、地球科学、计算机信息学、数学及其应用、物理、地理、历史、经济、历史与艺术理论、文学与语言、哲学、古

代科学、社会科学。除此之外，它还有33个实验室（17个世界级顶尖实验室）和21世纪初建立的3个交叉学科平台（认知研究中心、环境学科平台、科学历史和哲学课题组）。每个科系每年级开设20多门课程，涉及多个研究领域和方向。每年学校都会开发出新的课程，即使一些刚刚萌芽的前沿学科，也经常出现在巴黎高师的培养方案中。学校的各类资源，包括12个图书馆和公共实验室全部向各类学生开放，师生可以非常方便地查阅各类文献资料或开展实验观察。

除了课程选择的自由，学生还被鼓励在培养过程中开展研究。正可谓一切从研究开始，一切又回归研究。跨学科的课程得益于学校"一切指向研究"的发展战略，课程设置、课程建设、课堂教学都围绕着研究展开。学校设有专门的科研委员会负责制定学校整体的科研和教学计划，并根据各学院发展规划分配教学和研究经费。科研委员会由21人组成，包括10名校外人员、8名选举产生的校内代表（包括教授及研究院代表、其他教职人员代表、技术及研究助理代表、学生代表各2名）、5名应然代表（校长、文科副校长、理科副校长、图书馆馆长、文学院院长）、1名校长助理。

巴黎高师"副博士"的最后一年被称为"学业巩固年"，学生在修完全部学分后，可以利用这一年申请海外进修、跨学科深入学习、预备教师资格证考试、参加国内外实习或确定博士阶段的研究方向。总之，学生可以利用这一年去明确自己的发展规划，选择自己想做的研究。

海外经历是所有高师在学生培养过程中的重要一环。巴黎高师的文科生需要有3个月到1年的海外学习或研究经历，也可以作为对外法语教学（FLE）的志愿者在某所海外合作大学注册并开展自己的研究；理科生则需要在硕士阶段第一学年第二学期在海外实验室实习，此类实习一般由院系所负责安排或者通过欧盟的项目实现。在硕士阶段第二学年，基本上所有人文社会学科专业的学生及部分理科专业的学生可以申请"职业发展流动"（Mobilité professionnalisante），即为未来成为教师做准备，学生可以在海外合作大学做1年助教或开展2个月到1年的研究。

除此之外，学生在学期间还可以申请在海外做语言助教，美国、英国、土耳其等多个国家与巴黎高师签订了 50 多份合作协议，接受巴黎高师的学生从事法语外教，并提供奖学金。学校还鼓励学生通过法国教育部、外交部、国际志愿者机构发布的信息实现国际流动。

近些年来，巴黎高师的国际发展战略主要遵循 3 条原则，即战略性地域区别、促进现有研究人员的积极合作、优秀的合作伙伴。在此框架下，巴黎高师与十几所美国大学建立了长期的战略合作关系，2010 年与 2011 年分别与哥伦比亚大学和普林斯顿大学签署了合作协议。欧洲是法国高校和研究机构建立合作关系的优先区域。随着欧洲高等教育一体化进程的发展，在欧盟当局 30 多年的努力下，伊拉斯谟等人员交换项目在高校国际化发展中起到了重要而积极的作用。亚洲地区是巴黎高师发展对外合作的另一热点区域。巴黎高师与中国、日本、韩国等国家均签订有合作项目。2015 年，巴黎高师与中国国家留学基金委签订了博士生交流奖学金项目，中国政府每年支持 30 名博士生赴巴黎高师学习。基于国家外交战略，巴黎高师一直支持法语区国家教育。早在 1923 年，巴黎高师就与布达佩斯合作推行法语教学。如今，巴黎高师设置了一批针对法语区国家的交流互换项目。

四、巴黎高师研究生教育的导师及科研模式

法国高校教师职称分为教授、讲师、助教 3 个等级。公立大学的教授、讲师、助教都是国家公务员，由法国教育部确定编制和聘用。大学的教授、讲师一般都必须有博士学位，担当教授的人必须具有领导科研的能力，而且由总统任命，讲师由教育部部长任命，助教由学区长任命。[1] 法国研究生的培养同样采取导师制。硕士生导师与硕士研究生双向选择，一般在研究生二年级确定导师，每名导师可带一名或多名学生。博士研究生通常由导师组进行指导，导师组一般由一位具有研究指导资格的主导师领导，一到两位不需要研究指导资格

---

[1] 洪冠新. 法国大学的研究生教育模式 [J]. 北京航空航天大学学报（社会科学版），2007（S1）：76-80.

的副导师参与组成。

巴黎高师学生培养采取一对一导师制。学生一入学即被分配一名导师，指导其选课及研究工作的开展，导师需要与学生一起制定一份个性化的学习计划，并由学生、导师和教学组长三方共同签署。一流的师资是巴黎高师优质教育的重要保障，区域合作战略使巴黎高师与其他高水平大学和研究机构的合作更为紧密，同时也促进了师资队伍的互通流动。

巴黎高师的研究生培养及博士后工作一般都是在联合实验室（UMR）中完成的。联合实验室是由法国国家科学研究中心（CNRS）和高校共同组建的研究机构，每个实验室都有自己的编号，国家科学研究中心与高校共同制定预算和人员名单，订立明确的研究项目，确定目标及考核指标。国家科学研究中心还负责定期检查实验室的科研进展、设备和经费的使用情况。目前巴黎高师有15个理科联合实验室和12个文科联合实验室。以文科联合实验室UMR8097为例，该实验室为社会科学实验室，又称莫里斯·哈布瓦赫中心，由来自巴黎高师、巴黎高等社会科学研究学院（EHESS）、国家科学研究中心的教师和科研人员组成，成立于2006年1月。实验室内部又分为"社会不平等研究小组"（Equipe ERIS）、"调查、实地、理论研究小组"（Equipe ETT）、"社会凝聚力研究小组"（Equipe GRECO）和"职业社会学研究小组"（Equipe PRO）4个教学研究团队。每个团队从不同的角度出发，运用创新的研究方法，分析当前全球发展背景下法国的社会结构和社会不平等问题。

同样本着区域合作、增强研究生培养国际知名度的初衷，20世纪80年代，法国同一区域内的高等教育机构开始联合组成"博士校"（Ecole Doctorale），共享资源培养博士生。巴黎高师共有16个国家认证的"博士校"，其招生在很大程度上是基于研究而非课程。博士生会加入导师和其他高校或研究院的同行组成的科研团队，有一名导师全程负责指导其论文写作，科研团队则作为导师组负责指导博士生的研究成长。巴黎高师理科专业博士生与教授/研究院的比例达到400∶480，保障了博士生的培养环境。

步入21世纪，随着教育全球化进程的发展，法国的高等教育危机意识逐渐增强,并由此加快了高等教育与研究机构区域合作的进程。希拉克执政末期,政府连续出台新政,旨在进一步拉动以巴黎高师为代表的"大学校"与大学和其他科研机构的合作。2006年,法国议会审议并通过《高等教育与研究规划法》(*Loi de Programme*),决议创设"高等教育与科研集群"(PRES),"通过这一组织推行改革,把法国各类公立或私立的高等教育机构聚合在这一组织框架下,合并业务、共享资源",①特别是推进共同研究、共同培养学生、联合发表,以增强法国高等教育的国际能见度和国际竞争力。2010年7月,巴黎高师与法兰西学院、巴黎国家高等化学院、巴黎高等物理与工业化学院、巴黎国家天文台签署协议,联合成立"巴黎文理研究大学"(PSL),随后巴黎九大、居里学院、巴黎高科矿业大学等高教机构亦纷纷加入,目前PSL的成员已增加到25个。②

五、几点思考

研究生教育是国家创新体系的重要组成部分,承担着为国家和社会培养高层次人才的重大任务。巴黎高师作为法兰西高等教育的瑰宝,其研究生选拔机制严谨,培养独具特点。同时,随着时代的发展和国际形势的变化,巴黎高师在学生培养和研究发展的战略上也采取了积极的应对措施,非常值得我们思考并借鉴。

(一)以综合全面的标准培养创新型人才

当今世界许多问题的解决越来越需要学科的交叉综合,综合系统的知识体系有利于解决重大的科学和社会问题,特别是全球性的复杂问题,如环境、能源、人口、健康等问题。研究生培养是高等教育学位制中的较高层次,其创新能力的培养需要多学科交叉的培养模式。

---

① 刘敏. 合作打造法国教育品牌——菲利普报告解读[J]. 比较教育研究,2010(3):62.
② pls. A propos de PSL [EB/OL]. [2015-03-18]. http://www.univ-psl.fr/default/EN/all/about_fr/index.htm.

巴黎高师在其办学宗旨中明确指出，高素质创新型人才需要具有广博的知识、宽阔的视野、综合的能力，学生要勇于探索学科的边界，学会从不同的角度看待问题，使用不同的方法解决问题。因此，学校的人才培养不以专业为准绳，摒弃了传统狭隘的、过于强调"专业型"人才的课程设置和教学方法，唯跨学科为原则，将交叉综合作为新兴学科的生长点和研究与创新的基点。巴黎高师在传统学科组织的基础上，建立跨学科的研究中心、实验室、工作组等，这些交叉学科组织的建立同时成为巴黎高师与综合大学和高水平科研机构共同培养研究生、合作科研的重要平台。

（二）一流大学应具备开放和合作的精神

"开放合作以及与经济社会发展的良性互动，是现代大学实现自身跨越式发展的必由之路"。[①] 这种开放和合作的精神体现在国内和国际两个方面。

一方面，由于历史的原因，法国"综合大学、大学校和科学研究院，三者各自独立，在高等教育和研究领域各有特长和成就。但由于研究力量游离于大学体制之外（集中在国家科学研究中心系统之内），研究人员相对分散，造成了法国大学以及广义上的高等教育机构在国际上的知名度低"。[②] 巴黎高师积极响应国家高等教育发展战略，主动向同区域内的大学和研究机构靠拢，本着开放和合作的精神，积极打造区域联盟。PSL 的建立不仅更好地促进了区域内优秀高教资源的共享，提高了法国高等教育的知名度，同时改善了所在区域的微观环境，促进了社区的发展。面向国内的开放和合作还促进了产学研协同创新发展。同许多世界一流大学一样，巴黎高师强调与社会、企业的联系，让每个科研平台都成为成果转化的发动机，成为创新型和创业型人才的培养基地。

另一方面，长期以来国际的开放与合作为巴黎高师的研究生培养和科研注入了新鲜的血液，凭借良好的声誉，学校建立了海外留学、海外实习、国际

---

① 谢和平. 开放合作，现代大学崛起的必由之路 [J]. 中国高等教育，2007（2）：43-45.
② 刘敏. 合作打造法国教育品牌——菲利普报告解读 [J]. 比较教育研究，2010（3）：62.

课程、资助外国留学生等丰富多元的国际合作关系,合作对象遍布全球各地。同时,我们也注意到巴黎高师的国际发展战略所具有的与时俱进的特征,其确定的有限合作区域及面向发展中国家的政策既符合法国国家外交战略,也增强了自身的国际影响力。

(三)坚持一流师资、一流生源的标准

今天的巴黎高师已从最早的专业人才培养机构转型为一所名副其实的综合性研究型大学。虽历经改革,但巴黎高师却一直恪守追求卓越的办学理念,坚持一流师资、一流生源的标准。这也使得巴黎高师一直以来都具有强有力的学术凝聚力,成为世界一流大学以及国际学术中心。

"所谓大学者,非谓有大楼之谓也,有大师之谓也",梅贻琦对于一流师资的论述同哈佛大学校长科南特的话有异曲同工之妙,后者曾说过"大学的荣誉不在于它的校舍和人数,而在于它一代教师的质量"。面对新的形势,巴黎高师通过短聘、互聘、合作研究、跨校学习等灵活多样的机制招揽全球优秀师资。同时学生在入学之初即可以享受到导师制带来的个性化指导。在招生方面,巴黎高师在坚持传统上严格的"高师生"考试的基础上,建立了多元入学路径和多层次文凭,吸纳优秀的综合大学学生及国际学生进入高师学习,同时在录取标准中也更加注重人才的多样性和文化的多元性。而不得不提的是,今天作为世界一流综合性研究型大学的巴黎高师仍然坚持着建校之初培养教师的目标和功能,秉承法兰西民族使命和社会责任,为法国高等教育领域和科研界不断地输送精英人才。

总之,巴黎高师研究生培养的特点及其新的发展趋势对于加快我国研究型大学学科建设、进行宏观高等教育治理、提升我国大学整体水平和综合实力,以及创建世界一流大学都提供了很好的借鉴。

(作者简介:刘敏,北京师范大学国际与比较教育研究院副教授)

特色篇

法国索邦大学创建世界一流大学的实践

2010年,法国政府推出了创建世界一流大学的"卓越大学计划",该计划依托法国国家大型工程"未来投资计划",由法国国家研究署(ANR)负责,斥资77亿欧元,被称为法国的"常春藤联盟"计划。"卓越大学计划"力图将法国已具备世界一流水平但较为分散的高等院校、"高等教育与研究集群"与科研机构进行合并转化与优势重组,为法国打造5~10所能够跻身世界前列的顶尖大学,以改善法国高校近年来在全球排名不够突出的状况。作为法国高等教育领域近40年来最大力度的改革,该计划将有助于提升法国经济增长的潜力,加快企业科技创新和技术转让步伐,并为综合性大学、高等专业学校和科研机构间建立更加密切的联系开辟道路,在近代法国高等教育中具有里程碑意义。[①]作为该计划获赠金额最高的项目点之一的索邦大学[②],其成员院校巴黎第二大学、巴黎第四大学及巴黎第六大学等都是法国名列前茅的综合性大学。索邦大学的改革经验对研究法国创建世界一流大学的战略实践具有典型意义,也必将在未来法国高等教育改革中发挥重要作用。

---

① 张惠,刘宝存. 法国创建世界一流大学的政策及其特征 [J]. 高等教育研究,2015(04):89-96.
② 本文所指索邦大学(Sorbonne Universités)区别于法国中世纪代指巴黎大学(Université de Paris)的索邦大学(La Sorbonne),也区别于通常被称为索邦大学的巴黎第一大学(Université Paris 1 Panthéon-Sorbonne),被称为新索邦大学的巴黎第三大学(Université Sorbonne Nouvelle)及被称为巴黎索邦大学的巴黎第四大学(Université Paris-Sorbonne)。

一、索邦大学的发展历程

索邦大学是 2015 年 6 月由部长级法令通过的集科学、文化及专业性质于一身的公立高等教育机构,也是"大学与机构共同体"。它汇集了 11 所高等教育院校和科研机构,其中包括巴黎第二大学、巴黎第四大学、巴黎第六大学、贡比涅技术大学等世界知名大学,欧洲工商管理学院等大学校,法国国家科学研究中心、国家信息与自动化研究所及法国发展研究院等科研机构以及 11 个合作机构。相比起历史悠久的巴黎第四大学等成员院校,索邦大学的发展史相对较短,其雏形是 2005 年由多个大学共同成立的"巴黎大学联盟"(Paris Universitas),该联盟随后以巴黎第九大学、巴黎第六大学、巴黎高等师范学院(ENS)及社会科学高等学院(EHESS)等高等教育机构为中心迅速发展起来,致力于打造成新型的"高等教育与科研集群"(PRES)。由于索邦大学的名字与法国中世纪的索邦大学重名而使该集群的成立历经坎坷,教育部曾多次拒绝该联盟注册申请为大学"集群"。[1] 尽管困难重重,但索邦大学最终获得时任法国高等教育、研究与创新部部长瓦莱丽·佩克雷斯(Valérie Pécresse)的批准,于 2010 年 6 月 22 日正式注册为索邦大学(PRES Sorbonne Université),这宣告了新的索邦大学"集群"的正式成立。"巴黎大学联盟"也正式宣布解散,取而代之的是由巴黎第二大学、巴黎第四大学等高等教育与研究机构共同组成的索邦大学"集群"。2010 年,在国家重点工程"未来投资计划"的"卓越大学计划"的项目征集中,该集群以"索邦大学——巴黎教育与研究项目点"(Sorbonne Universités à Paris pour l'Education et la Recherche,SUPER)为名正式参与竞标,并于 2012 年的第二轮正式选拔中由国际评审团一致投票通过。这为索邦大学迎来了崭新的历史篇章。参与"卓越大学计划"的项目后,索邦大学汇集了包括卓越实验室、卓越设备、大学医学研究所、技术研究所及技术转移加速公司等 70 多个卓越项目计划。2011 年欧洲工商管理

---

[1] Gilbert Béréziat. Paris Universitas Requiem in Pace;Sorbonne Universitas Virtutes Cernuntur in Agendo [EB/OL]. www.gilbertbereziat.fr, 21 juin 2010, consulté le 10 juillet 2010.2015-12-22.

学院和贡比涅技术大学加入了成员院校。2011年10月，索邦大学董事会对治理结构进行了全面整改并将措施在成员院校中推行，扩大了成员范围并加强了董事会和校长的行政职能。2012年，贡比涅技术大学（UTC）、欧洲工商管理学院（INSEAD）、法国国家科学研究中心（CNRS）、法国国家医学与健康研究院（INSERM）、法国发展研究院（IRD）及法国国家自然历史博物馆（MNHN）等6个高等教育及研究机构先后加入了索邦大学。2013年7月法国《高等教育与研究法》颁布后，索邦大学的属性由"高等教育与科研集群"正式转变为"大学与机构共同体"。[①] 2014年，巴黎第二大学、法国国家信息与自动化研究院（INRIA）、国际教学法研究中心（CIEP）及巴黎布洛涅-比扬古高等艺术教育中心（PSPBB）也加入索邦大学。[②] 至此，初步形成了由11所高等教育院校及科研机构共同组成的索邦大学。

二、索邦大学的发展战略

由总理尼古拉·萨科齐推出的旨在创建法国世界一流大学的"卓越大学计划"，全面开启了索邦大学迈向世界一流大学的战略规划。

（一）作为卓越中标项目的索邦大学

在国家投资总署（CGI）的主持下，2010年法国启动了旨在创建世界一流大学的"卓越大学计划"，对高等教育及研究领域进行投资并实施多轮项目征集，由法国国家研究署负责主持项目征集及实施。索邦大学"卓越"项目点（IDEX-SUPER）率70多个卓越项目参与"卓越大学计划"的项目竞标，最终在两轮项目遴选与审核后从17个竞选项目中脱颖而出，以其卓越的质量获得国际评审会的一致通过，并获得9亿欧元的项目资助。2012年4月，索邦大

---

① Legifrance. Article L718-2［EB/OL］.［2015-11-13］. https://www.legifrance.gouv.fr/affichCodeArticle.do?cidTexte=LEGITEXT000006071191&idArticle=LEGIARTI000027738672&dateTexte=&categorieLien=cid.
② Sorbonne Universités. Sorbonne Universités en quelques dates［EB/OL］.［2016-01-23］. http://www.sorbonne-universites.fr/a-propos-de/sorbonne-universites-en-quelques-dates.html.

学与科学合作基金会（FSC）正式签署项目协议，在4年考察期结束后获得项目资金。与所有"卓越大学计划"中标项目一样，在正式资金拨付前，项目点有4年的考察期，最终要于2015年12月22日前提交项目点的实施报告汇报该项目的进展情况，以供国际评审团进行评估。2016年4月国际评审团根据考察结果作出最终决定并对项目的未来发展提出建议。[①] 在国际评审团参与评审的"未来投资计划"中，索邦大学是唯一一个被"卓越大学计划"、"卓越实验室计划"（Labex）、"卓越设备计划"（Equipex）等"未来投资计划"项目同时选中的竞标项目，该项目点的卓越实力可谓有目共睹。根据2011年的统计数据，索邦大学拥有200多个实验室和研究中心，6.5万名学生（其中2.3万名留学生）和5000多名教师，4900名科研人员和3810名助理研究人员；其中，104名"法国大学研究院"（IUF）院士、24个"欧洲研究委员会"（ERC）奖金获得者、12个诺贝尔奖得主、7个菲尔兹奖得主。2009年索邦大学被"法国高教与研究评估中心"（AERES）评为A/A+级的研究团队超过80%（65个A+团队）。[②] 其成员也在各自专业领域享有盛名，特别是巴黎第二大学的法律、巴黎第四大学的人文、巴黎第六大学的科学和医学等都在法国乃至世界的排名中名列前茅。

（二）索邦大学的战略目标及方针

致力于公共服务的使命，索邦大学的总体战略目标是建成一所兼创新与民主于一体、科研实力雄厚并被国际社会公认的世界重点科学研究中心。战略重点聚焦于新兴交叉学科领域和复合学科领域的学科团队建设。依托"卓越大学计划"改革框架，索邦大学将对成员院校实施改革和整合，其战略重点将放在促进跨学科研究、教学改革、创新研究项目，加快国际化发展步伐及构建和

[①] Sorbonne Universités. Rapport d'Évaluation de Fin de Période Probatoire–«IDEX Sorbonne Universitéss»SUPER［R］. Paris：Sorbonne Universités.2012.4：2–5.
[②] Ministère de l'Enseignement Supérieur et de la Recherche. Initiative d'Excellence«SUPER»Idex Sorbonne Université［R］. Paris：Sorbonne Universités.2011：1.

谐校园生活5个方面。索邦大学针对该5个领域制定了详细的战略方针，在促进跨学科研究方面，将研究关注点聚焦于"卓越实验室计划"等"卓越大学计划"中的战略性项目上，确保不同研究领域间的融合与衔接，实现资源及平台共享；在推进教学改革方面，创建索邦大学本科生研究院，发展硕士生创新项目及博士研究院，推广终身教育及数字化学习资源和平台；在推动创新研究项目方面，鼓励知识与科技的转化与增值，促进转化医学类研究及契约性研究，推广数字革命并创建2.2万平方米的创新研究平台；在加快国际化步伐方面，打造世界一流的研究及科研设施，建立全球国际化战略伙伴关系并发展国际校园计划；在打造校园生活方面，建设世界一流的大学校园硬件设施，发展学生服务和文体活动，增加学生资助力度。而为有效执行上述5个领域的战略方针，索邦大学将通过革新大学治理模式、提升组织效率以及变革管理方式来协助其实施，其治理原则是将"卓越大学计划"的治理模式彻底融入索邦大学的治理中。

（三）索邦大学的战略规划

索邦大学将通过两种手段实现其服务公共社会的使命，一是打造一个有抱负、创新而民主的学术环境，二是成为公认的全球领先的研发中心。此外，也希望团结所有的成员和机构，让校园生活成为一个独特的学术共同体建设的重要杠杆。索邦大学为学士－硕士－博士三阶段的人才培养体系的发展制定了详细规划，主要涉及博士研究院的学生和导师调整、硕士专业课程的项目整合以及本科生课程整合，特别是A/A+级硕士课程与"卓越大学计划"研究项目间的整合以及本科生双专业课程改革。在学生人数的规模上，学校制定了三段式的中长期规划（见表1）。在科研人员数量的规模上，计划在10年内达到5800人，1年内达到该数量的30%～50%，4年内达到70%。在科研硬件的规模上，索邦大学的目标是在最后一轮项目竞标结束后，将原有7个卓越实验室（Labex）、6个尖端设备中心（Equipex）、2个大学医疗机构（IHU）、2个卡诺实验室（Carnot）、1个科技研发中心（IRT）、1个科技加速转换中心

（SATT）和 2 个"低碳能源卓越研究所"（IEED）项目点的数量翻一翻。

表 1　索邦大学学生规模规划

	总数（人）	1 年	4 年	10 年
本科	35000	1%	30%	70%
硕士	23000	30%	70%	100%
博士	7000	80%	100%	100%
总数	65000	12850	33600	54500

在索邦大学"卓越"项目点资金拨付的 4 年考察期（2012—2015 年）中，索邦大学在教学、科研、治理、知识与技能转化及校园生活 5 个领域制定了详细的 4 年期规划（见表 2）。

表 2　索邦大学中期战略规划框架（2012—2015 年）

	2012 年	2013 年	2014 年	2015 年
教学	征集跨学科项目及专业学位；推广 MBA/LLA 等博士学位；实施"卓越实验室计划"硕士项目；建成索邦本科生学院及跨学科课程；新建两所科技馆、统整学习网络	新型跨学科本科课程；提供教师终身学习项目；专业学士及硕士课程；向国际合作方开放学习中心	新建两所科技馆	对接国际硕士项目与"卓越大学计划"项目；为所有博士生开设职业发展课程；完成所有项目的外部审计
科研	颁布统一的科研战略规划；制定学术研究人员公开署名的准则；开启整合行动研讨会；每年启动 10 个集体项目	开启校级统一招聘；对"卓越实验室计划"项目进行国际审计	向国际合作方开放索邦大学集体项目	建成数字处理中心，共享所有信息资源
治理	学术参议会成员完成一年 4 次会晤；战略委员会完成一年两次会晤；创建索邦大学合作基金会	规划学术人员结构；商议未来学校领导人；董事会投票决定大学章程	整合索邦大学人力资源；统一行政职能	大学章程获得政府认可

续表

	2012 年	2013 年	2014 年	2015 年
知识与技能转化	创建索邦大学；开放"贡比涅创新中心"；引进"弗劳恩霍夫应用研究促进协会"的核心技术	将全校的知识产权组合应用于"鲁蒂科技术加速转移中心"		在"鲁蒂科技加速转移中心"中研发出120个专利或发明；四年间新增30个初创企业
校园生活	印发索邦大学学生卡；统一校园标识和署名；制定标识的准则；发展成员院校间的学生联盟	举办第一届索邦大学节；组织博士生联盟间的科学节	建立国际学生和研究人员服务中心；与公私营企业合作研究项目	提供1000个校内职位；启动400个学生资助项目

（四）索邦大学的战略路径

在战略路径的选择上，索邦大学实施了项目导向的战略方法，计划每年投入300万欧元用以拓展并整治以投资"未来投资计划"为特征的项目导向的方法。该方法优先考虑国际合作项目，主要分为开展跨学科研讨会、实施跨学科科研项目整合及授权战略领域的集中检测与评估3个阶段，以确保新研究领域及临界学科研究者的出现。此外，学校还在教学、科研、校园生活及国际化4个领域制定了详细的战略路径。在教学方面，战略应聚焦于反思研究方法和教学方法创新，以及教育与科研的关系，特别是与新技术贡献间的联系；更新学科知识获取的途径，并深化横向的跨学科发展能力；通过搭建众多多样化发展平台并提供差异化的课程，使教学方法更加开放、丰富和多样化；建立教学资源网络系统并充分整合教育及培训课程。在科研方面，通过开拓其卓越的研究领域来提升成员机构的科研质量，鼓励新型跨学科研究领域的出现，最终实施一套能够识别并研发新主题出现的跨学科研究策略；构建应对复杂科学和社会问题的科研调配能力；通过提供科研人员及教育研究者所需的服务，提高大学对社会的综合服务效能。在校园生活方面，应在原有基础上提高学生生活条件，提高住房供应能力，鼓励社团和文体活动；

制定学生就业政策，建立共享的校园文化；制定部署国家奖学金以外的奖学金政策。在国际化方面，应加强文化发展和国际开放度，促进成员院校间学生的流动性及博士生和研究人员的交流；与当地的经济及文化合作机构建立战略伙伴关系；通过在欧洲的研究机构和欧洲计划增加参与度和加强支持服务，项目开发充分整合欧洲层面。

三、索邦大学的战略实践

（一）基于"卓越大学计划"的治理模式

索邦大学的治理模式沿用了"卓越大学计划"的项目治理框架并结合了国际上普遍的大学治理模式，形成了以董事会、学术评议会和战略委员会为核心的顶层治理主体。这种模式确保了行政和管理团队的合法性、决策过程的透明度、利益相关者之间权利的平衡以及责任的清晰划分，以推动成员院校的制度变革及整合，并确保项目资源得以有效而充分地配置。索邦大学的治理主体包括4个法定机构：董事会、学术评议会、战略委员会、审计委员会，如图1所示。其中董事会是决策主体，其他机构只享有决策咨询权。

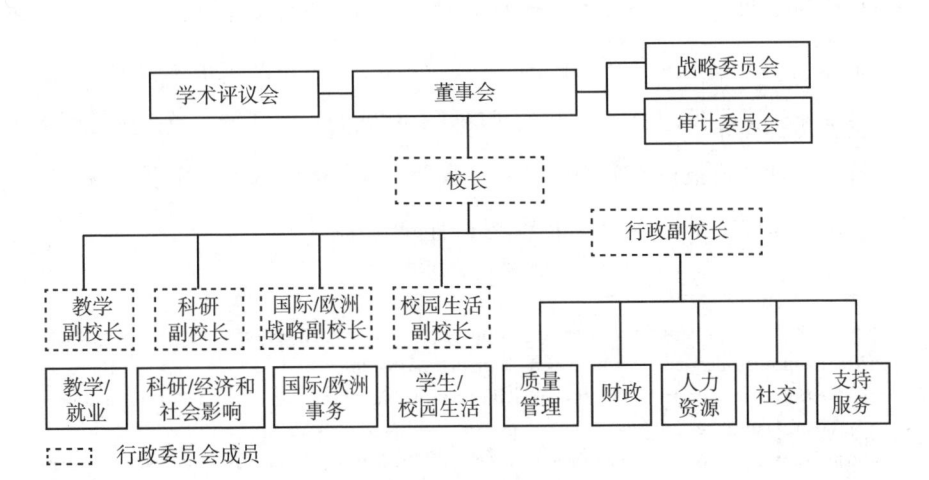

图1 索邦大学的治理结构

  董事会是索邦大学治理的核心机构，也是负责学校行政和管理的唯一机构，有权决定"卓越大学计划"的战略方针和经费分配原则。① 其主要职责是代表"卓越大学计划"行使学校的战略决策与选举、颁布校级的年度发展规划等；审核来自战略委员会及学术评议会的建议；选举校长并对关键政策和项目进行决策。董事会成员由索邦大学创始成员及科研机构、校外专家、合作机构和当地企业及民间社会代表、董事会顾问成员等 24 个代表组成。② 根据规定，董事会内部成员每年至少进行两次会晤，多数决定原则确保了来自不同利益相关者代表间的平衡。

  学术评议会的主要职责是代表教学人员、学生、行政人员及校友等群体为董事会提供科研、教学、学生生活及"卓越大学计划"资金分配等方面的咨询性建议。其成员由教师、教育研究人员、研究人员、职工和学生代表组成，享有提议权并代表索邦大学及其共同体成员。其成员主要包括会长奥利维耶·弗卡德（Olivier Forcade）及索邦大学创始成员代表等 24 个代表。③ 根据规定，委员会成员每年至少进行 4 次会晤。

  战略委员会汇集了学术及经济领域的国际知名专家。其使命是在总体方针的框架内为索邦大学提供政策咨询，并在战略及科研的优先事项方面为董事会提出建议，协助其制定战略议程及规划，诸如研究型大学如何在当前及未来将面临的社会挑战中发挥作用；大学如何融入经济、人文及信息的全球化浪潮中；帮助索邦大学反思其实践，尤其是科学领域的发展规划，重点关注索邦大学在技术转让及科技创新方面的催化作用等。④ 其成员来自经济及商业各大企业的技术专家，委员会成员每年至少进行两次会晤。

---

① Sorbonne Universités. Conseil d'Administration ［EB/OL］．［2015-11-15］. http://www.sorbonne-universites.fr/a-propos-de/gouvernance/conseil-dadministration.html.
② Sorbonne Universités-Projet de Procès-Verbal du Conseil d'administration. Conseil d'administration ［R］. Paris：Sorbonne Universités.2014.2：1-3.
③ Sorbonne Universités. Sénat Académique ［EB/OL］．［2015-10-28］. http://www.sorbonne-universites.fr/a-propos-de/gouvernance/senat-academique.html.
④ Sorbonne Universités. Comité d'Orientation Stratégique ［EB/OL］．［2015-10-26］. http://www.sorbonne-universites.fr/a-propos-de/gouvernance/comite-dorientation-strategique.html.

行政委员会是负责索邦大学行政管理并协助各个部门执行"卓越大学计划"的行政机构。委员会由校长及主管行政科研、教学、国际化与欧洲战略和校园生活的副校长组成。其主要职责是为校长提供支持和建议，根据"卓越大学计划"项目制定学校的日常决策。行政委员会执行周会制度，校长由董事会选举产生并有4年的任期，首任校长应来自本校，之后由国际岗位招标小组依据国际标准来任命。校长的职责是在董事会采纳并批准学术评议会和战略委员会的咨询建议后，制订学校的战略规划；在接受董事会投票决定的意见后制订索邦大学的预算；代表索邦大学行使各类资金筹措；与所有索邦大学的成员院校进行互动。副校长在国际岗位招标后由董事会选举产生。

此外，审计委员会负责在财政、业绩、质量及绩效方面为董事会决策提供来自外部的意见，其成员由董事会代表、独立成员及政府审计员组成。由董事会、学术评议会、战略委员会、审计委员会和行政委员会组成的索邦大学顶层管理主体，将重点在教学、科研及服务等方面与索邦大学各院系的领导成员保持直接来往。

（二）创建职业导向的创新型人才培养体系

在教育部副部长、索邦大学全体成员院校领导和院系负责人的共同监管下，索邦大学实施了一系列统一的人才培养战略，目标是培养21世纪的创新型、跨学科的国际化人才。该战略的主要内容涉及"索邦大学本科生学院"（SBC）的复科统整课程和双学位改革，本科生的个性化辅导和出国留学政策改革；硕士阶段的跨学科研究项目整合以及"索邦大学博士生研究院"的博士生职业生涯及专业发展改革。

在本科生培养方面，由于差异化缺失、高淘汰率（例如，巴黎第六大学本科生一年级的淘汰率高达80%）及过度专业化，学士阶段的人才培养通常因其独特性而脱离了整个人才培养体系。为此，索邦大学计划每年投资400万欧元用于"索邦大学本科生学院"建设，以提升本科生培养质量和国际化水平。其具体措施包括：将现有SBC中的7个双专业学位推广到所有本科生课程中；

鼓励 SBC 中的所有学生在校阶段出国留学一年。此外，为使学生接触到实地经验并保证其及时就业，学校计划在 4 年内创建 39 个专业学士学位。[①] 在硕士生培养方面，学校计划每年投资 100 万欧元用于发展创新性项目和专业性课程开发。索邦大学将通过项目竞标征集最具创新性的项目，并开发"卓越实验室计划"（Labex）等科学项目紧密结合的独创性硕士项目。以国际领先的工程师学位课程为典范，引入 5 年制工程师硕士学位制度，为未来的工程师领袖提供研究导向的培训。为提升职业发展，学校组织"巴黎公共医疗救助机构"（AP-HP）的医疗专家为硕士生开设专业硕士课程，包括辅助医务专业所需的发展技能及行业新增职能和工种。此外，在校硕士生将有机会获得欧洲工商管理学院等商业领域的专业课程和项目。在博士生培养阶段，学校计划每年投资 100 万欧元。索邦大学博士生研究院将通过赞助性的研究环境、透明的录取程序、高质量的监管，为刚起步的研究者们在管理、金融及创业等领域的个性化职业生涯发展提供更广泛的发展空间。借助欧洲工商管理学院的现有优势，索邦大学也将提供 PhD-MBA、PhD-LLA 在内的双学位项目，并为中学教育提供行政管理博士学位和在职博士学位。[②]

（三）构建世界一流的跨学科研究平台

跨学科建设是索邦大学科研领域改革的重中之重。在 2012 年 4 月与法国国家研究署（ANR）签订协议时，索邦大学便确立了创建多学科的世界一流大学的目标，旨在打通学科界限，融合成员院校原有的卓越却过分专业化的学科，凝聚成员机构的研究者并催生共同的学术文化，以增强其对新的复杂社会问题的应对能力。跨学科战略旨在通过深度发展现有学科领域及成员院校的专业化优势，促进多学科研究重点基地的产生。为此，索邦大学将开展校级层

---

① Idex Sorbonne Universités. Idex Sorbonne Université. [EB/OL]. [2015-11-23]. http://www.sorbonne-universites.fr/fileadmin/user_upload/SUPER-fiche-b_DEFINITIF.pdf.
② Ministère de l'Enseignement Supérieur et de la Recherche.《SUPER》Idex Sorbonne Université [EB/OL]. [2015-10-13]. http://cache.media.enseignementsup-recherche.gouv.fr/file/IDEX_2/58/6/IDEX2_-_SUPER_206586.pdf.

面的项目导向的系统性研究方法，并积极开展国际层面的交叉学科研究。其目的是提升索邦大学的科研质量，这也是变革与整合的工具，项目导向的方法将确保全体教师的参与及形成自下而上的影响。学校将推荐一年级本科生参加医学院校竞考或跟读索邦大学本科生学院的其他课程，为医学研究感兴趣的学生提供独创项目，使其参与到健康科学、法律及人文领域的本科生项目。在"法国国家发展研究院"（IRD）所在的邦迪校区，索邦大学将为一年级本科生创建一个多学科项目。此外，索邦大学将创立一个面向所有本校学生及职业生涯中期专家的国际法律学校，开设一流的跨学科法律课程。目前这类专为培养未来首席财政主管、企业高管及董事会管理人员的课程在法国尤为短缺。索邦大学将会把每年在法国国家研究署获得的 350 万欧元的项目竞标资助，用于支持"卓越大学计划"平行项目研究及项目整合。在整合多学科项目方面，索邦大学沿用了巴黎第六大学创立的"统整项目"，重点放在鼓励交叉学科的研究。基于自下而上方式的"卓越实验室计划"将整合学校 1/3 研究者，并构建鼓励协作与竞争的项目基础。"卓越大学计划"则通过竞标机制将之前的实践系统化。基于项目的跨学科整合显示了索邦大学应对挑战，特别是应对复杂性全球问题时打破常规的勇气与跨学科能力。

四、索邦大学的战略实践成效

索邦大学新时期的办学定位聚焦于集跨学科、研究型、多元化于一体的世界一流大学。

（一）新时期办学特色

作为法国"卓越大学计划"的中标项目，索邦大学-卓越项目点成立于 2015 年，而索邦大学作为大学联盟形成的"大学与机构共同体"（ComUE）正式建成于 2018 年。[1] 索邦大学新时期的使命建立在放眼全球与发挥本校特色

---

[1] Sorbonne université. Histoire et patrimoines［EB/OL］.［2022-01-20］. https://www.sorbonne-universite.fr/universite/histoire-et-patrimoines.

的基础上，通过强化工程科学、文学及医学三大强势学科领域，致力于建成联结欧洲与国际的全球性科研合作平台。在前沿科学研究方面，索邦大学旨在针对全球性社会前沿问题展开研究，例如数字革命、全球化与流动性、人口与健康、环境危机等；科研体系建立在文学、语言与人文社会科学学院，科学与工程学院，以及医学院三大学院的基础上。

索邦大学在2019年提出了面向2023年的短期建设目标：一是在全球化的世界中行动；二是充分参与开放科学、数字化及数据的革命；三是在日新月异的世界中理解、学习和承担；四是建立新的大学并确认其身份。[①] 这些目标将在新时期成为索邦大学构建全球学术合作关系、推动新一轮组织变革并确立新的身份特征树立起新的时代标杆。凭借其学术声誉和研究实力，索邦大学将以新的身份屹立于世界高等教育的舞台上，在欧洲乃至国际高等教育界发挥其重要的影响力并产生凝聚力。

（二）法国高等教育界的评估

索邦大学在2014—2018年的第二轮"卓越大学计划"项目结束后，接受了来自"国家评估委员会"（Le Comité d'Evaluation）、"科研与高等教育评估高级委员会"（Le Haut Conseil de l'Evaluation de la Recherche et de l'Enseignement supérieur，HCERES）以及由各个大学和研究机构代表组成的评审团等多方的综合评估。其中由HCERES主持的正式评估对索邦大学的财政、行政、组织、教学、国际化等方面进行了系统评价。

评估肯定了索邦大学目前取得的成就，认为尽管索邦大学身处巴黎大区的背景使其具有非典型性的特征，但通过大学共同体的组织结构调整和资源整合，使其所有机构成员都能够从学校联盟的聚合效应中受益。尤其在促进不同成员机构间的涉及跨学科和跨部门的交流，促进成员机构国际化水平以及组织协调性提升方面，索邦大学为其他项目点都做出了榜样。"卓越大学计划"给

---

① Sorbonne université. Agir dans un monde global［EB/OL］.［2022-04-10］. https://www.sorbonne-universite.fr/universite/nous-connaitre/notre-strategie.

予每个项目点广阔的自由发展空间，索邦大学在此基础上给予每个成员机构充分的自由选择权，使得它们可以根据各自学校的发展需求选择参与或不参与大学共同体所提供的活动。

评估也指出了索邦大学改革中的问题和风险。

（1）在机构管理与协调方面，正如所有围绕核心机构组织或重组后的团体一样，核心成员机构在组织中所发挥的作用往往是主要的，因而在整个大学共同体的发展中，领头的大学往往在整个组织变革的过程中发挥着关键作用，因而资源和经费也会有所倾斜。[①] 这并不会使索邦大学的整体项目质量遭受质疑，但这确实会带来资源的不公平竞争。

（2）在项目实践运作方面，索邦大学共同体正常运作所必须的若干组织项目和计划，在评估时并未真正投入使用且正常运作，例如基于共同体建设的博士研究院等。另外，成员机构关于未来各自的科学发展规划和政策尚未详细阐述，或让机构成员的重要领导知晓这些未来规划和政策。因而导致成员机构管理者在制定决策时，在现有政策的维持和未来政策的规划之间犹豫不决，这将导致行政和管理效率的降低。

（3）在项目经费分配方面，大学共同体对"卓越大学计划"项目资金的分配所采取的政策，对于机构成员的利益而言是具有决定性意义的，尤其是在整体项目资金大幅缩减的情况下。而自2018年1月索邦大学作为"大学与机构共同体"正式成立以来，"卓越大学计划"项目的重点将重新转向有利于牵头机构，这将进一步加剧大学和机构间的经费与资源分配的不平衡性，因而相对边缘的机构则会更加疏远共同体相关的事务和活动。

（4）在协调研究与学生生活方面，索邦大学并未承担起应有的使命，一些学生团队只参与了个别的合作活动，但并没有可持续的活动动态，也没有研究与合作项目开展。

这些问题既是索邦大学目前的困境，也是索邦大学未来将要面临的风险。

---

① Michael Hengartner. Rapport d'évaluation de la coordination territoriale portée par sorbonne universite[R]. Paris：Le Haut Conseil de l'évaluation de la recherche et de l'enseignement supérieur.2019.02.11.

（三）世界权威大学排行榜

在近几年的世界权威大学排行榜中，索邦大学的国际排名呈现稳步上升的态势，尤其在 ARWU 和 QS 排行榜中表现颇佳。在 2022 年发布的世界各大权威排行榜中，索邦大学分别列居第 72 名（QS）、第 46 名（US News）、第 88 名（THE）和第 35 名（AWRU）（见图 2）。

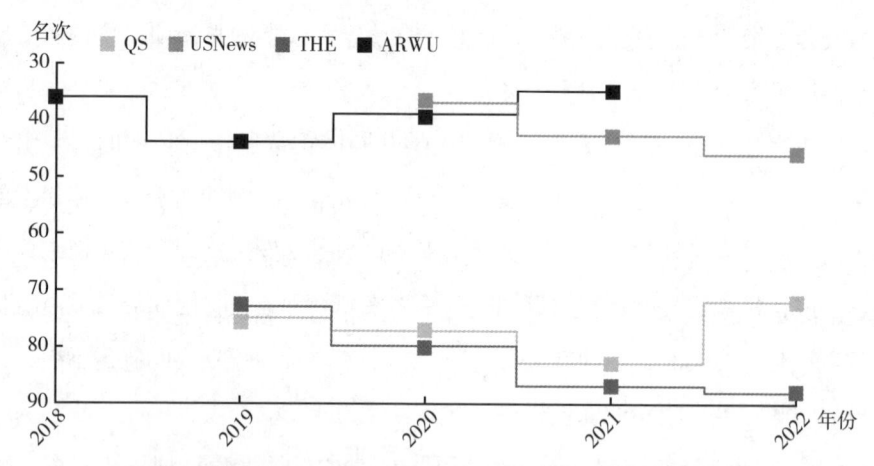

图 2　索邦大学在四大国际排行榜中的名次（2018—2022 年）

在英国教育公司 Quacquarelli Symonds（QS）最新发布的 2022 年世界大学排行榜中，索邦大学在整体排名和学科排名中都表现突出，大学国际排名列居 72 位；在工程与技术领域的国际学科排名中列居 66 位，较之 2021 年上升了 30 位；在社会科学与管理方面上升了 20 位；在自然科学领域升了 14 位，在艺术与人文学科领域上升到第 23 位，与东京大学持平（见表 3）。[①] 在国家层面，索邦大学目前在艺术与人文、生命科学与医学和自然科学领域均排名法国第一，工程技术、社会科学与管理等学科排名列居法国第四和第六名。

---

① Sorbonne université. Agir dans un monde global [EB/OL].［2022-04-10］. https://www.sorbonne-universite.fr/universite/nous-connaitre/notre-strategie.

表3　QS排行榜中索邦大学学科排名（2020—2022年）

	QS学科排名2020		QS学科排名2021		QS学科排名2022	
	世界排名	国内排名	世界排名	国内排名	世界排名	国内排名
艺术与人文	52	2	34	2	23	1
工程与技术	114	4	96	3	66	4
生命科学与医学	45	1	46	1	39	1
自然科学	31	3	22	1	14	1
社会科学与管理	175	7	142	6	122	6

经过两轮"卓越大学计划"的项目和国际评审团的评估，索邦大学在全球大学排行榜中的成绩表现优异，这表明新的索邦大学共同体的建设，为法国大学国际竞争力的提升树立了典范。

（四）现实发展短板

尽管在"卓越大学计划"项目竞争及评估中，索邦大学项目点表现出了卓越的发展态势，但来自评估机构和项目管理者的意见显示，索邦大学目前仍然在以下方面存在发展的短板。一是资源共享和院校机构协调方面，索邦大学作为一个巨型大学联盟，目前成员机构之间的资源共享和信息互动仅限于"卓越大学计划"项目，在此之外并未建立真正的资源共享系统和网络，缺乏共享资源、合作项目、联合战略及推进计划，进而导致职责和任务分配不完善、不系统、无组织，很多需要共同完成的项目由个别机构单方面完成，缺乏合作共享的规划。二是在索邦大学共同体之中，机构之间相互对彼此开放，但机构之间的合作伙伴关系并不活跃。由于每个共同体在成立之时便有着相对稳定的战略合作伙伴，例如社会研究机构、商业伙伴、创新型企业、公共机构或组织等，而这些伙伴机构通常与固定大学形成长期合作的伙伴关系，但目前成员机构之间的伙伴关系往来和活跃度较低。三是基于地缘逻辑整合而成的大学共同体，在建设之初就将目标定位于区域发展和地方经济振兴，但在实践中，地方社会机构、社区组织或地方企业在"卓越大学计划"项目实施中所扮演的角色相对较弱，参与度较低，对于形成大学与社区共同发展的初始计划并未实现。四是在整个项目实施的过程中，索邦大学共同体的建设缺乏质量政策和质量管理，因而无法对其质量进行系统性的评估，也无法开展真实有效的评价，基于质量政策而形成的数据指标和监测标准尚未真正建立。

（五）未来改革思路

经过两轮"卓越大学计划"的项目建设和实施，索邦大学收获了荣誉与赞扬，遭受了质疑与批评，也即将启程迈向光明未来。在面向未来的战略规划中，索邦大学将在以下几个方面重点突破：①加强地缘合作和地域协作，将大学发展与区域经济建设相结合；②加强成员机构、合作伙伴及社会角色的参与，尤其是"国际学生教育中心"（Centre International d'Etudes Pédagogiques, CIEP）、"巴黎高等教育艺术中心"（le Pôle Supérieur d'enseignement artistique Paris-Boulogne-Billancourt, PSPBB）等社会公共机构和公共教育机构的融入；③开发基于管理服务的国际化质量检测方法，整合所有类别的管理，以定性和定量的方式分析需求并监测活动；④让学生更多地参与到战略制定和项目计划中，使学生在校园生活中发挥更大的作用；⑤加强研究与教学的国际化水平，开展全球范围和欧洲层面的国际化合作，建立互联网学术合作网络，推进全球的学术合作伙伴关系；⑥推广数字化革命，深入参与大数据变革，在科技革命中走在研发的前列。

五、结语

"卓越大学计划"开启了索邦大学迈向世界一流大学建设之路。索邦大学通过雄心勃勃的科学计划并联合地方科技产业与基础设施融资机构等一系列战略，推动着学校的战略性改革；利用成员院校的地理优势及其在各自专业的卓越竞争力，力图成为一所屹立于巴黎中心地带的集多学科、创新型和国际化于一身的综合性大学。在应对当今复杂而多样的全球化挑战中，索邦大学是法国高等教育与科研机构为应对危机而变革的典型案例。被称为通常意义上的"大学"各行其是并各自独立地发展了几十年，而今却因一场打破学科与机构边界的革命性改革而重新组建在一起。因此，索邦大学也是解决法国的大学、大学校及研究机构碎片化发展的典型案例。不管是在融合学科领域，还是在融合教学与科研、公立及私立教育机构以及本土化与国际化上，索邦大学的改革经验都将对未来法国乃至世界高等教育领域的改革提供有益的经验与教训。

（作者简介：张惠，北京航空航天大学高等教育研究院副教授）

法国公立大学技术学院办学模式及特色

一、引言

当前我国部分地方本科院校正在按照国家部署向应用型高校转型。这些高校既属于高等教育范畴，又有职业技术教育的属性。有学者认为，这是高等教育和职业技术教育的跨界生成，其性质是本科层次的职业技术教育。[①] 其实，应用型高校是相对于教学研究型大学和研究型大学而言的，是为满足当前我国产业结构转型升级中急需大量高级应用型人才，而普通高校培养的毕业生难以满足岗位需求这一结构性矛盾所进行的供给侧改革。这与20世纪60年代欧洲应用技术大学产生的背景相似。因此，我国学界和高校可借鉴欧洲应用技术大学的成功办学经验，以探索构建有中国特色的应用型高校。其中，在教育管理体制方面与我国有诸多相似之处的法国的经验尤其值得研究。法国为改变综合大学学士阶段居高不下的辍学率与毕业生难以顺利就业的困境，满足就业市场对于高级应用型人才的需求，在综合大学内部创建了2年制（现在改为3年）的大学技术学院，紧密契合市场需求，培养市场需要的高层次专业技术人才，积极实行与国际接轨的学位制度，注重学生的可持续发展，形成了具有法国特

---

① 刘文华，夏建国，易丽. 论应用技术大学的高等教育属性 [J]. 中国高教研究，2014（10）.

色的高级应用型人才培养体系。因此，对法国大学技术学院的办学实践进行分析，对于当前我国地方本科院校转型具有一定的启示。

二、法国大学技术学院的办学定位

法国的高级应用型人才培养肇始于20世纪50年代中期的高级技术员班和60年代创建的大学技术学院。这两类机构在性质上都属于短期高等教育，颁发国家文凭证书，是法国高等教育体系的组成部分。

法国大学技术学院也称短期大学，是介于技术高中和大学之间的特殊高等教育机构。大学技术学院培养介于工程师和技术员之间的高级技术人员，其目标是："为工业和第三产业的活动培养干部和高级技术员，这些人的任务是将抽象的设计或理论研究的结果具体化。""造就直接协同经济、管理和工业尖端力量工作、协助工程师进行研究、计划、发展和生产的较高级的技术人才和中间领导人员。""因此，他们在技术方面应当受到比工程师更高深、更具体的培养，在对事物的一般认识方面应比普通技术员的眼界更开阔。"[1]学生毕业后，获得高等技术文凭。这些毕业生能够将工程设计的概念和理论研究成果应用到实际中，能够理解并转化高级行政、金融、贸易教师传授的普遍性知识，大部分学生通过相应的考试，担任国家部门和私人企事业单位的中级干部和技术人员，一部分学生继续到普通大学进行第二阶段学习。[2]大学技术学院作为培养高级应用型人才的教育机构，"像学校教育系统中其他重要组成部分一样，它的形成始于高等教育阶段"[3]，有着特殊的时代背景，承担着独特的社会使命，是政府和社会多方推动下法国教育体系对外界经济发展的回应。

法国大学技术学院创建之初就要求完全有别于综合大学、大学校以及高中教育，满足不同行业需求，具有很强的实效性。在当时特定环境背景下，大学技术学院的设计者们通过全面认真而细致的考察，明确了该机构的具体的社会与职业目标，使大学技术学院成为法国高等教育体系中一个独特的组成部分。

---

[1][2] 刘志鹏. 法、日、美、英、联邦德国的短期高等教育[J]. 江汉大学学报，1984（2）.
[3] 莱昂. 关于教育变迁的观念[M]// 张人杰. 法国教育改革. 北京：人民教育出版社，1994：398.

大学技术学院自创建伊始就确立了自己的办学原则：保持明确的职业方向，根据教育类型采纳多元的教育目标与教学方法，使大学更加开放但又要杜绝功利主义的侵蚀。大学技术学院既要不断适应社会发展，还要对未来教育有一定的影响，确保其在整个法国教育系统中的地位和作用。法国政府希望，"相当一部分的学生（25%）进入大学技术学院学习"，"在未来，法国大学科技文凭成为这个级别中唯一的官方文凭，而在经过结构调整后，高级技工类学校（即高级技术员班）会服务于大学技术学院的建立"。"随着大学技术学院的建立，以获得高级技工文凭和高级工程师文凭为目的的其他教育机构将会被取代"。通过两年的教育，大学技术学院负责把高级技术中学的毕业生培养成高级技术人员。政府的意愿与决定成为大学技术学院成立与发展的重要推动力。1965年10月，作为试验，4所大学技术学院成立。1966年1月7日颁布的法令使11所大学技术学院应运而生，当年顺利招收了1503名学生。大学技术学院由此开始发展。[1]

三、法国大学技术学院的办学实践

法国政府的既定目标是创建多所大学技术学院，使其总体招生数量在1980年达到12.5万人。事实证明，法国这一改革是成功的，到1997年，法国已有100所大学技术学院；2005年，大学技术学院总量达115所，招收学生13.4万名。[2] 大学技术学院培养高水平应用型人才的成就得益于其办学实践成功。

（一）制度设计的优势

在组织管理方面，大学技术学院具有国家机构的地位。1965年法国成立了由国民教育部总秘书长直接管辖，由高校人员、高级行政官员和工业领域代表组成的高级技术学院委员会。该委员会负责制定大学技术学院的办学定位、

---

[1] Livre blanc sur le systeme IUT Après 40 ans d'existence：Histoire，Bilan，Perspectives [Z]. 2007.
[2] 莱昂. 关于教育变迁的观念 [M] // 张人杰. 法国教育改革. 北京：人民教育出版社，1994：398.

专业目标以及机构组织框架。大学技术学院全国咨询委员会和全国教学委员会在大学技术学院内部发挥着一定的作用，在新增院系方面提供建议，召集大学技术学院内部和外部人员对大学技术学院及大学科技文凭进行评估。因此，这些国家委员会可视为一个促进大学技术学院整体发展的意见交流与辩论的场域。大学技术学院作为国家机构的地位大大增加了其毕业生和文凭的社会认可度。

在体系架构方面，大学技术学院作为综合大学的一部分，坚持自身的自主权，并且深受行会主义传统的影响与保护。1984年的《高等教育法》没有将大学技术学院纳入整个高等教育共同规则中。该法令规定了大学技术学院内领导团队的责任落实方式，使他们能够为了实现各项目标而采取灵活的应对措施。这条法令一直是保障大学技术学院职业教育高质量发展的关键，但也招致部分人士的批评。大学技术学院体系上的成功加强了其与企业间的密切联系。

在经费方面，大学技术学院享有专项资金支持。教育部部长专门拨给各地区所有大学技术学院所需的资金，以开展技术与职业教育。这使大学技术学院能够采取与教育目标相适应的招生政策，并确保学院各项设备能够满足技术发展的需要。

在招生制度方面，与综合大学招生制度不同，大学技术学院实行选拔性招生制度。在选拔学生时，不仅要看学生的学业成绩，还要考察学生的学习动机，尽量确保生源多样化，既招收技术型会考毕业生，也招收普通型会考毕业生。这在很大程度上确保了其生源质量。

（二）技术服务于知识、为学生可持续发展奠基的教学理念

在大学技术学院的教育理念中，技术是现代知识中至关重要的组成部分，技术、知识与科学密不可分。技术发展、知识进步、科学创新都是大学发展不可回避的责任。因此，大学技术学院的教学理念是知识与技术教学应是一体的、互相促进的，不应进行严格区分。法国和很多国家存在的技术与知识双轨制教学表现为两种形式：一种是为优秀学生提供的从基础知识学起的学术型教

学；另一种是为中低等水平的学生提供的更为简单的一成不变的技术的技术型教学，通常专门招收那些被普通教育排除在外的学生。大学技术学院的建立否定了技术与知识双轨制教学，并形成了一套独特的教学方法——以技术为媒介进行界定认知的教学。这一方法使技术服务于知识，体现了基础知识与技术知识教学的平衡，不仅能从实践的角度学习到概念性知识，还能构建学生坚实的科学知识基础。这使得毕业生们不仅能更好地继续学业，也能有更好的职业发展。因此说，大学技术学院通过教学在真正地传授技术、促进技术发展。

（三）专业设置与课程安排

大学技术学院的专业设置与国家发展的需要密切相关。1967年、1992年、2002年是大学技术学院专业发展的3个高潮。创立的前3年间设立了14个专业，之后的20年间只增加了5个专业，并且每年新增系的数量在1～20个波动。在1966—2006年，1966年大学技术学院设置的专业门类最多，主要有化学、生物工程、土木工程、机械工程与制造、电气工程和信息工业、企业与行政管理、信息化。其次为1967年，设置了5个专业，分别是热力工程与能源、物理测量、信息通信、社会工作、营销技术。1968年设置了两个专业，即化学工程-制造技术工程、数据信息处理与统计。[1]

为培育高级技术人员，大学技术学院的教学组织和课程设置中几乎全是技术性的专业课程。其人才培养计划的制定与修改由大学和企业界人士组成的全国教育委员会拟定，该委员会根据相关领域的发展情况，修订教育计划，并向教育部提供实施建议。这对于法国中央集权型教育管理体制而言是一个例外。

大学技术学院课程设置注重实践性、应用性和灵活性，强调多样性、综合性，注重培养学生较强的适应能力。教学计划中的专业基础课都是围绕所学专业、为保障专业技术教学而设置的，通常不设文化修养等通识类课程。

---

[1] 莱昂. 关于教育变迁的观念 [M] // 张人杰. 法国教育改革. 北京：人民教育出版社，1994：398.

课程安排第一年为基础理论课，教学安排侧重实践，要求学生根据企业的实际问题完成专业设计。这个阶段理论课的占比不到总课时的 40%，力求"精致有效"。第二年是专业课和实习，要求学生结合自己所学专业到工厂企业实习，在此期间完成实习报告和毕业设计，考核合格者被授予大学技术学院文凭。[①] 本阶段教学以技术理论为主，在此基础上掌握一定的专门技术，强调实际应用。

（四）多元开放的师资队伍

多元化的教学团队也是促成大学技术学院职业化模式成功的重要原因，而整合所有教学团队的多学科教学是大学技术学院的一个主要优势。大学技术学院的教学计划规定，攻读大学科技文凭至少 20%（攻读职业学士学位至少 25%）的教学由校外人士来担任。大学技术学院充分挖掘利用动态开放的外部资源，从校外聘请多元化的教学人员，包括教师-研究者、高中教师、临时教研专员、辅导员、兼职合作教师、临时代课教师等，每位教师都具有丰富的专业经验。这支稳定的兼职教师队伍，承担了 20%~25% 的教学任务。这种多元化身份可确保教学方法多种多样，同时多学科背景的特点能够使教学涵盖职业化培养的各个方面：专业学科知识、综合学科知识以及交叉学科知识。这些教学团队长期参与对学生的学业监督以及创建合作式教学方式。教职人员与科研的联系、技术的转化等都能确保技术的及时更新，与职业领域的联系能够将技术应用到实际操作中。大学技术学院教研人员招聘时还会考虑其教学能力与研究能力。委员会指定具体的教师招聘的特定条件，这些都保障了教学团队的顺利运转。企业大力支持工作人员参与学校教学活动与理事会、考试审查会等活动。一些侧重理论教学的专职教师也在企业担任部分工作，这种校企密切合作给教学带来大量动态的外部信息与资源，确保了实践教学的质量。

---

① 高迎爽. 法国应用技术型人才培养与质量保障体系［J］. 世界教育信息，2015（24）.

（五）教学组织的创新与科研驱动

大学技术学院的成功归因于教学方法的成功，主要特色有以下6个方面：①小组教学。根据不同来源、不同水平的学生实施技术教育的理念，让不适应抽象性理论教学的学生能够成功完成大学学业。②课程的密度大。通常每年有33周、每周35学时，两年共约2000学时，有6~12周的实习。[①]③注重实习的重要作用。实习让学生首次体验到职场生活并使他们意识到自己学习的意义，同时使任课教师在监督与评价实习学生的过程中，有与职场一线合作者交流的机会，并在此过程中更好地了解毕业生就业环境。学生在参与企业委托项目过程中能针对一个交叉学科问题进行团队合作，能够在真正的工作场域内进行实践。④职业化教育。这主要体现在大学技术学院聘请的任课教师中有大量来自职场的职业人士，大学技术学院的制度设计与规模能够使教师、行政人员和技术人员为了实现学生的最大利益而进行真正具有互补性的研究。⑤持续的教学方法的创新与改革。如指导项目、个人职业计划、语言教学、文献研究教学、教育信息通信技术、网络技术学院等，培养跨学科能力、合作能力、自主性等。个人职业计划（PPP）的推广使大学技术学院体系能增强自身的职业化特色，并加强学习计划与职业计划之间的密切联系。⑥重视教学评估。从2001年开始，大学技术学院开始对大学科技文凭进行自我评估与鉴定，并对其毕业生进行长期跟踪调查，以期保持一个高质量的教学与培养过程并进行持续改进与完善。

作为综合大学的一部分，1984年颁布的《高等教育法》规定，大学技术学院的任务为初始教育、继续教育与研究。因此，大学技术学院也凸显了作为高等院校的特征并在各个方面彰显其科研能力。面对日新月异的技术发展，进行技术研究是知识创造、技术发展与创新的动力源泉。大学技术学院的工作人员参与到研究活动中是学院发展的一大优势。大学技术学院中职业学士学位的

---

① 高迎爽. 法国应用技术型人才培养与质量保障体系［J］. 世界教育信息，2015（24）.

发展就是其教职员工科研能力强的结果。大学技术学院院长联盟认为，大学技术学院能为大学的研究进步作出贡献，而且大学技术学院的研究能力就是对其高校特征的认可。因此，鼓励所有职工积极在学院内部或其他机构开展研究。

就大学技术学院的研究情况看，2004年年底，法国大学技术学院共有4807位教师-研究者，其中有849位大学教授以及3958位副教授，他们是大学技术学院内重要的研究力量。此外，工程师、行政教辅人员以及高中教师也参与到研究工作中。据统计，2004—2005年，法国69所大学技术学院内共有161个实验室。[①] 大学技术学院的教师-研究者，有的在本校的实验室里开展研究，有的在综合大学或其他大型机构的实验室进行研究，有的在一些中型混合研究机构开展研究。大学技术学院设有研究委员会，在教师-研究者招聘、研究活动的评估、科研预算等方面发挥着重要作用。

（六）国家通过立法保障产学研校企合作与大学技术学院的自主权

自创建时起，国家立法机构便想将大学技术学院与企业联结起来。奠定大学技术学院与企业之间联结的立法与监管条款主要有1984年1月26日颁布的《高等教育法》84-52号法令、1992年和1995年颁布的相关法令。这些法令主要从规定和设置管理大学技术学院的理事会、全国教学委员会和大学技术学院咨询委员会的职能与权限以及其成员构成等方面，鼓励并约束企业采取与大学技术学院的运行相协调的方式不断扩大其在大学技术学院体系内的参与度，参与到学院内的院系委员会、评审委员会、教学、实习指导、改进委员会等各方面。企业参与考虑并采用每个学院所适合的方式，但其共同目标都是加强高校与企业之间的联系。大学技术学院的创建得到了律师、金融家、国家教育部中央机构管理者、地方行政机构以及不同身份地位人士的热情帮助，他们在促进大学技术学院教育发展的过程中发挥了很大的协调作用。

1969年1月20日颁布的69-63号相关条令，规定了大学技术学院的相对

---

① Livre blanc sur le systeme IUT Après 40 ans d'existence：Histoire，Bilan，Perspectives［Z］. 2007.

自主权，提出继续创建更多的大学技术学院。该法令强调大学技术学院是大学的一个组成部分，属于教育部管辖但独立于所附属机构，独立性较强。在学校内部组织管理方面，作为教学和科研单位继续运行，预算直接由教育部划拨，领导由教育部任命。1984年的《高等教育法》第三编第一章第三十六条规定了大学技术学院院长的权力，"院（校）长根据理事会确定的方向，领导和管理本机构；他参加理事会会议并向其汇报管理工作；除不担任行政理事会主席之外，他享有大学校长的各种特权"。[①] 可见，该法案只笼统地规定综合大学以外的学院和学校内部组织结构与附属于大学的学院和学校基本相同，从制度层面给予大学技术学院很大的自由空间。

（七）组织严密的发展共同体

大学技术学院在发展中形成了全国性组织严密的发展共同体，这个共同体包括大学技术学院院长联合会、大学技术学院院长联盟、大学技术学院地区协会和大学技术学院系主任联合会。

大学技术学院院长联合会的职能是：在大学技术学院地区协会的协助下，调整院长们之间教学与信息的一致，以便增强他们在全国范围内行动的有效性与一致性；在制度、职业或政治审查中保卫并促进大学技术学院体系的发展；加强与青年人和雇主的对话与沟通，每年在巴黎企业家沙龙举办"大学技术学院年度大会"。

大学技术学院院长联盟定期召集所有院长讨论各种热门问题或学院的发展方向。该联盟拥有人事与资金委员会、研究委员会、沟通委员会、国际关系委员会、继续教育委员会、兼职与就业委员会、教育委员会等一系列机构，这些委员会都可开发新项目，互助互惠，发挥团队的所有优势。

大学技术学院地区协会聚集了同一个大区（有时包含几个大区）的所有大学技术学院院长，协调一个地区大学技术学院的工作，院长之间分享经验，

---

① 科恩. 大学第一阶段改革总结[M]// 张人杰. 法国教育改革. 北京：人民教育出版社，1994：429.

开展一些共同的活动，与地方政府尤其是区议会进行对话。近年来，随着法国区域化的发展和法国大学格局的演变，大学技术学院地区协会的作用与重要性不断增强。

大学技术学院院长联合会与院长联盟在政策制定方面共同合作，对于增强大学技术学院的活力与行动力具有关键性的作用。这种"院长—院长"搭档互补方式通过大学技术学院地区协会对地区大学技术学院发挥作用。大学技术学院系主任联合会是交流经验与调节管理的重要组织，对学院的正常运行发挥着关键作用，极大地促进了大学技术学院体系的一致性。此外，法国还有一些其他的协会或项目，在推动大学技术学院之间的合作、职业资格认可等方面发挥着不可或缺的作用。这些组织共同搭建了大学技术学院运行的有序、可持续发展的空间，使大学技术学院的发展不仅受益于院长本人的领导与智慧，还能充分受益于其本地与大区内的人事资源网络。该网络能促进大学技术学院与经济领域、商务与职业机构、第一产业、大小型企业之间关系的最优化发展。

2006年，遍布法国的87所公立大学里的116所大学技术学院的院长组成大学技术学院院长联席会（Assemblée de Directeurs des Instituts Universitaires de Technologie），直接隶属法国教育部高教司管辖，负责处理大学技术学院体系所有共同相关的问题，如教学大纲的制定、文凭内容的改革、学校与企业行业的关系、国际项目的推行等，这种整合能力将会进一步促进大学技术学院的发展。

（八）相互贯通融合的学位体系

法国是欧洲"博隆尼亚进程"的主要发起国与重要的推动者，"358"（学士－硕士－博士）学位制度改革对法国的大学科技文凭（DUT）提出了新挑战。从改革者的初衷看，法国学位制度的改革旨在促进大学科技文凭在保持法国特色的同时，适应国际化标准，进一步提高教育质量。为此，1999年出台的相关法令在赋予职业学士学位项目设计者很大的自由权限的同时，试图保持大学科技文凭取得成功的因素。2002年4月23日，法国颁布的《关于学士学习的相关组织法令》保留了大学科技文凭的职业特色，调整大学技术学院的学制，将大学技术学院学制延长为3年。该学位以促进学生学业成功、顺利获得学位为宗旨，要求在6个学期内获得180个学分。其中第8条规定，新学位需按照2002年4月8日法令的规定接受阶段性评估，评估主题有两个：一是改进教学，二是为具有职业倾向的学生提供职业化教育。[1]大学教学向多个学科和多个职业领域开放，教学内容由大学学习与生活委员会和职业界代表协商之后决定。[2]

职业学士学位改革进展顺利，在法国大学内得到快速发展，2000学年度审批通过的职业学士学位项目有195个，2001年新增182个。在之后的6年内，在提交的将近2400个职业学士学位项目中，大约一半都通过了鉴定委员会的审批。[3]大学技术学院在职业学士中承担了60%的教学任务，在这一新学位的发展中起到了至关重要的作用。大学技术学院能够根据新的需求调整自身的设置与规划，能依靠其职业领域的合作伙伴来打造职业学士学位这一新的培养模式，并运用其毕业生跟踪调查的丰富经验，对毕业生未来发展提供有益建议。职业学士学位是法国出现的第一个高中毕业会考后学习3年（bac+3）的大学职业教育学位。这一新学士学位使法国综合大学内出现了职业教育，并使高中毕业会考通过者能通过职业教育获得学士学位，从而确保职业教育的地位与普通大学教育的地位一致。大学技术学院依靠其技术教育模式，打开了一条通往大学学业成功的通道。

为确保职业学士学位获得者的发展，法国还在学士学位的基础上设置了与职业学士和研究学士学位两个方向相衔接的硕士学位文凭，"一轨是职业目的；一轨是研究目的"[4]，其宗旨是"致力于实现教育需求与国家文凭之间更好

---

[1] SOULAS J, DESCAMPS B, MORAUX M, et al. La mise en place du LMD en France（licence-master-doctorat）[R]. Paris：Inspectrice générale de l'administration de l'éducation nationale et de la recherche, 2005.
[2] Arrêté du 23 avril 2002 relatif au Etudes Universites-Etudes universitaires conduisant au grade de licence [Z]. 2002.
[3] 莱昂. 关于教育变迁的观念 [M] // 张人杰. 法国教育改革. 北京：人民教育出版社, 1994：398.
[4] SOULAS J, DESCAMPS B, MORAUX M, et al. La mise en place du LMD en France（licence-master-doctorat）[R]. Paris：Inspectrice générale de l'administration de l'éducation nationale et de la recherche, 2005.

的平衡，保证区域平衡以及职业硕士与研究（学术）硕士的和谐发展"。[1]新硕士学位的设立，为法国大学技术学院的毕业生提供了继续深造的途径。

2005年8月3日出台的适用于欧洲高等教育体系的大学科技文凭的法令规定，除继续推行学期制教学外，大学科技文凭要确保特定职业领域的技能需求，可实施3种类型的模块教育：两年制的3级文凭、3年制的学士文凭和5年制的硕士文凭。这使大学技术学院成了一条真正通往接受成功的高等教育的途径。该法令还推广实行贯穿于每位学生整个教育过程的个人职业计划，学生及早进行行业认知，自主选择适合自己的课程。这从制度上巩固了大学技术学院的职业化教育，对大学技术学院的发展具有关键影响。法国大学技术学院院长联盟加入欧洲高等教育机构协会，进一步推动了法国大学技术学院国际化进程，使其毕业生能够更好就业。

2013年，大学技术学院的教学分为24个专业，其中与生产部门相关的专业15个（例如材料科学和工程；机械工程和生产），与服务部门相关的专业9个（例如信息和通讯；企业和行政管理）。国家对这24个专业的大学科技文凭（DUT）课程进行了改革，采用了国家教育方案（Les Programmes Pédagogiques Nationaux，PPN）。这是一种新的研究组织形式，也是一项基础性工作。该项目包括培训目标、课时以及教学方法、知识和技能测试方法等，所有专业都应体现学生个人及职业规划，目的是让学生对专业领域的工作和他们需要的个人技能有一个清晰的概念。新的国家教育方案建立于以下创新性教学原则基础上：技术教育学的意义；学生专业和专业项目的定位；指导项目和实习；经济性活动（创业经济的当前挑战、标准化、智能化，等）。这些原则构成大学技术文凭的核心。这是根据2005年8月3日有关大学科技文凭的一般架构而设计的，目的是使大学科技文凭课程适应中学改革的影响。该方案分解为几个模块，包括不同的能力和活动指南说明。大学科技文凭为生产、应用研究和服务部门的技术和专业管理提供人才。大学科技文凭既能保障毕业生获

---

[1] Arrêtédu 25 avril 2002 relatif au diploˆme national de master［Z］. 2002.

得所读专业领域技能顺利就业,也能使学生转向其他高等教育领域继续学习。2013—2014学年开始时,隶属于综合大学的113所大学技术学院开始实行新的方案。

四、法国大学技术学院的办学成效与启示

大学技术学院是法国高等教育的一个辉煌成就,它将技术与职业化放在重要地位,将自身建设成为学习与就业、大学与企业之间完美的对接平台。并且,随着时间的推移,这一能动性的体系展示出其强大的适应力、凝聚力和协调性。从20世纪60年代至今,法国大学技术学院培养了数代高级技术人员,获得大学科技文凭的毕业生超过100万人,其中相当大一部分人目前都在企业和行政机构内部担任重要职位,满足了企业对于"中层管理人员"的需求。

(一)大学技术学院的办学成效

第一,丰富、优化了法国高等教育体系结构与区域分布。一是成功地分流了大量技术类高中会考毕业生,避免他们进入综合大学第一阶段后被淘汰的窘迫;二是改变了1980—1990年综合大学发展落后的僵局;三是满足了地方政府对大学技术学院这一教育模式的强烈需求,并获得了他们的大力支持,地方政府(大区、省、市镇)对大学技术学院的支持超过了中央政府。据统计,法国"大学2000年规划"(Université 2000,U2000)中建立的大学技术学院比原来增加了1倍,再加上高等教育地方化招生与1990—1995年这一阶段获得中考毕业证书的学生比例的增加,大学生人数增长最快的就是大学技术学院和大学教师教育学院,增长比例高达31.6%。[①] 大学技术学院成为中等城市中卓越的大学组织。在U2000规划中,法国全国范围内每150平方千米至少有1

---

① Délégationàl'aménagement du territoire etàl'action régionale. Développement universitaire et développement territorial:l'impact du plan Université2000:1990–1995 [M]. Paris:La Documentation francaise,1998:25.

所大学，几乎所有的城市都至少拥有 1 所大学技术学院。法国在巴黎地区之外设立的大学技术学院为地方城市经济或企业发展搭建了科技平台，为法国地方经济发展以及高等教育整体战略规划发挥着重要作用。

第二，推动了法国高等教育职业化。1984 年的《高等教育法》明确提出了高等教育的职业性，到 1992 年，法国政府将"职业化"作为整个公共高等教育的办学目标。大学技术学院从创立之初，其通过与社会和经济领域各种层次的协商合作而实施的教育模式就属于"职业化"教育模式。事实上，大学技术学院并不把文化与教育看作是功利性的，其自身成了教育、研究、经济、行政和社会等领域专业人士之间针对各个层面的运行进行经验交流、相互认证与激励的场所，而且各方积极合作的目的都是维护求职者、学生与毕业生们的利益。

第三，促进技术转移，提高地区技术发展活力。技术转移的目的是促进地区技术发展，大学技术学院在这一转移中的作用是多方面的。大学技术学院首先根据地区情况开展研究，听取地方经济发展的需要，领导开展、促进并支持地方项目。大学技术学院采取的行动主要有：创建青年团队和接待团队；与企业签订多学科研究合同；通过合同、专利以及技术平台等开始渗透到国家和国际竞争性机构以及卓越的组织系统中；通过大学科技文凭或职业学士文凭的实习课程以及指导项目，使学生了解企业生活；对企业职员进行新兴技术、软件技术、设备与工艺技术的培训。由于大学技术学院与职业领域有着紧密与稳固的联系，学院在企业的技术平台创建中发挥着重要作用。尽管大学技术学院的首要任务并不是做研究，但它让研究人员能从技术平台受益。

第四，促进了区域经济社会的发展，增强了地区吸引力。由于广泛的分布以及其适应社会需要的教育方式，大学技术学院在招收学生的多样性上是十分突出的。大学技术学院更多招收的是工人和雇员的孩子，成为真正推动社会进步的工具。2004 年，这些学生占大学技术学院新生总量的 32.9%。1990 年，21.2% 的大学技术学院新生以及 14.6% 的普通大学新生的父母是工薪阶层。1990—1991 学年，大学技术学院享受奖学金学生的比例（31.9%）比普通大学

（16.6%）更高。[1]大学技术学院不仅招收学生多样化，而且学生成功毕业的比例高，真正地推动了高等教育民主化。

从经济的角度来看，被迁移到中小型城市的大学技术学院是真正促进当地经济发展的组织。大学技术学院通过学院的运行开支和设备开支、学院用于职员的开支以及新生的开支等方式影响当地经济。这种影响与货币和就业带来的直接影响是一致的。大学技术学院参与当地的经济发展，通过实习、指导项目以及通过技术转让过程中提供的特定权限与企业（中小规模企业、中小型工业部门、超小企业）进行合作。此外，大学技术学院对地区经济发展的作用也由大学技术学院活动创建与恢复协会体现出来。该协会在法国发展了40多个中继站以促进企业活动的创建与恢复，并支持与促进国家及地区政策在该领域的实行。目前，法国200多个城市内分布着115所大学技术学院的643个院系。大学技术学院的教职工和学生通过学院组织的各种活动或是以个人的名义充分参与到当地城市的社会生活、体育与文化生活中。因此，这些城市从人口的年轻化以及有活力的发展图景中受益。

（二）大学技术学院发展前景

总的来说，在大学生就业与机会均等被视为核心问题的法国，大学技术学院在高级应用型人才培养方面使每个学生都拥有就业能力与机会。大学技术学院与企业界合作，根据就业目标制定教学内容并使之成为学生学习目标，根据学生及其家长、企业对高等教育和研究体制的看法与建议认真制定每一项措施，并从大学技术学院以及毕业生可持续发展的视角综合制定政策、措施，重视招收更多技术型高中会考毕业生、增加学生毕业成功率和机会均等，扩大与高中以及普通综合大学之间的沟通联络，帮助学生顺利完成学业，促进社会公平和快速发展，因而被视为是法国公立大学体系的成功。当前，大学技术学院着力于以下几个方面的建设。

---

[1] 莱昂. 关于教育变迁的观念［M］// 张人杰. 法国教育改革. 北京：人民教育出版社，1994：398.

1. **人才培养与就业**

大力推行学生个人职业计划，与企业界人士合作，在教学及日常学习生活中为每一位学生提供一个职业发展规划指导员，引导学生提高对自身就业能力与水平的思考和关注。与高级技术员班、全国就业办事处及其他就业机构合作，整合足够多的有能力的人力和财力资源，从初中开始一直到大学，为学生个人职业规划提供指导，以减少学生学业失败。同时，加强对个人职业规划这一领域的科学研究，与社会合作共同开发与学生职业规划相对应的创新教育课程，总结大学技术学院在个人职业规划方面取得的经验，以进一步促进实践的发展。

此外，大学技术学院通过与企业界的联系，不断促进课程内容的更新；通过制定实习或就业合同，与企业合作共同推进教学方法的创新与教学内容的发展。在教师尤其是教师－研究员的任务中增加指导工作，通过法律保障和物质支持，鼓励他们将教育教学和实习联系在一起，以促进课程教学持续更新与发展。这对于确保高级应用型人才培养质量、提高其就业能力是至关重要的。

2. **确保已有经验的有效性，鼓励终身学习**

与企业界合作，加强职业、认证与教育之间的联系，不断丰富完善国家职业资格目录，积极参与欧洲高级应用型人才培养项目，共同开发程序与统计工具，增加个人简历的可视性，并在机构合同中增加对已有经验有效性认证的资金条款。

3. **大力培养学生的创业精神**

很多大学技术学院开始大力普及学生创业实践活动。企业是保持经济活力的关键因素，创新创业和企业收购是一项重要的国家事业。大学技术学院通过创建和恢复各种协会，在所有教学中加入相关的要素来推动此项工作。具体举措包括：开展有关竞争情报问题的教学；建立大学技术学院与校友之间的联系，开展各项活动；推动学生创业，使大学技术学院成为创建企业或收购企业的"人才孵化基地"；在大学科技文凭的国家教学大纲和职业学士学位的教学课程中，纳入大学技术学院的创建和恢复协会的活动，并通过个人职业规划指导来实现。

4. 从国家层面支持继续巩固并强化高级应用型人才培养的实践活动

各大学技术学院创建学术委员会，并将学生实践活动纳入其中，大学技术学院地区联盟要在其中发挥应有的作用；大量增加教学人员中的企业界人士，增设教师助理这一职位，吸纳企业职业人士参与到教学中，以促进学校和企业界的联系；成立校友团队，创建能促进就业的人才蓄水池，为学生提供各种就业信息。

5. 加强科研工作

大学技术学院作为中小型企业与大学研究之间的最佳接口，在科学研发方面具有独特的优势。为了更好地利用这个优势，每个大学技术学院成立研究委员会，组织必要的工程师、行政技术和教辅人员开展研究，吸纳并鼓励中等教育阶段的教师参与研究，并通过大学技术学院理事会投票为科学研究提供扶持资金。在本科阶段，在研究基础上开展教学模式创新，让教师－研究人员参与到硕士、博士研究生教育教学中，在技术转移平台、科技转换与研究中心或其他相关机构的资助下提供一些技术转化服务，在研究团队帮助下探索如何创建企业，稳定教师－研究人员的地位。此外，为了使大学技术学院的研究活动得到认可，特设大学技术学院研究、博士生研究和博士生指导与研究奖，提供必要的资金鼓励大学技术学院开展研究，并通过大学会议、研讨会、开幕典礼、出版物、网站等各种交流途径推介研究进展、技术转让以及教学模式创新等。

6. 促进国际化

大学技术学院积极参与国际活动，与国家企业组织或团体合作，支持本国企业国际化发展，同时鼓励学生学习多种外语、到国外企业实习、增设一些企业跨文化课程，促进学生的国际流动，培养具有国际意识和流动性强的学生。建立联合培养文凭，开发教学工程，激励并确保更多的人员参与到教学中。参与欧洲高等技术与职业教育建设，参与共同技能信息库开发，参与欧洲高级技术人员资格认证项目，调整各项政策，整合大学的国际政策，以更好地接收国际学生。

7. 提高大学技术学院管理水平

创新大学技术学院管理模式，加大大学技术学院地区协会在大学技术学院与区域行政机构之间的对话作用，建立大学技术学院－综合大学良好实践宪章，以使大学技术学院良好的教学方式方法得到认可与共享，并促进大学技术学院在国土整治中发挥重要作用。与此同时，加强对大学技术学院的教学评估及评估结果的利用、对毕业生毕业后 5 年的职业发展状况的跟踪调查，开展大学技术学院对地方经济的影响的研究等。

（三）启示

法国大学技术学院的办学实践与办学成效为我国应用型高校发展提供了有益的借鉴。

1. 明确办学定位，厘清人才培养目标

当前我国应用型高校最大的问题是办学定位不准、人才培养目标不明确。法国大学技术学院为培养中高级工程技术与管理人才而创建，这一定位成为引领学校所有工作的指南，如专业设置、课程安排、师资招聘与管理、内部管理、质量保障等。法国大学技术学院主要对学生进行与技术相关的理论、专业培训以及实地训练，为生产一线培养高级技术人员，定位清晰，目标明确；针对性强，专门针对所在地区的经济与社会发展需求服务，针对所在地区的工业、农业和商业发展需求设置专业、安排教学计划，培养本地区发展所需要的人才。大学技术学院的创建达到了两个目的：一是促进了持续增加的越来越多的学生顺利进入高等教育机构学习；二是满足了经济发展对于"中层管理人员"的需求。办学 50 多年，法国大学技术学院一直不忘初心，始终瞄准社会与市场需求，因而能够一直紧跟时代步伐，满足社会需求。对于我国应用型高校来说，首先要思考本校的立校之本是什么，这是存在与发展的前提。而要办出特色，就需全校教职员工时刻关注市场，研究市场与教学，逐渐形成学校的行业特色的组织文化与合力。

2. 创新制度设计，整合外部资源进行学校发展系统规划

法国大学技术学院的创建、专业与课程设置、师资招聘、教学质量监督等环节的规划与实施都由来自政府、企业及相关部门的人员共同参与论证，这就从制度上确保了各专业研究社会"真问题"，进行"真创新"，引进社会和企业中的"真专家"，对学生进行面向实践一线的"真教育"。当前，我国社会改革与经济发展已经进入深水区，政府深刻认识到教育尤其是高等教育对于推动经济发展、实现人口红利的重要作用，在管理方面不断放权，在经费方面不断加大投入。我国应用型高校发展中急需的是科学的规划、合理的战略以及真正懂行的、能够贯彻落实的人才。

应用型高校的生命活力在于与外界的共存互生。我国应用型高校应加强以下4个方面的工作：第一，在发展规划、教学运行方面将真正懂行的专家、用人单位"请进来"，共同为学校发展把脉，真正确保学校发展与国家社会发展同向同行。第二，打破体制障碍，引进真正有用、有效的外部师资。法国大学技术学院多元化师资和稳定的外部兼职教师是其成功的重要保证。产学研合作共赢是应用型高校发展的必由之路。对于我国应用型高校而言，最大的问题是突破体制的障碍，进行教学、科研以及用人制度改革，让教师能进能出，把真正能发挥有效教学的人才引进来，整合师资力量，发挥多元化师资优势，为学生传授真正有用的内容。第三，"走出去"。从学校各级领导到任课教师以及学生，都应该走出校门，到社会、到企业中去。校领导要多调研、多研究、少开会；课程设置方面要减少学生面授时间，加大社会实习实践的比重；任课教师要多了解企业和社会发展现状，为学生提供接地气、有温度、有效的教育内容；学生要多到社会中实习，感知社会、增加职业体验，增强社会责任感和学习主动性。第四，引入社会第三方机构，整合政府、社会和企业等多方资源，进行行业评估与国家统一认证，建立适用于应用型高校的质量保障体系，共同确保学校的可持续发展。

3. 建立相互融通的学历文凭体系，为学生可持续发展构筑多元通道

与我国一样，法国也有重学术、轻技术的传统。然而，法国大学技术学

院严格招生标准、严控教学质量以及应用性强的办学导向，极大地提高了大学科技文凭的社会认可度，毕业生不仅就业前景好，扎实的技术理论功底也为其继续深造奠定了基础。而新学位制度的实施，为毕业生继续学业或国际流动提供了通道，进一步增强了大学技术学院的吸引力。全国范围的大学技术学院发展共同体组织也为大学技术学院的品牌建设提供了保障。我国应建立全国统一的高等教育质量标准，严格把控人才培养"出口关"；构建行之有效的分流与淘汰机制，引导、促进各类人才灵活而合理地流动，以实现各得其所、人尽其用；探索实施全国范围的等值学分制度，使不同层次、不同类型高校的学生可以依据自身情况在各级学历教育中自如转换，从而拓宽应用型高校毕业生的可持续发展空间，有利于应用型高校吸引更多优质生源。同时，应用型高校要加强公共关系的设计与经营，努力打造学校品牌，提高学校在国内外的可视度和影响力。

（作者简介：高迎爽，中国社会科学院大学规划与评估处副处长、高等教育研究所副主任／副教授）

跨学科研究平台建设

——以法国索邦大学协会巴黎等离子体物理实验室为例

跨学科研究是高校取得世界一流科研成就、提高国际学术声望的有效方式，跨学科研究平台的构建更是建设一流大学的重要驱动之一。基于时代要求和国家需求，"巴黎等离子体物理实验室"（Plasmas à Paris，PLAS@PAR）建立于2011年，是在法国国家大型工程"未来投资计划"框架下设立的重点项目之一，隶属于索邦大学协会（Association Sorbonne Université），由11个在法国名列前茅的实验室组成，汇集130多名研究人员，旗下拥有科学、工程、社会科学、人文等学科领域的15个子项目。PLAS@PAR重点聚焦于新兴交叉学科和复合学科领域的学科团队建设，以等离子体物理为研究领域，以突破物理领域的跨学科研究壁垒为核心。该跨学科研究平台联合巴黎地区在不同科学领域工作的顶尖等离子科学家，旨在推动新的协同合作和在不同领域研究之间建立桥梁，以期达到不同研究领域间融合衔接、实现资源共享的目标。作为PIA投资框架下的重点项目，PLAS@PAR历经8年的发展，已成长为一个独具特色的跨学科研究平台，并取得了卓越的成就。在2015年法国高等教育、研究与创新部对所有获资项目进行的"中期"评估中，PLAS@PAR科研成绩优异，受到国际的广泛认可。探究索邦大学PLAS@PAR的建设特点及经验，对我国探索世界一流大学跨学科研究平台的组织构建具有启示意义，也为解决当前我国跨学科研究平台建设与管理问题提供了有益对策。

一、建设背景

PLAS@PAR 作为法国具有引领性的跨学科研究平台，它的建成有其独特的时代背景。跨学科研究在科技发展中的重要作用，使得法国政府发布了一系列举措和政策推动跨学科研究平台的建设。与此同时，为建成世界一流大学，法国高校也积极促成跨学科研究平台的形成并支持其后续发展。

（一）跨学科研究带动国家科技发展的迫切需求

随着时代的深刻变革和科学发展的内在需求，如今跨学科研究已然成为科学研究的新形式、新标杆。跨学科研究与基础学科的重要突破、知识的创新应用以及自然社会问题的解决密切联系在一起，在推动科技发展方面发挥着重要的引擎作用。法国政府一直明确强调跨学科研究本身及其在科技发展层面的重大作用。自1993年以来，法国政府已经连续3次将跨学科研究列入国家科研规划，并作为国家科研发展战略的重点。近年，为提高国家科技竞争力，法国政府斥资330亿欧元，出台了一系列支持政策，通过投资研发、公共补贴、税收减免等优惠政策鼓励高科技研发创新，以达到提升国家科技竞争力的目标。[①] 由于跨学科研究在高科技创新中至关重要，法国政府重点资助跨学科项目，跨学科研究成为关注的焦点。在此背景下，索邦大学构建了跨学科研究平台——PLAS@PAR。

（二）"卓越实验室"国家战略的全面推动

PLAS@PAR 是法国"卓越实验室计划"重点投资的项目之一。为推动高等教育发展，法国政府提出3项重要举措，即"卓越大学计划""卓越实验室计划""卓越设备计划"，这一系列举措皆是由法国政府于2010年推出的斥资

---

① 张惠，刘宝存. 法国创建世界一流大学的政策及其特征[J]. 高等教育研究，2015，36（4）：89–96.

350亿欧元的大型国家投资计划——"未来投资"进行财政支持的[①]。在此背景下,"卓越实验室"计划于2010年宣布启动,投资金额为10亿欧元,旨在打造具有国际知名度的一流实验室,提高法国高校的科技创新力。通过"卓越实验室计划",法国实验室将获得充足的资金,为法国招聘或留任具有高水平或高潜力的科学家提供财政支持,为改善实验室硬件设备资源提供资金,为法国实施创新性的教育项目和科学研究提供平台[②]。作为法国重要发展战略之一,服务于法国宏大的科技项目的"卓越实验室计划"为PLAS@PAR的建设发展营造了良好的政策环境。

(三)索邦大学协会跨学科建设的强大支持

索邦大学协会是由索邦大学、贡比涅技术大学(UTC)、欧洲工商管理学院(INSEAD)、法国国家科学研究中心(CNRS)等10个高等教育及研究机构共同组成的大学协会[③],所涵盖学科广泛,涉及医学、工程、人文和社会科学等,这种互补性使其成为一所兼创新与民主于一体、科研实力雄厚并被国际社会公认的世界重点科学研究中心[④]。在促进跨学科研究方面,索邦大学协会制定跨学科研究策略,将研究关注重点置于"卓越实验室"计划中的战略性项目上,以融合与衔接不同的研究领域,实现资源及平台的共建与共享。因此,PLAS@PAR在索邦大学协会的支持下建成,索邦大学协会为其提供高水平的实验室、多样的学科、一流的师资、浓厚的学术氛围。

---

① L'Agence nationale de la recherche(ANR). Les Investissements d'avenir[EB/OL].[2019-03-05]. https://anr.fr/fr/investissements-davenir/les-investissements-davenir/.

② Ministère de l'Enseignement supérieur, de la Recherche et de l'Innovation. Lancement de l'appel à projets "Laboratoires d'excellence"[EB/OL].[2018-04-01]. http://www.enseignementsup-recherche.gouv.fr/cid52746/lancement-de-l-appel-a-projets-laboratoires-d-excellence.html.

③ L'association Sorbonne Université. Les établissements membres de l'association Sorbonne Université[EB/OL].[2019-04-05]. http://www.sorbonne-universites.fr/a-propos-de/les-membres-de-lassociation-sorbonne-universite.html.

④ 张惠,张梦琦. 法国创建世界一流大学的战略实践——以索邦大学为例[J]. 比较教育研究,2016,38(6):22-28, 41.

二、建设策略

为保障 PLAS@PAR 这一跨学科研究平台的有序运行,该平台提出明确的建设目标,实行正确的建设策略,打造坚实的建设基础。

(一)建设目标

PLAS@PAR 的建设目标是在与等离子体物理学紧密联系的学科之间建立桥梁,核心聚焦于突破物理领域的跨学科研究壁垒。等离子体物理学研究十分重要,等离子体物理学对于理解自然界和人类社会中发生的各种各样的现象至关重要,并为其在工业上的广泛应用提供了理论基础。然而,由于等离子体科学涉及的领域极其广泛,等离子体相关研究分散在天体物理学、基础等离子体物理学、工业等离子体等许多不同且复杂的学科,这一领域的研究存在研究内容孤立、方向局限的问题,这就需要建设一个涉及物理学和工程科学等学科的跨学科研究平台进行跨学科合作,PLAS@PAR 应运而生。PLAS@PAR 是集物理学、天体物理学、物理化学、工程科学等前沿学科的跨学科集群,又与应用数学和计算机科学有着密不可分的联系。[①] 因此,该平台具有典型的跨学科属性,建设目标定位于等离子体物理学科交融发展,以期依托跨学科研究平台整合学科资源,增加跨学科研究产出,推动物理学进步。

(二)建设策略

由于 PLAS@PAR 是一个跨学科研究平台,其建设策略也围绕跨学科这一关键词开展,从科学研究、课程教学、社会服务 3 个方面进行具体的落实。在科学研究层面,PLAS@PAR 的建设重点之一是等离子体物理学及相关领域的跨学科研究[②]。该平台突破物理领域的跨学科研究壁垒,研究人员包括物理、化学、数

[①] Plasmas à Paris. PLAS@PAR Research Goals [EB/OL]. [2019-05-01]. http://www.plasapar.com/en/research/goal-of-plas-par.

[②] Sorbonne Universités. Plas@Par: Plasmas à Paris [EB/OL]. [2019-04-21]. http://www.sorbonne-universites.fr/actions/recherche/labex-de-sorbonne-universites/focus-sur-les-labex/plaspar-plasmas-a-paris.html.

学等不同领域的师生，通过科研成果展现学科交叉的特点。在课程教学层面，不同领域教师流动相对自然且频繁，不同学科背景的教师向学生教授跨学科知识，解决成员间知识背景的同质化与交流合作方式单一的问题。在社会服务层面，PLAS@PAR积极举办科学主题日，各领域的学者通过科学主题日交流分享前沿知识；组织跨学科企业会议，跨学科研究成果通过此会议真正投入社会生产，如开发等离子体物理应用的仪器；举办跨学科的科学展览会使社会大众接近物理学，打破科学与生活的界限，使知识的应用与传播真正做到与社会公众接轨。[1]

（三）建设基础

PLAS@PAR的跨学科研究平台建设依赖于跨学科团队的交互合作，团队互动在促进跨学科方面起着举足轻重的作用。该平台提供一个交流学习的跨学科环境，相关的跨学科团队信息共享共用，使研究人员理解团队交互的意义、锻炼相互协作的能力和组织领导团队能力，以此为基础构建实现等离子体物理学跨学科这一研究目标的平台。由于学科知识的隔阂、学科系统的封闭、学者个体间认同冲突等原因，跨学科建设的过程是一个不同学科文化不间断协调整合的过程[2]。PLAS@PAR在不同的学科领域之间建立桥梁，分享专业知识和以此确定共同的研究领域，实现学科交融的目标。跨学科的交互合作为学术团队建设提供重要保障，是高端科研成果产出的首要保证。近年来，PLAS@PAR开展跨学科合作研究的成果和合作研究人员不断取得突破与创新。

三、建设路径

PLAS@PAR跨学科研究平台的创建及实施始终围绕物理领域跨学科研究这一目标，为此，该平台打造一流的跨学科团队、形成有序的跨学科治理结构，培养高水平的跨学科人才。

---

[1] Plasmas à Paris. Links with Industry [EB/OL]. [2019-05-27]. http://www.plasapar.com/en/outreach/valorization.
[2] 王娜，黄巨臣. 推进跨学科建设：我国世界一流大学形成的路径选择 [J]. 现代教育管理，2018（5）：24-29.

（一）跨学科的团队建设

PLAS@PAR 平台汇集了来自 11 个实验室的 130 名研究人员，其中大多来自被法国研究与高等教育评估署（AERES）评为"A+"的研究中心和实验室。跨学科的实验室是 PLAS@PAR 的基本组成单位。例如，"天体物理学和大气辐射与物质研究实验室"（Laboratoire d'Études du Rayonnement et de la Matière en Astrophysique et Atmosphères，LERMA）是一个享誉国内外的跨学科科研实验室，11 个来自不同领域或本身就涉及跨学科的实验室提供异质化的知识和研究方向，形成融洽的合作关系。每一个实验室拥有自己的科研团队，各科研团队相互学习、共享知识。例如，隶属于巴黎高等理工学院的 LPP 实验室旗下包括 4 个不同方向的研究团队，但团队之间并非处于割裂隔离的状态，而是发挥各自长处，共同开展等离子体物理和化学的基础研究，以期在物理学领域有所发现。作为一个处于多学科共存的复杂生态之中的研究集群，PLAS@PAR 的每一个实验室及其旗下的科研团队在该跨学科研究平台上积极参与多学科交融研究并贡献自己的科研力量。这种融洽的团队关系在突破物理领域的跨学科研究壁垒方面发挥着重要作用，为该平台的长远发展保驾护航。

（二）跨学科的治理结构

为了在组织管理上给予跨学科研究大力支持，PLAS@PAR 设置了指导委员会（Comité d'organisation）、科学委员会（Comité scientifique）、信托委员会（Comité des fiduciaires）。其中，信托委员会在推进 PLAS@PAR 跨学科发展中发挥了至关重要的作用。信托委员会主席（可连任）任期为 4 年，委员由构建 PLAS@PAR 平台的各学校和研究机构的代表组成。如索邦大学、巴黎高等师范学院（École Normale Supérieure，ENS）等学校和法国国家科学研究中心等研究机构，每年由 PLAS@PAR 上级机构索邦大学举行 1 次会晤，从组织和人员配备上保证跨学科研究的顺利实施。指导委员会和科学委员会设置 1 名主席、1 名副主席和若干名委员,这些委员同样是 PLAS@PAR 平台的利益相关者,委员多数是科研人员,直接从实验室中选出并且直接参与到相关研究之中,降低不必要的沟通成本,为跨学科研究直接提供科学指导。

(三)跨学科的人才培养

PLAS@PAR 的课程教学主要面向硕士研究生,等离子体物理学研究人员参与不同层次的教学,为硕士一年级和二年级学生提供具体和深层次的课程,教学计划涵盖了等离子体知识的各个方面。硕士课程中包含的知识为其他学科提供了一个广阔的开放空间,这些学科包括工程学、环境和地球科学、天体物理学、生命科学等。各级各类学科在此课程中交融,形成一定意义上的跨学科课程。除此之外,PLAS@PAR 还通过独具特色的暑期学校推广等离子体物理学知识。每年 8 月,该平台开办一所主要面向硕士生的免费暑期学校,同时也鼓励博士生拓宽研究视野、寻找研究主题。远程教学和慕课(MOOC)也是 PLAS@PAR 的特色教学方式。索邦大学等离子体物理硕士一年级课程可以通过远程教学完成,学生后续可将包括讲义、视频、自我纠正练习、家庭作业等内容交回学校批阅。

四、建设特点

PLAS@PAR 在探索跨学科研究平台建设的道路上,由于其合作者来自不同学校和机构,积极发展国际事务,取得丰硕的学术成果,逐渐形成了特色。

(一)跨校跨机构,深度交互合作

PLAS@PAR 通过有效组织跨学校、跨机构的实验室消除组织、管理和人员之间的障碍,让研究人员之间建立了广泛的联系网络。PLAS@PAR 跨学科研究平台汇集了来自各个学校和各类研究机构的实验室,如巴黎第六大学的 7 个实验室和巴黎纳米科学研究所(Institut des nanosciences de Paris,INSP)的实验室[①]。跨校跨机构的交互合作为 PLAS@PAR 平台提供丰富的跨学科资源，不同学校和机构以不同的视角在同一平台进行跨学科研究，使得跨学科研究更为全面且具有现实的实践意义。PLAS@PAR 这种跨校跨机构的跨学科交互合作为学术团队建设提供重要保障，是高端科研成果产出的首要保证，是该平台建设的首要特点，也是最为重要的目标之一。

（二）支持国际交流，扩展国际视野

接轨国际前沿的跨学科研究是 PLAS@PAR 平台建设的重中之重，也是该平台建设的主要投资领域之一。PLAS@PAR 提供国际交流的机会及相关的支持服务，积极呼吁学生"走出去"，在本平台之外寻找更为广阔的跨学科学习之处。例如，为想要在意大利学习等离子体知识的法国学生提供为期一年的奖学金；通过多方举措吸引外国学生来校进行跨学科交流学习，为想在巴黎学习等离子体物理学的外国学生提供为期一年的指导，向选定的候选人提供国际资助；除了学生自主性的国际流动，PLAS@PAR 还与外国实验室密切合作，在双方合作的项目中提供助学金帮助学生来巴黎学习，外国学生可以选择 PLAS@PAR 的实验室进行实习。

（三）跨学科成果丰硕，成果转化率高

PLAS@PAR 致力于等离子体物理学的跨学科研究，科研成果层出不穷，拥有高水平的科研课题、在重要期刊上发表高质量文章、出版广泛认同的出版物以及举办高层次的学术会议。面向社会进行科研成果转化是开展科学研究的重要目标，PLAS@PAR 积极与产业界建立密切的合作伙伴关系。PLAS@PAR 在产业界举办高质量的活动或会议，隶属于不同实验室的研究团队、各类技术研发公司和技术用户在会议上交流不同学科领域的知识，加强来自高校的学术研究小组与来自工业界的应用研究团队之间的合作，使技术产品更好地满足社

[①] Plasmas à Paris. Laboratories［EB/OL］.［2019-06-03］. http://www.plasapar.com/en/laboratories.

会需求。例如，LPP 实验室已建立 3 家初创公司，通过初创公司实现研究人员到企业创始人的身份转变，将研究人员的跨学科科研成果真正转化到市场中，提高 PLAS@PAR 的跨学科研究成果转化率。

五、结语

迄今，PLAS@PAR 已成立 11 年并取得了丰硕的研究成果，其跨学科研究的主要特点和经验为我国高校跨学科研究平台的组织构建提供了有益的参考。法国政府通过"未来投资计划"对"卓越实验室计划"进行大规模的财政援助，推动合作实验室的发展，鼓励各级各类科研机构开展跨学科研究。反观我国跨学科研究还处于起步阶段，未来的跨学科研究发展需要国家与政府加强国家层面的战略引导与政策支持。国家可根据社会经济发展水平制定跨学科研究的国家战略，并给予一定规模的财政支持，以引领中国跨学科研究的有序发展。

（作者简介：方华，北京航空航天大学高等教育研究院硕士研究生；张惠，北京航空航天大学高等教育研究院副教授）

法国工程教育的传统特色与创新发展

在新冠肺炎疫情全球蔓延的背景下，《大学生报》（*L'Etudiant*）在 2020 年 7 月 1 日发布的文章提到，根据法国工程师和科学家协会（L'Association Ingénieurs et scientifiques de France，IESF）第 31 次年度调查的结果显示，即使在疫情影响下，工程师行业仍然保有光明的前景，具体表现在工程师文凭持有者的失业率低，2019 年的失业率仅为 3.5%，到 2020 年年初，这个数据仍维持在自从有 IESF 的调查以来的最低水平之一。[1]

工程师在法国一直都是具有竞争力的职业。根据 2014 年 IESF《工程师观察》（*L'Observatoire des ingénieurs*）的一项调查显示，在法国，2013 年新聘约 10 万名工程师，与 2012 年相比增加了约 14450 人。另有调查显示，在"是否对自己在 2016 年获得一份好工作有信心"这一问题上，约 70% 受访的工程专业学生持肯定态度，52% 的商学专业学生持肯定态度。法国工程师和科学家学会的杜瓦（Gérard Duwat）将原因解释为"工程师的失业率低于 4%……相比前两年，2015 年工程师毕业生离校后找到工作用时更短、薪酬更高"。根据《工程师观察》的调研，初入行的工程师平均年毛收入是 3.4 万欧元，工程师

---

[1] Enquête IESF：les ingénieurs toujours très recherchés sur le marché de l'emploi［N/OL］.［2021-01-07］. https://www.letudiant.fr/educpros/actualite/enquete-iesf-les-ingenieurs-toujours-tres-recherches-sur-le-marche-de-l-emploi.html.

整体平均年毛收入是 5.52 万欧元，双学位（文凭）的工程师平均年毛收入能达到 7.5 万欧元。其中一些领域的工程师收入较高，例如采掘业的工程师年毛收入可达到 9 万欧元。

法国工程教育具有自己独特的优势，在全球也具有一定竞争力。在 2020—2021 年 QS 学科排名中，巴黎综合理工学院、巴黎文理研究大学、巴黎中央理工 – 高等电力学院（Centrale Supélec）等院校在机械工程、电气电子工程、土木工程与结构、工程技术等学科的排名中进入百强；索邦大学、法国国立高等工程技术学院（Arts et Métiers，Paris Tech）、法国国立应用科学学院（Institut National des Sciences Appliquées de Lyon，INSA）等院校进入二百强。巴黎综合理工学院和巴黎中央理工 – 高等电力学院在机械工程和工程技术两个学科的排名中均进入百强。

一、法国工程教育历史悠久

法国工程教育的发端可追溯至 16 世纪，其初衷是培养参与国家建设的人。1571 年，阿库勒斯海事学院（CM Accoules）成立，专门培训军事工程人员。18 世纪 40 年代，法国成立了首批工程师学院，如路桥学校（1747 年）、坑道壁工程学校（1748 年）。法国大革命爆发后，封建君主专制瓦解，旧制度下建立的工程师院校相继关闭。新生的共和国亟须恢复社会秩序，重建公共设施、整肃军队、培养高素质的军事人才。培养军事人才和服务国家基础建设的工程师，成为工程师学院在那时的两大使命。1794 年，在法国公共安全委员会的主持下，中央公共工程学院（1795 年改名为综合理工学院）应运而生。该学校重视基础科学与学术知识，初显法国工程师教育的特征。1805 年，拿破仑将其改为一所军校。直至 1970 年，巴黎综合理工学院一直都有着军校与工程师学院双重身份。如今，巴黎综合理工学院同时隶属于法国国防部和教育部。其办学定位影响了后来很多工程师学院，以至于一些学者认为法国工程师学院在其影响下过于重视学术和抽象理论，培养出的人才太早进入指挥官角色，而缺少实践层面的人才。①

工业革命的爆发使各行业产生了新的人才需求，工程师学院开始培养支撑行业发展的人才。19世纪上半叶，工业革命直接促进了法国工程师学院的发展，成立了多所工业领域的工程师院校，如巴黎中央理工学院（EC Paris）、里昂中央理工学院（EC Lyon），培养国家基础设施建设所需要的人才。工程教育得到了更全面的发展，逐渐成为法国高等教育中独具特色的一部分。

19世纪下半叶，随着各领域科学技术的发展，一些专业工程师院校，如电信、航天航空等领域的专业工程师院校相继出现。20世纪下半叶，法国高校与产业界的联系逐步紧密，一些高校在内部建立了工程师院校，如国立高等工程师学院（ENSI）和大学综合理工学院（UT）。第二次世界大战后，一些新成立的工程师院校则以技术大学命名，如贡比涅技术大学、特鲁瓦技术大学。

20世纪90年代初，工程师学院以学徒制培养人才的途径出现。1996年，通过学徒制获得工程师文凭的人数仅占当年工程师文凭总数的4%。根据工程教育职衔认证委员会（CTI）对其他国家的一些观察，学徒制当时只限于手工业人才培养，并没有达到技术员层面。即使是在以学徒制闻名的德国，学徒获得的最高学历只相当于高中毕业后3年的层次。2000年之前，开展学徒制工程师培养的学校大部分还是继续教育相关的学校。2005年开始，在政府的推动下，工程师学院向学徒制开放。10年后，40%的工程师教育项目向学徒制开放。在此过程中，工程师人才培养过程中理论教学与实践教学不断融合，提升了人才的实践能力。2015年，通过学徒制获得工程师文凭的人数仅占当年工程师文凭总数的15%。2017年共166304学徒中，有约14%攻读工程师文凭。②

---

① Les Ingénieurs formés par pa voie de l'apprentissage. Les recruteurs res jugent plus compétents mais continuent de recruter en priorité les ingénieurs formés par les grandes écoles [J/OL]. Management&Avenir. https://www.cairn.info/revue-management-et-avenir-2017-5-page-15.htm：17.

② Ministère de l'Enseignement supérieur, de la Recherche et de l'Innovation. Repères et références statistiques sur les enseignements, la formation et la recherche-2019 [EB/OL]. [2021-02-06]. https://www.enseignementsup-recherche.gouv.fr/pid24831-cid144369/reperes-et-references-statistiques-edition-aout-2019.html：7.

二、法国工程教育体系完备

法国工程师学院（Ecole d'ingénieur）属于法国精英教育体系大学校的一部分，目前法国共有250多所经过CTI认证的工程师学院，每年招收的学生超过10万名，颁发3.5万张工程师文凭（学位）。[①]

获得工程师文凭的途径多元，学生和学徒通过初始教育、在职工作者通过继续教育、先前经验认证（VAE）都可以获得工程师文凭（diplôme d'ingénieur）。大部分工程师学院都招收学徒，为学徒颁发的工程师文凭约200种。工程师文凭（学位）占每年法国颁发高等科学与技术类硕士学位数量的2/3。工程师文凭持有者可以继续深造，攻读工程师专业文凭，相当于高中毕业后第六年的文凭。[②]工程师还可继续申请攻读工程博士或其他相关学科的博士。工程博士的学制一般为3年。

法国的工程师文凭不仅是一种职业资格证书，还是硕士学位证书。工程师能从事的职业不仅遍布军事、商业领域，还在政界占有一席之地，被称为"工程师治国"。仅以巴黎综合理工学院为例，自1848年法国设立总统一职以来，有多位总统、总理来自这所学校。工程师在法国企业的科研工作中也发挥着重要作用。2016年，企业科研人员中工程师比例超过50%，而博士仅占12%。[③]

法国工程师教育分为3年制和5年制。巴黎综合理工学院、巴黎中央理工－高等电力学院等为3年制（预科后）工程师学院。根据2020年12月《费加罗报》（Le Figaro）与《大学生报》分别发布的2021年法国工程师学院排名榜单，两大榜单排名前十名的院校采取的均为3年制培养模式，这显示出3年

---

① Les écoles d'ingenieur [EB/OL]. [2021-02-14]. https://www.maroc.campusfrance.org/les-ecoles-d-ingenieur.

② Formations d'ingénieur [EB/OL]. [2021-02-14]. https://www.enseignementsup-recherche.gouv.fr/cid20194/les-formations-d-ingenieur.html.

③ Ministère de l'Enseignement supérieur, de la Recherche et de l'Innovation. Repères et références statistiques sur les enseignements, la formation et la recherche–2019 [EB/OL]. [2021-02-14]. https://www.enseignementsup-recherche.gouv.fr/pid24831-cid144369/reperes-et-references-statistiques-edition-aout-2019.html：10.

制（预科后）工程师学院的卓越性。[1]法国5年制工程师学院约有100所[2]，分为两类，一类是5年一贯制的工程师学院，另一类是开设共同预科课程的学院。4所国家工程师学院（ENI，分别位于梅兹、布雷斯特等地）、高等工程师和管理学校联盟（FESIC）21所成员学院、法国国立应用科学学院（INSA）等均为5年一贯制工程师学院。法国4所国立高等理工学院（INPL，分别位于格勒诺布尔、南锡等地）、32所公立工程师学院开设共同预科课程。法国化学工程师院校联盟的成员院校也开设共同预科课程。

工程师学院都有自己的专业细分方向，笼统地来说可提供的专业总共分为8个大类：物理–化学（physique chimie）、数字–计算机–数学（numérique, informatique et mathématique）、农学–生物–医药（agronomie, biologie et médical）、运输–物流（transport logistique）、能源–环境（énergie environnement）、公共工程–建筑–土木工程（btp construction génie civil）、工业工程–机械工程（génie industriel et génie mécanique）、材料领域工程师（matériaux）。

三、法国工程教育特色鲜明

（一）重视人才选拔和基础学科教学

在工程师培养中，工程师学院把数学和物理学科放在了十分重要的位置，重视对学生数学和物理素养的测试和培养。

工程师学院人才选拔较为严格，有以下几种入学途径。

一是高中毕业后，5年制工程师学院的申请者通过parcoursup[3]程序申

---

[1] Classement 2021 des écoles d'ingénieurs［EB/OL］.［2021-02-14］. https://www.letudiant.fr/palmares/liste-profils/palmares-des-ecoles-d-ingenieurs/palmares-general-des-ecoles-d-ingenieurs/home.html.

[2] Les différentes voies d'accès en école d'ingénieurs［EB/OL］.［2021-01-07］. https://www.onisep.fr/Choisir-mes-etudes/Apres-le-bac/Principaux-domaines-d-etudes/Les-ecoles-d-ingenieurs/Les-differentes-voies-d-acces-en-ecole-d-ingenieurs.

[3] Parcoursup是法国国民教育部和法国高等教育、研究与创新部2018年共同发布的一种申请程序，用于将本科学位分配给高中生和其他候选人。

请（申请材料+考试）进入大学校预科班（Classe Préparatoire Grande Ecole，CPGE）。经过两年的预科学习（主要学习数学和物理知识与方法论）后，需要参加考试（contrôle continu），通过之后才能继续完成剩下3年的课程。此类工程师学院在校生约占全国工程师学院在校生的1/4。[1] 预科班专门培养未来进入精英类院校的学生（比如高商、工程师院校等）。有意申请工程师学院的同学可以选择理工类预科，在两年里学习大学基础教育，如数学、物理、化学、生物和编程等课程。

二是持有高级技师证书（BTS）、大学技术文凭（DUT）或通常情况下本科二年级（Bac+2）水平以上的申请者，有资格通过提交材料申请3年制工程师学院，学生学习3年后可获工程师文凭。工程师学院在校生中，有20%是来源于BTS、DUT持有者，8%来源于本科二年级、三年级学生（就读工程教育项目第一年）或硕士一年级学生（就读工程教育项目第二年）。[2]

三是国际学生，主要是通过提交相关材料来进行申请。通常，中国的本科毕业生都通过以下几个项目来申请法国工程师学院：IP Paris联盟、巴黎高科、N+I项目、IMT集团等，这几个项目基本囊括了法国大部分的工程师学院，且通过项目申请可一次性提出多所院校申请。

一所工程师学院的生源通常也是多样化的。以2020年9月入学巴黎中央理工－高等电力学院的900多名学生为例，其中751人来自预科班，50人来自综合性大学本科，29人是与其他法国高校联合培养的双学位学生，60人是与国外高校联合培养的双学位学生，11名学生来自农学和兽医学预科班（该校首次招收该预科班学生）。

---

[1] Ministère de l'Enseignement supérieur, de la Recherche et de l'Innovation. Repères et références statistiques sur les enseignements, la formation et la recherche-2019［EB/OL］.［2021-02-14］. https://www.enseignementsup-recherche.gouv.fr/pid24831-cid144369/reperes-et-references-statistiques-editionaout-2019.html：172.

[2] Les différentes voies d'accès en école d'ingénieurs［EB/OL］.［2021-01-07］. https://www.onisep.fr/Choisir-mes-etudes/Apres-le-bac/Principaux-domaines-d-etudes/Les-ecoles-d-ingenieurs/Les-differentes-voies-d-acces-en-ecole-d-ingenieurs.

（二）重视产学合作，提升毕业生实践和综合能力

产业发展日新月异，如果教学的发展无法赶上企业需求的变化，学校培养出的学生便不受企业青睐。与产业界的密切合作是法国工程教育的显著特色之一。产业界代表是法国工程教育职衔认证委员会成员，学校理事会中也有一定比例的产业界代表，产业界代表与教师、研究者、管理者共同商定人才培养目标、课程开设、教学原则和实施方法。在一些工程师学院，产业界代表占到近一半。

在课程与教学方面，法国工程师培养阶段的部分课程没有指定教材，授课教师按照大纲根据自己的需要编写或采用教材。工程师阶段的教学大纲由各个学校自行制定并接受工程师文凭认证委员会和校行政委员会的双重监督。产业界也会参与部分具体课程的制定。除了被邀请到学校开讲座，产业界人士还在学校开设课程。此外，企业会资助一些课程的开设、设备仪器、奖学金和实习机会。法国大多数工程师学院通常为学生安排两次实习。学生有机会了解一个企业真实的运营情况和组织流程，企业是如何提高效率的，以及需要毕业生具备哪些能力等。

法国工程教育领域普遍认为，工程师是全面负责项目设计、实施和创新的职业。除了专业技能，工程师还应该具有人力资源、项目和企业管理的能力，知道如何在人力资源、资金和资源限制的条件下研发项目。因此，工程师教育的课程开设全面，可以分为理论课、应用课、人文和社会课。一般情况下，在3年制工程教育项目或5年制项目的后3年中：第一学年以公共课性质的基本理论教学为主，旨在加深和拓宽预科班学习的科学基础理论知识，教学形式较为灵活；第二学年多为技术基础课，课程以专业理论课和实验课为主；第三学年以工程技术课为主，学生重点进行毕业设计和工业专题研究。

（三）设立专门评估机构保障教育质量，促进工程教育质量国际互认

法国设立了专门、独立的质量保障机构对工程教育进行评估。法国工程教育职衔认证委员会（CTI）于1934年成立，成立初衷是解决当时工程教育无法满足企业发展需求的问题。其负责授权学校颁发工程师文凭，并对工程师学院进行评估。

自成立以来，CTI的职责不断发展，目前主要职能有以下几方面。第一，对法国工程师院校的教育质量进行评估，对私立学院的认证具有决策权，并有权向相关学院的政府主管部门提交对公立学院的建议；对法国工程师学院海外办学开展认证；对提出申请的海外院校办学进行认证。第二，明确工程师能力需求、人才培养标准和流程；帮助院校持续改进教与学，以适应企业和社会的发展。第三，促进工程教育质量国际互认。经过欧洲高等教育质量保障联合会（ENQA）、欧洲高等教育质量保障机构注册处（EQAR）的认可，CTI主导着法国工程师教育融入博洛尼亚进程。CTI还是欧洲工程教育认证联盟（ENAEE）创始组织之一，有权颁发欧洲工程教育认证体系（EUR-ACE）证书。[1]

在保障工程教育质量评估方面，CTI每年发布工程教育领域的标准文件，出版工程师教育认证指南，所有工程师学院都要依照CTI发布的文件开展教学。每隔5年，CTI会对工程师学院进行评估，检查学校是否按照其规定办学，不符合要求的学校须在一至两年半的时间内进行整改，如还是无法达到各种规定，CTI将取消其颁发工程师文凭的资格。获得CTI的认证意味着，该学校的教学质量得到了专家的认可并符合企业的现实需求。

在帮助院校改善教与学方面，CTI开展多种专项调查，了解院校具体情况，分享最佳实践，帮助院校在教学中适应企业和社会的发展。比如，CTI在2019—2020年聚焦"数字化与学院"主题，调研学校办学信息化水平，具体

---

[1] Histoire et missions de la CTI [EB/OL]. [2021-02-14]. https://www.cti-commission.fr/la-cti/histoire-et-missions.

涉及4个方面：基于信息通信基础开展的教学创新、教学中数字化的相关内容、院校管理的数字化、数字化背景下的职业发展。①

在促进工程教育国际化方面，CTI除了支撑法国工程师教育在欧盟高等教育区的互认，还致力于工程师文凭在世界范围内得到广泛认可。截至目前，中国有4所大学得到工程教育职衔认证委员会认证，分别是中国民航大学、北京航空航天大学、中山大学与上海交通大学。这4所学校也可以像法国本土的工程师学院一样，向完成学业并通过考核的学生颁发符合法国标准的工程师文凭。CTI还与法国科研与高等教育评估高级委员会（HCERES）中国教育国际交流协会合作，联合开展中法工程师学院认证。

（四）多主体参与教育治理，协会组织发挥积极作用

以法国政府构建的支持利益相关者参与的治理模式为基础，法国工程师学院治理呈现出多主体参与的特点。公立工程师学院隶属于不同的政府部门（高教部、交通部、国防部、工业部等），私立工程师学院通常受到行业协会的管理。有的工程师学院隶属于综合性大学（如巴黎文理研究大学－国立巴黎高等化学学校），但在办学中拥有自主权，治理模式不同于综合性大学，保持着工程教育治理的特色。工程师学院中的学徒制还同时接受成立于2019年主管职业教育的法国能力署的管理。行业企业代表通过CTI、行业协会、院校理事会等路径参与工程师教育治理。

除此之外，工程师教育相关的协会组织在促进院校发展和学生发展方面发挥着积极的作用。例如，工程师学院校长会议（CDEFI）是代表法国开展工程师教育的院校校长的咨询组织，其首要使命是促进法国、欧洲乃至直接工程师教育的发展。经过CTI认证的所有工程师学院都有资格成为CDEFI的成员。CDEFI开展的主要工作有：帮助法国工程师学院院长履行职责，为学校规划发展提供有用的信息，发表与教育和研究相关的立场，促进法国与全球工程师

---

① La CTI lance le focus "le numérique et les écoles" [EB/OL].[2021-02-06]. https://www.cti-commission.fr/la-cti-lance-le-focus-le-numerique-et-les-ecoles.

教育和职业发展，组织利益相关者的交流沟通。[①]学生组织——工程师学生全国办公室（BNEI）则完全由学生运营和管理，是代表 18.5 万工程师教育机构学生的唯一全国性组织。其所有活动都是围绕学生生活、学习和职业发展开展的。其分支机构为全法的约 30 个工程师学生大区办公室（BREI）。BNEI 的三大使命为：在全国、大区和地方层面代表和帮助工程师学生，与社会组织、政府、产业界开展对话；为工程师学生提供各方面的信息，帮助他们了解教育和行业发展；为陪伴学生成长提供培训课程。[②]

四、法国工程教育面临挑战

（一）院校规模小、专业单一

法国工程师学院最为突出的特点是规模小，开设的专业较单一（例如高等光学院、电力学院、桥梁学院等），这在一定程度上限制了其发展。特别是在培养复合型人才和开展跨学科研究已经成为很多高校发展的优先战略的背景下，学科与专业的限制阻碍了法国工程师院校的创新发展。

为应对这一挑战，工程师学院改进课程设置，并通过创新合作人才培养模式、开展合作研究等来扩大自身影响力和吸引力，这已经成为法国工程师学院的共识。20 世纪 90 年代以来，越来越多的工程师学院组成了高校联盟或高校集团，如巴黎高科集团、中央理工集团、国立应用科学学院集团、大学综合理工集团、技术大学集团等。近年来，工程师学院逐渐走出同类院校合作的模式，越来越多的与不同类型的院校开展深度的人才培养与科研合作。

以南巴黎电信学院（Télécom SudParis）为例，它是唯一一家能够培训由国家信息系统安全局（ANSSI）认可的信息系统安全专家的高校。其前身是国立电信学院（INT），建立于 1979 年。为突破开设专业单一、规模小和国际影

[①] Qui sommes-nous? [EB/OL]. [2021-02-06]. http://www.cdefi.fr/fr/la-cdefi/qui-sommes-nous.
[②] Qui sommes-nous? [EB/OL]. [2021-02-06]. https://www.bnei.fr/le-bnei/qui-sommes-nous/.

响力小的局限，南巴黎电信学院重视与法国本土和国外院校的合作：成为巴黎理工学院（Institut Polytechnique de Paris）[①]的创始及成员院校、矿业－电信学院（l'Institut Mines–Télécom）成员院校，与毗邻的电信管理学院在教学、研究、创新创业上深度合作。

（二）运行成本高，经费不足

经费问题是困扰全球很多大学的普遍性问题。法国工程师培养的成本较高（班额小、生师比高于普通高校），国家拨付的经费不足以支撑公立工程师学院招生规模的扩大。除了通过参加高校重组、参与国家竞争性资助项目争取更多办学经费，法国院校也重视企业作为筹资与合作对象。法国企业通过缴纳学徒税、设立研究项目、提供基金及奖学金等间接和直接的方式支持学校办学。近年来，工程师学院招收越来越多的学徒，一定程度上缓解了办学经费压力。根据法国CDEFI的统计，2004年，只有19所工程师院校提供学徒制培训；2014年已达到140所，超过半数。学徒有一半的时间在企业工作，另一半时间在学校上课。企业向学校支付学费，并向学生支付工资。在法国《大学生报》2017年工程师学院排行的学徒比例排行中，排名第八的巴黎皮埃尔和玛丽居里大学综合理工学院（Polytech Paris–UPMC，2005年建校）目前有45%的学生（304人）是学徒。法国2019年学徒制改革中，将学徒年龄上限由26岁改为30岁，有望进一步促进工程师教育中学徒人数的上升。

（三）工程教育体系复杂，难以形成品牌合力

法国工程教育体系结构复杂，院校种类繁多。法国工程师学院有公立学院和私立学院两大类。公立学院隶属于不同的部门，如高教部、交通部、国防

[①] 2017年10月25日，法国总统马克龙宣布将原巴黎－萨克雷大学（Université Paris–Saclay）分成两个大学群，其一为巴黎－萨克雷大学，其二为巴黎理工学院。巴黎理工学院由巴黎综合理工学院、国立高等先进技术学院（ENSTA）、国立统计与经济管理学院（ENSAE）、巴黎高等电信学院（Télécom ParisTech）、南巴黎电信学院组成。

部、工业部等；私立学院则通常受到行业协会的管理。工程教育机构有的隶属于大学的综合理工学院，如里尔大学综合理工学院（Polytech Lille）；国立综合理工学院（INP），如图卢兹国立综合理工学院（INP Toulouse）；高等专业院校（IENFPPU），如中央理工学校（EC）、国立应用科学学院（INSA）和技术大学（UT）等；大型高等专业学院（GET），如格勒诺布尔国立综合理工学院（INP Grenoble）。有的工程师学院是独立的学校，有的则隶属于综合性大学（但拥有自主权）。不同的院校在学校声望、毕业生待遇、教学设施、师生资源等方面有较大差距。大学校与其他综合大学颁发的工程师文凭的社会声誉也存在较大差距，后者更受认可。

法国工程教育体系的复杂性影响了其国际推广。为了应对这一挑战，工程师学院在同类院校之间组成了广泛的联盟关系（reseau polytech, institut Mines-telecom），并积极与综合性高校、科研机构加强联盟与合作，以提升工程教育的国际竞争力。

五、法国工程教育需提高适应性和竞争力

法国工程教育的发展面临着新的挑战：技术进步与社会服务的发展对于工程教育提出了新的要求；高等教育市场的全球化与院校的国际竞争迫使学校重新思考其教与学。传承工程师培养的特色，并结合产业需求不断创新是法国工程师教育保持竞争力的关键。《费加罗报》与《大学生报》关于工程师学院的排名指标一定程度上也印证了法国工程教育的发展方向，即学术水平、国际化程度、校企关系和创新度。学术水平、校企关系是其优良传统，国际化程度和创新度是增长点。

在精英社会背景下产生的工程教育具有明显的等级特征，这与其在新时代的发展目标之间存在明显张力。工程师承担着新的社会角色——服务全球化的工业发展、解决全球面临的问题——不仅需要能设计、操作系统，还要懂得合作与沟通，懂得理解不同的文化并在国际化的团队中工作，需要接受建筑、医学、管理等领域更为全面的教育。法国大多数工程师学院的课程是根据当地

的产业需求开设，授予的学位较单一，这一局限性很大程度上影响了其国际推广和创新发展。

在国际化方面，各类工程师学院为弥补短板，采用了适合自身的多样化发展策略：海外办学、师生国际流动、提供英语课程、参与国际认证和互认、合作科研和建立联合实验室。法国工程师院校以合作与开放的精神探索工程教育的新模式，在不断创新中提升了国际可见度。在海外办学方面，2013年，在法国高教与科研部的牵头下，巴黎第一大学与摩洛哥政府合作建立了卡萨布兰卡中心。2005年，在中法两国政府的大力支持下，北京航空航天大学与法国中央理工大学集团正式创建北航中法工程师学院。学生海外实习是工程师院校采用的最为普遍的国际化策略。《大学生报》一直关注法国工程师学院的国际化，且专门发布了国际化排行。在2016年12月6日发布的2017年工程师学院排名中，几乎所有参与调查的工程师学院都要求学生在国外院校或企业实习，一些院校甚至要求学生从预科第一年起就赴国外学习。英国是最受法国工程专业学生欢迎的学习和实习的目的国。位于南希的欧洲材料工程师学院[①]（EEIGM）还要求学生在非英语国家进行学习和实习。EEIGM的学生须在其自己国家的合作院校和南希完成基础课程的学习。根据选择的专业，学生还要另外选择7所合作院校中的一所完成一个学期的课程和6个月的研究项目。这种国际合作为学生提供了获得高水平课程、多语言文化背景、双学位甚至3学位（文凭）的机会。除了母语，掌握其他3种语言也成为其毕业生在求职时最大的优势之一。此外，学校还与日本、巴西、摩洛哥、突尼斯、加拿大等国家的7所高校签订了学生交换、双学位、科研合作方面的协议。2003年，EEIGM通过法德大学的认证（l'U. F. A.），希望获得法德双学位的学生可以在对方国家的学习期间（通常为3~4个学期）得到资助。

在提升人才适应性、拓宽人才培养路径方面，法国的工程师学院正在设

---

① EEIGM：洛林大学10所工程师学院之一、德法大学成员之一，由6所欧洲院校于1991年合作建立：洛林大学、西班牙加泰罗尼亚理工大学、瑞典吕勒奥理工大学、德国萨尔大学、西班牙瓦伦西亚理工大学、俄罗斯国立科学技术大学。在学校中，法语、英语、德语和西班牙语都得到了普遍的使用。

法让学生掌握能适应新的社会角色的多种能力和素养，通过课程多样化、联合办学等举措，促进跨学科人才的培养，提升学校和工程师文凭的声誉。越来越多从工程师学院走出的毕业生拥有双重身份：工程师－经理、工程师－医生、工程师－设计师、工程师－记者等。拥有双学位（文凭）可能被认为是基本素养、学习能力和成熟度的一种保障，能够让年轻人能够更快地成长。企业也在寻找拥有多学科背景和适应力强的应聘者，如工程师－管理者，这些毕业生既掌握尖端科技，又对公司运营有深刻理解，能够管理复杂的项目。虽然，学生可能需要多学 1~2 年的时间，但拥有双学位（文凭），可能成为应聘时的一张"王牌"。如今，已经有超过一半的工程师大学校与其他高校合作提供双学位课程。例如，巴黎高等化工学院与巴黎高等农业学院、巴黎综合理工学院、加香高师、巴黎多菲纳大学、巴黎勒奈·笛卡尔大学等院校合作提供双学位课程。这种合作模式在发展学生多学科能力的同时，还能够为那些对进入其他领域有所犹豫的学生提供更多的机会。

（作者简介：张力玮，《世界教育信息》主编）

法国高等艺术教育

法国共有超过 3500 所高等院校，本文所关注的是高等教育范畴的专业艺术教育。首先，从历时维度探究法国艺术教育的历史传统与现代继承；其次，从共时维度介绍当代法国高等艺术教育的现状，梳理存在的院校类型，追溯不同院校的教育过程，包括入学、培养与就业等阶段；再次，介绍高等艺术院校的师资管理与教学评估；最后，分析法国高等艺术教育的特色。由此，建立对法国高等艺术教育相对全面的描写与分析。

一、历时维度：法国艺术教育历史传统与继承

法国的艺术教育历史悠久。在 17 世纪以前，绘画、雕塑、乐器等领域的艺术教育便已逐步展开。在这一时期，学生通常首先在小型公立学校教育进行基础学习，随后选择某一流派的一位艺术大师，跟随其进行长达 12～14 年的学习。接受艺术教育的学生不仅是学徒，也是工作者。在一些艺术教育相对发达的大城市里，一些流派或艺术家团体还会设立学院。这些学院已具备了艺术教育高等院校的雏形。经过较长时期的发展，法国艺术教育形成了 4 类不同的教育传统[①]。

第一类为艺术学院教育传统。在历史上，最著名的艺术学院是建于 1648

---

① Wikipédia [EB/OL]. [2020-10-18] https://fr.wikipedia.org/wiki/%C3%89coles_d%27art_en_France#%C3%89coles_d%C3%A9pendant_du_minist%C3%A8re_de_la_Culture.

年的皇家绘画雕塑学院（Académie royale de peinture et de sculpture）。这一类院校主要教授最有名的艺术家及其作品，旨在通过区分不同流派、研究大师画作，继承和发扬艺术学院的传统。

第二类为公立艺术学校教育传统。17—18世纪，法国建立了许多公共、免费的绘画教育学校，旨在将美感传授给工匠，强调精准、几何知识，反对装饰及繁复的风格。一些没有基础、但想学习绘画的人也可以来此学习。例如，如今的国家工艺美术高等学校（Ecole nationale supérieure des arts décoratifs），前身便是建于1766年的巴黎市免费绘画学校（Ecole gratuite de dessin de Paris）。

第三类为20世纪七八十年代间建立的新型国立艺术高校，例如国立摄影艺术高等学校（Ecole Nationale Supérieure de la Photographie，ENSP）、国立装饰艺术高等学校（Ecole Nationale Supérieure des Arts Décoratifs，ENSAD）、巴黎-塞尔吉国立高等艺术学校（Ecole Nationale Supérieure d'arts de Paris-Cergy）等。这类学校的功能、主要目标、教学大纲及教学方法均有所创新，顺应了社会发展对艺术专业教育的新要求。

第四类为艺术家的私人工作室。自古以来，教学是许多艺术家的主要收入来源之一，许多有名气的艺术家会收学徒并在其个人工坊中开展教学和工作。在私人工坊制的教学环境中，教师和学生之间不仅是师生关系，也是雇佣和被雇佣关系。有时学员通过担任助教，可免除学费或食宿费用。

总的来说，公立大学的艺术专业、艺术学院及私立艺术学校，代表了法国高等艺术教育的3种主要传统形式。这样的教育传统对当代法国高等艺术教育影响深远。

二、共时维度：法国艺术教育高等院校分类

（一）法国的高等教育机构分类

探讨高等艺术教育的前提是了解法国的高等教育院校分类体系。法国共有超过3500所高等院校，其中既有公立院校，也有私立院校。从大

类上分为：公立大学（Universités）、大学校（Grandes écoles）、专业学院（Ecoles et Instituts spécialisés）、高等艺术和应用艺术学院（Ecoles supérieures d'art et d'arts appliqués）及国立高等建筑学院（Ecoles nationales supérieures d'architecture，ENSA）[①]。

公立大学的创办旨在促进高等教育民主化。法国的公立大学由法国政府资助，颁发国家文凭（本科、硕士、博士学位），涵盖了教学和研究的所有学科领域：科学、文学、语言、艺术、人文科学、体育等。

大学校是法国高等教育卓越质量的代表，法国的高等师范学校、政治学院、工程师学校、高等商业和管理学校等，均属于大学校范畴。这些高等学府是公立或私立机构，受国家认可，一般提供本科及硕士层次的教育。相较于公立大学，大学校的授课语言更多样，提供许多英语授课课程；进入大学校需经过严格的选拔；学生注册和学费通常较为昂贵。

专业学院也是法国高等教育专业化发展的产物之一。目前，全法拥有近3000所公立或私立的专业学院。每所专业学院一般提供某一领域或几个相关领域的专业课程，例如，卫生、视听、传播、新闻、时尚与设计、农学、政治学等。此类院校的注册申请是通过入学考试或材料申请，学费较贵。

法国有将近50所公立艺术与设计学院，绝大多数由文化部管辖。此类院校提供艺术、设计和传播方面的培训教育，一般分为3年本科教育或5年的本硕教育，部分院校提供博士生教育。此外，一些私立或工商会学校也提供艺术或应用艺术方面的高等教育，通常颁发学校文凭。

法国还拥有20所国立高等建筑学院，由文化部和高等教育、研究与创新部两部委同时管理。此外，巴黎建筑设计专业学校（Ecole spéciale d'architecture）和斯特拉斯堡国家应用科学学院（Institut national des sciences appliquées de Strasbourg）两所学校虽不是ENSA，但受到国家和建筑师协会认可，也被认为属于高等建筑学院一类。建筑学院提供国家认可的国家文凭，涵

---

① Campus France［EB/OL］.［2020-10-21］https://www.campusfrance.org/fr/etablissements-enseignement-superieur-France.

盖本科、硕士和博士学位。

通过梳理法国的高等教育院校分类，可以初步看出，法国不仅拥有开设艺术专业的综合性高等学府，也拥有专门从事艺术教育的高等院校。

（二）法国高等艺术教育院校分类

从学科门类上来看，高等艺术教育涵盖的专业范围十分广泛，如建筑、服装、电影、动画等。[①]法国拥有众多从事高等艺术教育的院校，根据法国高等教育署提出的分类，一般可以分为以下7种不同类型。[②]

1. 公立大学

正如前文所述，部分公立大学也开设艺术专业，如艺术史、戏剧、电影、音乐等，覆盖本科、硕士、博士等不同类型和级别。[①]公立大学的艺术课程与专业艺术院校有显著区别，公立大学相对偏重理论的教学与学习，要求学生对从事的专业艺术实践进行更深的思考。

具体而言，公立大学一般设置以下三大专业：第一类为舞台艺术与表演艺术专业，专业课程包括电影分析、导演史、舞蹈、音乐史等；第二类为造型艺术专业，学生须学习艺术史、艺术作品分析、美学等课程；第三类为艺术史专业，核心课程包括艺术创作史、绘画史、雕塑史、建筑史等。

此外，公立大学的博士生院（Ecoles Doctorales，ED）还是艺术领域重要的科研基地。目前，全法约有30所艺术专业的博士生院及100多个科研团队。

2. 公立艺术设计专业高等学校

公立艺术设计专业高等学校（Ecoles supérieures d'art et de design publiques spécifiques）属于专业学院类高等教育机构。法国有以下7所高校在应用艺术、造型艺术、视觉艺术、设计与制作、纺织设计、工业设计、摄影、电影和戏剧

---

① Campus France [EB/OL]. [2020-10-21] http://www.chine.campusfrance.org/zh-hans/%E6%B3%95%E5%9B%BD%E5%AD%A6%E8%89%BA%E6%9C%AF%E5%AD%A6%E9%99%A2.

② Campus France [EB/OL]. [2020-10-10] https://ressources.campusfrance.org/esr/diplomes/fr/diplomes_art_fr.pdf.

这几大领域提供高质量的专业教育，分别是：

- 国立装饰艺术高等学校
- 国立高等美术艺术学校（Ecole Nationale Supérieure des Beaux-arts，ENSBA）
- 国立工业设计高等学校（Ecole Nationale Supérieure de la Création Industrielle，ENSCI-Les Ateliers）
- 国立摄影艺术高等学校
- 勒弗雷斯诺–国立当代艺术工作室（Le Fresnoy-Studio National des arts contemporains）
- 国立戏剧艺术与技艺高等学校（Ecole Nationale Supérieure des Arts et Techniques du Théâtre，ENSATT）
- 国立影像与声音职业高等学校（Ecole Nationale Supérieure des Métiers de l'Image et du Son，ENSMIS，又称"La Fémis"）

这一类院校被称为"艺术院校中的大学校"，代表着卓越的人才培养水准。在以上艺术领域中，象征着行业最高水准的高等教育。例如，国立影像与声音职业高等学校是法国乃至欧洲最杰出的电影学院。每年，La Fémis 的 7 个核心专业（剧本、导演、制片、摄影、声音、剪辑、美术）的每个专业仅招收最多 6 名学生，学生必须通过极其严格的入学选拔，毕业生质量优异，认可度极高。[1]

3. 公立艺术设计高等学校

公立艺术设计高等学校（Les Écoles supérieures d'art et de design publiques，ESAD）是公立艺术学院的一种，提供本科和硕士阶段的教育。目前，法国共有 45 所公立艺术设计学院，隶属文化部管辖；其中 10 所同时受到高等教育、研究与创新部的共同监督。主要提供造型与视觉艺术方面的专业培育，一般开设艺术（art）、设计（design）和传播（communication）3 个专业。ESAD 十分注重与当代艺术设计领域的紧密合作，在推动艺术教育与艺术参与、提升艺术领域研究和实验方面有重要意义。

---

[1] La Fémis–École nationale supérieure des métiers de l'image et du son［EB/OL］.［2020-10-30］https://www.femis.fr/presentation-37.

4. 公立应用艺术高等学校

在公立艺术院校类别下，除艺术设计高等学校外，还有更加偏重实践的应用艺术高等学校（Les Ecoles Supérieures d'Arts Appliqués publiques，ESAA publique）。事实上，法国的艺术行业十分发达，拥有超过 3.8 万个艺术工作室、超过 10 万名艺术从业人员。据法国文化部统计，如今的 19 类艺术行业又可以分为 217 个专业。针对丰富多样的人才需求，应用艺术高校提供了相对全面的专业教育，与此同时，注重学科的交叉整合，通常提供以下 5 个方向的高等教育：视觉设计方向（媒体和多媒体），空间设计方向（室内建筑、生活场景设计），时尚、纺织品和环境设计方向，产品和服务方向以及手工艺品方向（纺织品、珠宝、书籍、玻璃、陶瓷等）。

5. 音乐、舞蹈和戏剧学院

在法国，专门从事音乐、舞蹈和戏剧专业教学的高等教育机构被称为"Les Conservatoires"。目前，法国共存在 4 类音乐、舞蹈和戏剧学院，分别是国家级、大区级、省级和市级学院。国家级的音乐、舞蹈学院（les Conservatoires nationaux supérieurs de musique et de danse）仅有两所，一所在巴黎，另一所在里昂；其余 3 级的学院（即 les Conservatoires à Rayonnement Régional，les Conservatoires à Rayonnement Départemental 和 les Conservatoires à Rayonnement Communal）则有若干。音乐、舞蹈和戏剧学院常与公立大学进行合作，提供通识与专业兼具的高等教育，颁发本、硕、博不同层次的国家文凭。

6. 文化遗产学校

在文化遗产研究与教育方面，共有 3 所文化遗产学校（les Ecoles du patrimoine）提供了高等教育，分别为：卢浮宫学校（École du Louvre）、国立文献典章学院（Ecole nationale des chartes）、国立文化遗产研究所（Institut National du Patrimoine）。3 所学校有的注重教授文化遗产专业知识，培养艺术史专家、艺术经理等；还有的致力于培养遗产保护与修复专门人才，如文物保护专家、文物修复师、历史古迹建筑师等。

7. 私立高等艺术学院

法国还有许多私立的专业学校（Ecoles privées）或工商会学校（Ecoles consulaires）。私立学校一般由个人或社会团体资助，有时也受工业部（Ministère de l'Industrie）资助；工商会学校一般隶属各地工商会（Chambre de commerce et d'industrie）。私立学校和工商会学校的教育质量差异较大，其中较为优秀的艺术院校在业内享有盛名，例如大名鼎鼎的哥布林动画学院（Goblins），许多毕业生都就职于皮克斯等国际著名动画工作室。此外，此类院校的学费通常较为昂贵。

综上，目前法国从事高等艺术教育的院校存在以上 7 类，有公立大学和艺术学院之分、公立与私立院校之分，提供多门学科或单一学科教育之分等特征。

三、共时维度下的教育过程：法国高等艺术教育人才培养

在共时维度下跟踪追溯艺术专业人才培养的全过程，将涉及注册平台、培养过程、学制学位、就业方向等方面。

（一）注册及录取——高等艺术教育平台

在法国高等教育署平台下，法国专门创立了高等艺术教育平台（Campus Art）[1]，汇集全国提供艺术、设计、时尚、音乐、建筑、3D 等艺术领域教育的高等院校，提供院校信息、留学咨询及申请注册等服务。该平台由法国高等教育、研究与创新部、法国欧洲与对外事务部（Ministère de de l'Europe et des affaires étrangères）、法国文化部及国家艺术类高等院校联盟（Association nationale des écoles supérieures d'art，ANdEA）共同支持。

Campus Art 创设的主要使命有：一是在全世界范围内推动法国艺术与建筑教育，二是提高法国艺术类及建筑类高等院校在全世界的知名度，三是向学

---

[1] Campus Art［EB/OL］.［2020–10–27］http://www.campusart.org/.

生及院校提供高效、可信的注册平台。

秋季学期入学的申请期一般从前一年的 11 月开始，至第二年 5 月结束。流程一般包括以下步骤。首先，Campus Art 开放网上申请，学生根据院校要求上传申请材料电子版，开放材料提交的期限为 3~4 个月。其次，网上申请截止后，各高校通过平台发放面试邀请或预录取通知；预录取发放完成后，学生将通过平台查收录取结果并确认入学意愿。最后，申请阶段正式结束，各院校通过 Campus Art 平台发送正式的录取通知。①

（二）高等艺术教育学制、学位与人才培养过程

艺术专业发展时期漫长，院校类型、学科专业等分类复杂，因此，当代法国高等艺术教育的学制和学位也呈现出丰富多样的特点。这里主要介绍法国高等艺术教育不同阶段的学位和文凭。

法国高中会考"Baccalauréat"被简称为"Bac"。学生通过高考后即进入高等教育阶段，高等教育的不同年级往往根据其处在高考后的第几年进行命名，象征着学生接受了多少年的高等教育。例如，本科一年级为"Bac+1"，硕士一年级为"Bac+4"，博士一年级为"Bac+6"。

法国不同类型艺术院校的培养过程和颁发文凭均有差异。根据法国高等教育署提出的框架，法国高等艺术教育文凭体系如表 1 所示。

表 1　法国高等艺术教育文凭体系

Bac	国家文凭			学校文凭
	公立大学	高等应用艺术学校	高等艺术学校	私立或工商会学校
+1 年				
+2 年		BTS/DMA		
+3 年	本科	DNMADE	DNA	RNCP 二级
+4 年				

---

① Campus Art［EB/OL］.［2020-10-27］. http://www.campusart.org/accueil/candidater-en-ligne/guide-a-la-candidature-f-a-q/.

续表

	国家文凭			学校文凭
Bac	公立大学	高等应用艺术学校	高等艺术学校	私立或工商会学校
+5年	硕士	DSAA	DNSEP	RNCP 一级
+6年		职业化阶段（1～3年）		
+7年				
+8年	博士			

表格中的外文缩写对应不同文凭，下面将根据4类院校依次介绍。

1. 公立大学

公立大学提供完整的本科、硕士、博士教育，艺术专业也不例外。一般来说，学生通过3年的本科学习，可以获得学士学位。

以巴黎第一大学，即先贤祠索邦大学（Université Paris 1‑Panthéon Sorbonne，简称巴黎一大）为例[①]，本科阶段有造型艺术和电影两个专业。在造型艺术专业下又分造型艺术、造型艺术（函授）、设计艺术与媒体、美学与艺术科学、艺术职业与文化职业5个方向。其中，造型艺术方向无论是线下课程还是函授课程，均提供本科一至三年级的完整课程；其余3个方向仅提供本科三年级，即Bac+3的课程。也就是说，若想进入这3个专业，达到申请条件的学生可以跨年级、跨专业申请，完成一年的学业后便可获得本科文凭。电影专业则分为电影实践与美学、电影与管理本科双专业两大方向，均为3年制。

硕士阶段的第一年共有6个专业可供选择，分别为造型艺术、电影与影音、设计、项目管理或文化产业、美学、教学与培训职业。硕士二年级保留了以上6个专业的前5个，并在每个专业下区分不同的方向（parcours）。例如，造型艺术专业的学生可以在创作与当代可塑性、空间、地点与展览、艺术与国际创作、教育和培训职业4个方向中选择其一。

博士阶段，巴黎第一大学设置了艺术与艺术科学博士学位，统一由博士

---

① Université Paris 1–Panthéon Sorbonne［EB/OL］.［2020-10-29］https://www.pantheonsorbonne.fr/ufr/ufr04/loffre-de-formation/fiches-diplomes/.

生院进行招生、管理、培养和文凭颁发。

2. 高等应用艺术学校

在应用艺术领域，有相当于国内大专、本科及硕士级别的3种文凭。

学生在完成两年的本科教育后，可以获得一些国家或学校认可的文凭，如高级技师证书（BTS）和艺术职业文凭（Diplôme des métiers d'art，DMA）。

高级技师证书是创于1959年的法国国家教育部颁发的国家文凭，此文凭的获取必须经过两年高等教育学习并通过国家统一考试。在艺术领域，共有以下门类的BTS证书，分别是室内建筑和模型创建、设计建造师（纺织品、工业创造、室内建筑和环境、视觉传达）、时尚和环境、艺术和技术、传播、版式创作、医学和科学插图。艺术职业文凭教育则更加注重专业化和职业性，获得此文凭的学生能够掌握艺术管理与运营的所需技能，DMA也是成为助理设计师等职业的敲门砖。目前，法国艺术职业文凭共有12大类、23个小类，例如建筑装饰、钟表设计、珠宝设计等。①

学生在高等应用艺术学校完成3年、对应180个学分的学习后，可以获得相当于学士水平的艺术设计职业国家文凭（Diplôme national des métiers d'art et du design，DNMADE），成为能够在"跨学科团队中发挥专业型艺术设计能力的专门人才"。②

DNMADE的课程主要有三大板块。第一，通识文化与人文科学，包括哲学、文学和人文科学等课程；第二，专业基础课程，开设创意表现、材料与技术、数字工具、外语、经济学和管理学等课程；第三，专业实践与学习，设置了艺术设计工坊、跨学科作业、职业化培训等培养环节。目前，DNMADE共分为14个专业，分别是动画、空间、图形、社会创新、乐器、书籍、材料、时尚、数字、物体、装饰品、文化遗产、表演和活动。③

---

① 法国高等艺术教育［EB/OL］.［2020–11–09］https://www.sup.adc.education.fr/btslst/.
② Office national d'information sur les enseignements et les professions［EB/OL］.［2020–10–18］https://www.onisep.fr/Ressources/Univers-Formation/Formations/Post-bac/dn-made-diplome-national-des-metiers-d-art-et-du-design-mention-graphisme.
③ Campus France［EB/OL］.［2020–10–10］https://ressources.campusfrance.org/esr/diplomes/fr/diplomes_art_fr.pdf.

特 色 篇

　　DNMADE 的教育基于以下三大原则：①逐步的专业化。一方面帮助学生扎实专业知识及跨学科知识；另一方面，在培养过程中逐步融入职业规划教育、实训项目机会等，帮助学生真正将书本知识转化为职业能力。②课程设置的个性化。在教育过程中，为学生提供针对性的支持，使他们能够逐步理解并选择自己的发展方向；强调课程的灵活性，促进学生交流和流动，例如，与其他高等教育机构的交流与交换机会，提供公司实习机会等。③保障学校的自主性。虽然国家规定了通用的文凭参考系统，但学校具有一定的自治权，在课程设置、培养规划、教学组织上尽可能地适应不同地区的不同特点。

　　在完成了 DNMADE 阶段的学习或同等学力的高等教育后（即 Bac+5），学生可以申请深造，进入应用设计领域硕士阶段教育。完成两年制、120 学分的学习后，可以获得高等应用艺术文凭（Diplôme supérieur en arts appliqués，DSAA）。① 该文凭是国家认可的高级文凭，相当于硕士学位。DSAA 目前有 4 个专业，分别是空间、图形、时尚和产品。DSAA 旨在培育兼具创意、创造与实施能力的应用艺术人才，注重学生的专业实训。硕士阶段的第二年，学生必须进行项目设计，且须完成至少连续 12 周的企业实习。

　　以高等应用艺术学校中最著名的学府之一——埃蒂安纳学校（École Estienne）为例，学校提供本科及硕士阶段的不同文凭教育。BTS 层级，埃蒂安纳学校开设编辑和平面设计（传媒传品创作研究）两个专业；DNMADE 层级开设了动画、平面设计、书籍、数字 4 个专业，每个专业下又细分不同方向，如平面设计专业有品牌设计和传播、平面设计、印刷设计 3 个方向；DSAA 层级学生可以在科学插画设计、设计与数字化创作、设计与传媒策略、版式设计 4 个专业中进行选择。

　　此外，埃蒂安纳学校和部分高等应用艺术学校一样，还提供专业型本科教育。该校开设了包装或物品设计、纸质或电子书籍生产、数字化创意编辑 3 个专业型本科专业。②

---

① Site national Design&Métiers d'Art［EB/OL］.［2020–10–23］https://designetmetiersdart.fr/dsaa/.
② École Estienne［EB/OL］.［2020–10–22］http://www.ecole–estienne.paris/diplome/initiales/.

3. 高等艺术学校

高等艺术学校主要颁发两级文凭，分别是艺术国家文凭（Diplôme national d'art，DNA）及高等造型表现国家文凭（Diplôme national supérieur d'expression plastique，DNSEP）。

DNA 文凭的获得需要学生在 3 年本科学习期间修满 180 学分。一般来说，第一年为通识课程学习，第二年、第三年则以项目制进行，学生可以在艺术、传播或设计 3 个专业中选择其一，进行为期两年的深入学习。

DNSEP 相当于 Bac+5 水平，等同于硕士学位。与本科高年级类似，硕士教育也以项目制开展。学生将在研究与创造工作室（Ateliers de Recherche et de Création，ARC，相当于公立大学的院系）内进行个人课程的选择和修读。若想顺利通过学位考核，学生必须通过所有的课程考试，挑选上交代表作品集并通过答辩。答辩评审团通常由 5 名受文化部任命的专家成员组成。每位学生最多申请两次 DNSEP 文凭答辩。

以创建于 1758 年的亚眠艺术设计高等学校（ESAD Amiens）[1]为例，该校开设平面设计、数字设计、版式设计和 3D 动画设计 4 个专业，提供本科和硕士级别的高等教育。在该校就读，学生可以获得平面设计或动画设计专业的 DNA 文凭，深造 5 年后可以获得平面设计、数字设计或动画设计专业的 DNSEP 文凭。

此外，当学生获得 DNSEP 文凭后，ESAD 还提供一年半的"硕士后"（Post Diplôme）专业培训机会，为版式设计方面的年轻人才提供深入学习、项目训练等职业化支持。[2]

4. 私立或工商会艺术学校

私立艺术学校和工商会学校的学习证明（certificat）或证书（titre）一般由各所学校自主颁发，一般也分为两级，即相当于 Bac+3 的本科文凭和相当于

---

[1] École supérieure d'art et de design d'Amiens［EB/OL］.［2020-10-27］http://www.esad-amiens.fr/etudier-a-lesad.

[2] Post diplôme–ESAD Amiens［EB/OL］.［2020-10-27］http://postdiplome.esad-amiens.fr/.

Bac+5 的硕士文凭。文凭的含金量和认可度差异较大，其中，获得国家职业认证委员会官方认可的文凭均登记在国家职业证书目录（RNCP）平台中向公众开放，公众可以自助查询。RNCP 二级对应本科学位，一级对应硕士学位。[①]

以现代艺术设计高等学校（Ecole supérieure des arts modernes design, ESAM）为例[②]，学校提供平面设计专业和室内建筑设计专业的高等教育。在正式进入本科阶段学习前，学生必须在第一年进行艺术专业预科学习，被称为预备年（Année préparatoire）。通过一年的学习，学生可以申请进入该校两大专业之一，也可以选择离开该校，申请其他艺术院校。若学生第二年选择继续在 ESAM 深造，则正式进入专业学习。从当年起，就读年级分别被称为平面设计或室内建筑设计 2 级、3 级、4 级和 5 级。

以室内设计为例，第 2 级、第 3 级均需完成 30 个学分学习，课程包括职业技术、创意发展和职业文化 3 个方向，结业后可以获得室内建筑设计学士（Bachelor en architecture intérieure）证书，该证书未列入 RNCP，为学校文凭。第 4 级，即硕士第一年的课程，包含职业技术、创意发展、项目设计和答辩 4 个模块，共计 31 学分；第 5 级的课程不计学分，有技术支持和生涯指导两个模块。顺利完成 5 级学业后，学生将被授予室内建筑设计师证书（Titre d'architecte d'interieur-designer），该证书获得国家认可，被认定为 RNCP 一级文凭，相当于硕士学位。

（三）高等艺术教育国际化

法国十分注重高等教育国际化水平，在促进高等院校的国内、国际交流，吸引留学生就读等方面做出诸多努力。据法国文化部数据统计，目前，在法国高等艺术文化类专业就读的学生人数共计约 36500 名，其中 90% 就读于伊拉斯谟＋项目（Erasmus+）成员学校。2018—2019 学年，超过 1400 名学生赴

[①] Répertoire national des certifications professionnelles［EB/OL］.［2020-10-28］https://www.francecompetences.fr/.
[②] Ecole supérieure des arts modernes design［EB/OL］.［2020-10-28］https://www.esamdesign.com/.

海外交流，800名外国学生赴法交换。①在高等艺术教育方面，法国的各类艺术院校也为学生提供了多种交流途径，为增强院校的国际吸引力做出了许多努力。

例如，马赛美术学院要求本科二年级艺术专业和硕士一年级设计专业的学生必须前往学校所在的艺术设计学院联盟合作院校进行交流学习。学生海外交流期限在3个月到一学期之间。此外，学生也可以前往海外的艺术设计公司实习，实习期限不得低于两个月，不得超过一学期。学校为学生的国际交流提供多种途径的资金支持，如校级奖学金、伊拉斯谟+项目奖学金、南部大区奖学金等。不仅如此，在学生国际交流的前、中、后期，学校的国际交流服务中心将全程提供指导，例如组织申报咨询会、行前指导会等。该校的国际交流项目获得了欧盟伊拉斯谟+项目的"优质实践"称号（Bonne pratique）。此外，马赛美术学院还注重教职工的国际交流，每年11—12月都会面向全校教师及员工开放申请，获得选派资格的教职工将前往合作院校或企业进行访学或工作。教职工的国际交流受伊拉斯谟+项目奖学金支持，学校根据每年的资金额度确定名额。②

同样的，埃蒂安纳学校要求本校学生在就读的第一年内（个别专业为第二年）完成3个月的海外学习或实习。该校与13所国际认可度极高的法国艺术设计学院组成了法国设计教育联盟（FDE），同时也是汇集了来自世界各地的250多所艺术设计高校的国际协会Cumulus的成员之一。这些专业艺术学校的合作平台为学生提供了广泛的选择。不仅如此，除了与艺术设计领域的一流大学开展合作，埃蒂安纳学校也积极参与欧盟框架下的伊拉斯谟+项目，不仅借助平台为本校师生提供对外交流的机会，也注重国际学生来校交流的管理和支持，在学校官网专门设置了提供给外国学生的入学及就读的英文指南，涵

---

① Ministère de la Culture [EB/OL]. [2020-11-01] https://www.culture.gouv.fr/Sites-thematiques/Enseignement-superieur-et-Recherche/Publications/L-enseignement-superieur-Culture-edition-2019-20202.
② École des beaux-arts de Marseille [EB/OL]. [2020-11-01] http://esadmm.fr/ecole/echanges-internationaux/sejours-d-etudes-mobilite/.

盖校址、住宿、学费、餐饮、课程设置等方面。①

通过以上两例，结合其他院校的教育国际化举措，可以对法国艺术专业高等教育的国际化工作特点进行初步总结。首先，许多艺术院校根据其地区、专业或类型的特点，组成了校际联盟，在联盟内部，鼓励学生进行校际交流，并提供辅助支持和优惠政策；其次，除了国内的交流机会，在国家引导下，许多院校积极参与欧盟的伊拉斯谟＋项目，借助平台积极开展与欧洲其他国家甚至全世界范围内的高校合作，促进教师和学生的视野拓展与专业发展；最后，为了吸引世界范围内的青年人才，许多学校还特别注重国际学生招生、接待与入学后的高质量服务，从而进一步推动法国高等艺术教育的全球知名度。

（四）高等艺术教育毕业生就业情况

法国高等艺术教育注重人才的生涯规划和职业能力培养。得益于其丰富的培养途径，高等艺术教育领域的就业出口十分宽广，包括建筑师、设计师、摄影师、海报师、导演、演员、舞蹈家、音乐家、艺术史专家、修复师等。总体而言，艺术专业学生的就业情况较为乐观。据法国文化部公布的数据，在2018年进行的全国毕业生就业情况调查中，2015届毕业的艺术专业学生在毕业后3年内找到工作的人数比重高达84%。其中，建筑与规划专业的毕业生3年就业率达到90%，文化遗产专业为79%，造型艺术与设计专业为74%，舞台艺术为89%，电影及多媒体专业为82%。不仅如此，大部分艺术专业毕业生的工作领域与所学专业相关。②

值得指出的是，在学生就业出路方面，法国在国家及地方层面还设置了许多艺术文化专业的公务员岗位。例如，建筑专业相关的公务员岗位有国家建筑与规划师（Architecte et urbaniste de l'état，AUE）、历史古迹首席建筑师

---

① École Estienne［EB/OL］.［2020-10-27］http://www.ecole-estienne.paris/international/erasmus-classe-internationale/.
② Ministère de la Culture［EB/OL］.［2020-11-05］https://www.culture.gouv.fr/Sites-thematiques/Enseignement-superieur-et-Recherche/Publications/L-enseignement-superieur-Culture-edition-2019-20202

(Architecte en chef des monuments historiques，ACMH）。获得建筑专业博士文凭的学生，还可以通过考核应聘成为国立高等建筑学校教师（Enseignant en école nationale supérieure d'architecture）。地方上也提供了丰富的机会，例如，学生可以成为巴黎市建筑道路规划师、各地的城市规划工程师等。[1]

四、法国高等艺术教育师资

法国高等艺术教育的师资，主要从招聘组织、师资条件、教学考核等方面介绍。部分高校，尤其是公立大学、高等师范学校，在硕士、博士阶段提供了艺术教育方向的专业选择，成为艺术教师也是艺术专业学生的职业选择之一。

法国高等艺术院校教师的岗位类型较为丰富，既存在编制岗位，也存在全职或兼职的合同聘用岗位，部分院校还设有代课教师、荣誉教授等短期或荣誉岗位。总的来说，高等艺术院校分为国立院校或地方院校[2]，下面将依次介绍。

第一，国家层面上，国立院校的教师招聘考试由法国文化部组织进行。文化部每年按照学科门类公布本年度国立艺术院校的教师岗位需求，如艺术史、绘画、摄影、雕塑、空间设计、多媒体设计等，随后进行统一的国家考试。此外，部分国立院校设置了特色专业或课程，这些专业或课程的艺术教师招聘则由学校自行组织，考试章程由院校自主制定。国立艺术院校的应聘者须获得硕士（Bac+5）或以上学位，若不满足该学位要求，则须有8年及以上的相关工作经验。

第二，地方层面上，地方院校的教师招聘由各地的公共职能管理中心组织开展。应聘者需首先参加公共职能管理中心组织的职业能力测试（例如艺术教育管理、文化遗产教育等），获得相关资格证书后可以应聘地方院校的岗位。

---

[1] Ministère de la Culture［EB/OL］.［2020–11–05］https://www.culture.gouv.fr/Sites–thematiques/Enseignment–superieur–et–Recherche/Publications/L–enseignement–superieur–Culture–edition–2019–20202
[2] Ministère de la Culture［EB/OL］.［2020–11–12］https://www.culture.gouv.fr/Espace–documentation/Publications–revues/Brochure–Enseignement–Superieur–Creation–Artistique.

一般来说，应聘者须至少获得学士学位（Bac+3）。

国立院校和地方院校的教师之间存在一定的流动性，高校教师可以通过职务调动变更工作单位。此外，艺术专业高校教师可以兼职，例如在一所院校全职工作的同事，在另一所院校兼任教师，但薪资总额需符合规定范围。

高校艺术教师的评估由本校负责人与本地区的艺术教育总督学共同负责，测评分值分别占40%和60%。总督学依据学校的教学培养目标进行评估。教师考核晋升将依据以上两方的评估结果决定。① 此外，法国科研与高等教育评估高级委员会（HCERES）作为独立的国家管理机构，主要对法国的高校与科研机构开展评估工作，就学校管理、教学质量、校企合作等方面进行相对公平客观的评价，供国家相关部门、学校管理者、教师和学生参考。② 在HCERES 的官方网站，可以查询针对某一院校或艺术院校总体质量的评估报告。③

总体来说，法国高等艺术教育对教师的资格能力、招聘组织、考核管理较为明确、系统，体现出教育管理的科学性和对教育质量的把控。

五、法国高等艺术教育特色

经过梳理法国高等艺术教育的历史沿革、院校分类、培养过程，笔者构建了高等艺术教育的历史与现状的宏观面貌。本部分将总结法国高等艺术教育的主要特色。

第一，院校类型多样，不同类型院校的教育理念和培养方向既相异又互补。一方面，专业艺术学院重视艺术领域不同门类下的专业技能培养；另一方面，公立院校和以高等师范学院为代表的高等教育专门学校侧重对艺术的理论

---

① 中国驻法国使馆教育处 [EB/OL]．[2020-11-12] http://france.lxgz.org.cn/publish/portal116/tab5722/info130989.htm.

② 汪小会，孙伟，俞洪亮．法国高校的国家评估及对我国的启示 [J]．上海教育评估研究，2016，5(6)：37-41．

③ Haut conseil de l'évaluation de la recherche et de l'enseignement supérieur [EB/OL]．[2020-11-13] https://www.hceres.fr/fr.

思考，承担了艺术专业人才最高学历的教育工作，是艺术领域及艺术教育科研的主要推动力。由此，法国的高等艺术教育培养了实践与理论方面不同类型的人才。值得注意的是，专门的艺术院校与公立大学等综合性院校的合作正在快速发展，也反映了法国高等艺术教育对其教育目的的思考：专业艺术教育并不仅仅满足于培养技术上的能工巧匠，需要培养通晓通用知识、技能与素养兼备的全面人才。

第二，法国历史上和现在均存在数量庞大的艺术专业文凭。多年来，法国在高等艺术教育方面对学制与学位体系不断进行改革和完善，表现出两方面趋势。一方面，保留了许多不同级别和类型的艺术文凭。为对文凭进行质量的认证、提升文凭的认可度，法国通过国家机构介入文凭的质量认证，达到有效使用教育资源、降低教育成本、提高高等教育质量的效果。[①] 另一方面，在国家高等教育管理以及欧盟高等教育一体化的总体框架下，对多种多样的文凭进行分级归类，并推进标准化。也就是说，在高等教育的过程及成果认证的丰富性得到保留的同时，建立相对统一的学位框架，有利于跨专业、跨校、跨国申请及交流中的宣传、理解、转换和认证。

第三，在欧盟层面的政策背景下，通过国家政策的引导及各所院校的积极配合和联络，法国高等艺术教育的国际化发展迅速。正如法国文化部指出，充分的交流与碰撞才能保证艺术职业的活力。在这一理念的引导下，目前，大部分院校在其培养过程中均强调国际交流的重要性。此外，由于艺术职业的特殊性，院校大多认可学生的海外实习，这一点实质上也反映了艺术专业对职业化的高要求，学生在学习过程中就需进行实际操作、项目训练。

六、结语

教育是不断动态发展的过程，教育体系也处在持续的改革与创新之中。法国高等艺术教育历史悠久，几百年来经历了不同的政治体系、教育观念与社

---

① 金姝. 法国当代高等艺术教育学制与学位研究 [J]. 艺术百家，2006（2）：151, 155–157.

会现实的考验，在世界高等教育版图中成为认可度高、特色鲜明的一景。同时，面对艺术教育领域内部形式繁复、体系复杂、外部吸引力与认可度仍有待提升等问题，法国高等艺术教育必须进一步发展完善。法国艺术教育宽容与超越的精神核心仍将得到继承和发扬[1]，即在尊重艺术的科学规律、挖掘艺术的广度与深度的同时，不断追寻艺术的本质与艺术表现能力的升华。在整个教育领域，法国政府也在对教育过程多样性、复杂性保持尊重的同时，追求教育质量的不断突破。

（作者简介：吉祥希，新索邦大学语言科学实验室博士生）

---

[1] 金妹. 宽容与超越——法国当代高等艺术教育的核心观念［J］. 学术界，2009（2）：210-214

参考文献

[1] Jean-François Sirinelli. École normale supérieure [M]. PUF. 1994.

[2] 贺国庆，朱文富. 外国职业教育通史：上卷 [M]. 北京：人民教育出版社，2014.

[3] 张人杰. 法国教育改革. 北京：人民教育出版社，1994.

[4] Délégationàl'aménagement du territoire età l'action régionale. Développement universitaire et développement.

[5] Territorial：l'impact du plan Université 2000：1990–1995 [M]. Paris：La Documentation francaise，1998.

[6] 王晓辉. 法国科研体制与当前改革 [J]. 比较教育研究，2011，33（05）.

[7] 李志民. 法国科研机构概览 [J]. 世界教育信息，2018，31（07）.

[8] 孙丽艳. 法国科研创新三大特点与未来挑战 [J]. 中国教育网络，2015（04）.

[9] 方晓东，董瑜，金瑛，等. 法国科技评价发展及其对中国的启示——基于CoNRS和HCéRES评价指标的案例研究 [J]. 世界科技研究与发展，2019，41（03）.

[10] 郑炜君，王顶明，王立生. 国家资历框架内涵研究——基于多个国家和地区资历框架文本的分析 [J]. 中国远程教育，2020（09）.

[11] 许浙景，杨进. 法国职业证书体系及其借鉴意义 [J]. 中国职业技术教

育，2018（22）.

［12］赵长兴. 法国终身教育改革发展综述及对我国的启示［J］. 中国职业技术教育，2020（21）.

［13］刘文华，夏建国，易丽. 论应用技术大学的高等教育属性［J］. 中国高教研究，2014（10）.

［14］刘志鹏. 法、日、美、英、联邦德国的短期高等教育［J］. 江汉大学学报，1984（2）.

［15］Livre blanc sur le systeme IUT Après 40 ans d'existence：Histoire, Bilan, Perspectives［Z］. 2007.

［16］高迎爽. 法国应用技术型人才培养与质量保障体系［J］. 世界教育信息，2015（24）.

［17］王晓辉. 法国终身教育的发展与特色［J］. 比较教育研究，2007（12）.

［18］吴雪萍，于舒楠. 法国职业教育改革探析［J］. 中国职业技术教育，2017（09）.

［19］吴雪萍，李默妍. 法国国家资历框架：架构、特点与启示［J］. 中国高教研究，2020（04）.

［20］BOUDER A, KIRSCH J L. The French vocational education and training system：like an unrecognized prototype?［J］. European Journal of Education, 2007（42）.

［21］罗建河，陈继艳. 法国职业教育培训体系的发展、特点与启示［J］. 职教论坛，2015（16）.

［22］张力玮. 协同创新促进知识转移——以法国法兰西岛高校的联盟为例［J］. 世界教育信息，2017, 30（04）.

［23］张力玮. 法国教育改革持续发力　马克龙政府教改新政实施三年回眸［J］. 上海教育，2020（24）.

［24］焦健，沈亚强. 从传统到现代：西方学徒制发展的历史变迁与现实价值［J］. 当代职业教育，2018.

［25］关晶. 法国现代学徒制改革述评［J］. 全球教育展望，2013（4）.

［26］赵长兴. 法国学徒制教育研究［J］. 中国职业技术教育，2016（30）.

［27］郑永进，操太圣. 现代学徒制试点实施路径审思［J］. 教育研究，2019，40（08）.

［28］代锋，罗美霞. 现代学徒制实施中"虚"过于"实"的原因及对策［J］. 职业技术教育，2019，40（27）.

［29］加伯利埃尔·于杰. 巴黎高等师范学校的专业：怎样共存和竞争［J］. 北京师范大学学报（人文社会科学版），2002（6）.

［30］洪冠新. 法国大学的研究生教育模式［J］. 北京航空航天大学学报（社会科学版），2007（S1）.

［31］刘敏. 合作打造法国教育品牌——菲利普报告解读［J］. 比较教育研究，2010（3）.

［32］谢和平. 开放合作，现代大学崛起的必由之路［J］. 中国高等教育，2007（2）.

［33］张惠，刘宝存. 法国创建世界一流大学的政策及其特征［J］. 高等教育研究，2015（04）.

［34］张惠，张梦琦. 法国创建世界一流大学的战略实践——以索邦大学为例［J］. 比较教育研究，2016，38（6）.

［35］王娜，黄巨臣. 推进跨学科建设：我国世界一流大学形成的路径选择［J］. 现代教育管理，2018（5）.

［36］汪小会，孙伟，俞洪亮. 法国高校的国家评估及对我国的启示［J］. 上海教育评估研究，2016，5（06）.

［37］金姝. 法国当代高等艺术教育学制与学位研究［J］. 艺术百家，2006（02）.

［38］金姝. 宽容与超越——法国当代高等艺术教育的核心观念［J］. 学术界，2009（02）.

［39］SOULAS J，DESCAMPS B，MORAUX M，et al. La mise en place du LMD en France（licence-master-doctorat）［R］. Paris：Inspectrice générale de l'administration de l'éducation nationale et de la recherche, 2005.

[40] Livre blanc sur le systeme IUT Après 40 ans d'existence: Histoire, Bilan, Perspectives [R]. 2007.

[41] Michael Hengartner. Rapport d'évaluation de la coordinatton territoriale portée par sorbonne universite [R]. Paris: Le Haut Conseil de l'évaluation de la recherche et de l'enseignement supérieur. 2019-02-11.

[42] IGENIGAENR. L'introduction de blocs de compétences dans les diplômes professionnels [R]. Paris: IGENIGAENR, 2015.

[43] Le Gouvernement.France 2030: Accélérer la recherche et la formation en France et à l'international. [R]. 2022-03-10.

[44] Sorbonne Universités. Rapport d'Évaluation de Fin de Période Probatoire-«IDEX Sorbonne Universitéss» SUPER [R]. Paris: Sorbonne Universités. 2012.4.

[45] Ministère de l'Enseignement Supérieur et de la Recherche. Initiative d'Excellence «SUPER» Idex Sorbonne Université [R]. Paris: Sorbonne Universités.2011.

[46] Sorbonne Universités-Projet de Procès-Verbal du Conseil d'administration. Conseil d'administration [R]. Paris: Sorbonne Universités.2014.2: 1-3.

后　记

2020年,《教育部等八部门关于加快和扩大新时代教育对外开放的意见》印发,对新时代教育对外开放进行了重点部署。加强与世界各国在教育领域的相互了解,是形成更全方位、更宽领域、更多层次、更加主动的教育对外开放局面的基础。

一直以来,《世界教育信息》关注世界不同国家、地区和国际组织教育的宏观政策、实践应用、典型案例等,服务党和国家教育中心工作,服务教育对外开放和中外人文交流工作。法国高等教育的独特传统和近年来的改革举措使其成为我们关注的重点国家。编辑部与中国驻法国大使馆教育处保持紧密联系,选刊了不少介绍法国各级各类教育发展情况和政策的文章,积累了一大批高质量和具有参考性的文章与资讯。

与英美国家的高等教育相比,法国高等教育具有更强的公共性,这也是其不为国内了解的重要原因之一。在国际与比较教育研究领域,研究法国高等教育的学者较少,研究规模和质量也无法与对主要英语国家的研究相提并论。这两点正是我们结集出版相关文章的主要原因。

本书的付梓首先要感谢各位文章作者,是他们对法国高等教育的长期关注和观察使得中国读者有机会了解法国高等教育。本书的出版离不开太和智库的支持,正是太和智库团队的积极推动才有了汇编法国高等教育研究成果这一想法。

后 记

在我国开启全面建设社会主义现代化国家的新征程上,在新一轮科技革命和产业革命深入发展、国际力量对比深刻调整的大变局中,希望该书的出版为我们了解法国高等教育、促进中法教育交流提供参考。